2021年度河北省哲学社会科学学术著作出版资助
河北省高等学校人文社会科学重点研究基地经费资助
河北农业大学自主培养人才科研专项资助

改革开放以来中国农村普法教育研究

贾少涵——著

GAIGE KAIFANG YILAI
ZHONGGUO NONGCUN
PUFA JIAOYU YANJIU

法律出版社
LAW PRESS·CHINA
——北京——

图书在版编目(CIP)数据

改革开放以来中国农村普法教育研究 / 贾少涵著
. -- 北京 : 法律出版社, 2022
ISBN 978 - 7 - 5197 - 7252 - 9

Ⅰ. ①改… Ⅱ. ①贾… Ⅲ. ①农村 - 法制教育 - 研究 - 中国 Ⅳ. ①D920.4

中国版本图书馆 CIP 数据核字(2022)第 200149 号

改革开放以来中国农村普法教育研究
GAIGE KAIFANG YILAI ZHONGGUO NONGCUN PUFA JIAOYU YANJIU

贾少涵 著

责任编辑 慕雪丹 章 雯
装帧设计 汪奇峰 鲍龙卉

出版发行 法律出版社
编辑统筹 法商出版分社
责任校对 赵明霞
责任印制 胡晓雅
经　　销 新华书店

开本 710 毫米 × 1000 毫米 1/16
印张 15.25 **字数** 246 千
版本 2022 年 11 月第 1 版
印次 2022 年 11 月第 1 次印刷
印刷 唐山玺诚印务有限公司

地址:北京市丰台区莲花池西里 7 号(100073)
网址:www.lawpress.com.cn
投稿邮箱:info@lawpress.com.cn
举报盗版邮箱:jbwq@lawpress.com.cn

销售电话:010 - 83938349
客服电话:010 - 83938350
咨询电话:010 - 63939796

书号:ISBN 978 - 7 - 5197 - 7252 - 9
定价:68.00 元
凡购买本社图书,如有印装错误,我社负责退换。电话:010 - 83938349

前　言

自改革开放特别是1986年以来，党和国家在全国范围内展开了五年为一轮、至今持续已达四十余年的全民普法教育。所谓普法教育，是指以推进依法治国为目的，以提升全民族法治素养为目标，由党委领导，政府实施，部门行业各负其责，社会各界广泛参与，通过自上而下的形式，运用多种方式，对全体公民进行树立法律意识、弘扬法治精神、传播法律知识、提高用法能力的有计划的常态化宣传教育活动。农村普法教育既是全民普法教育中具有相对独立性的重要组成部分，也是重点和难点。农村普法教育虽取得了显著成就，但与城市普法教育相比始终还有差距，这种状况不适应党的十九大提出的“加大全民普法力度”和实施乡村振兴战略的要求。

本书通过文献研究法、比较研究法、实证研究法和案例研究法，对改革开放以来农村普法教育进行系统研究，旨在促进农村普法教育研究深化，加强农村普法教育，提高广大村民的法治素养，提升农村法治化水平，补上农村普法教育这块“短板”，为实现全民普法教育平衡发展、助力乡村振兴战略实施提供理论基础、学理支撑和对策建议。

首先，对农村普法教育的历程及其特点作了全面考察。本书认为，1978年改革开放伊始即进行了全民普法的酝酿与准备，应将该阶段纳入全面普法包括农村普法的进程。这一结论弥补了以往研究的盲点，有利于正确认识该活动的整体进程。在此基础上，根据农村普法本身及其在全国普法教育中的地位变化，把农村普法教育四十余年历程，划分为准备、起步、展开、强化和新时代五个阶段，总结出“政府主导”的总体模式、各阶段模式和各地的具体模式，并分析其内在逻辑。同时，根据对农村普法教育进程和城市普法教育的比较研究，指出改革开放以来农村普法教育艰巨性、复杂性、滞后性和后发性四个鲜明特点，弥补了以往研究对该问题平面纵向直述的缺陷，有利于立体和深刻地把握其进程，并正确认识农村普法教育成为全民普法教育“短板”的成因。

其次，对以往四十余年的农村普法教育进行了客观评价。一是农村普法教育具有充分的正当性，其“自上而下”的特征是中国成文法系普法的必然要求，不能由此否定其正当性。二是农村普法教育虽存在诸多不足，但成就是主流。农村普法教育取得了显著成就，主要表现在重视程度逐步提高、普法内容逐渐全面、实施机制趋于完备、保障机制基本配套、村民法治素养明显提升、农村法治化水平大幅提高。农村长期基本稳定和快速发展是其成效的有力证明。即使农村普法教育存在不足也应正确看待。这些不足是在农村普法教育工作的探索和前进中发生的，并非不可弥补的，并且这些不足事实上正处在逐步克服过程中；同时要看到农村普法教育的特殊难度，不能将其与城市普法工作简单类比。三是农村普法教育是中国全民普法被誉为我国和世界法治史创举的主要依据和标志。这些评价克服了低估甚至否定农村普法教育的倾向，有利于全面、公正、客观地认识这一伟大过程。

再次，总结了改革开放以来农村普法教育的基本经验、不足及其原因。其基本经验包括坚持和加强党对农村普法教育的领导、始终把宣传宪法摆在首要位置、普法教育与依法治理并举、普法教育与思想道德及政治教育相结合、“送法下乡”服务村民等。其不足主要包括一些普法主体对农村普法教育的重要性认识不充分，农村普法教育供给与村民需求不平衡、农村普法教育效果不够理想等。这些不足产生的原因，既有传统文化的负面影响、城乡二元经济社会结构的制约和中国法治现代化约束等社会历史原因，也有立法不够完备、执法不够规范、司法不够公正、农村纠纷解决机制不够健全和农村法治文化氛围不够浓厚等农村法治环境因素影响，还有村民受教育程度不高、思想政治意识较薄弱、物质生活水平较低等自身因素的制约，以及农村普法教育内容不够完备、实施机制不够合理、保障机制不够完善等因素。

最后，提出了加强新时代农村普法教育的建议，即构建新时代农村普法教育“大格局”。其一，指出新时代加强农村普法教育是落实国家现代化战略部署的需要，实现“法制教育”到“法治教育”的结果，符合农村普法教育转型升级的要求，是实施乡村振兴战略的保障。其二，揭示了这种大格局的内涵，指出要站在中国特色社会主义新时代高度，以作为依法治国长期基础性工作、农村的公共法律服务、村民终身教育一部分的定位，以满足新时代农村对法律和法治新需求，提升村民法治素养，建立自治、法治和德治相结合的乡村治理体系，优化农村法治环境为总体目标，实现党委领导、政府主导、各部门齐抓共管、城乡居民广泛参与的体制机制创新，尝试“自治教育、法治教育、德治教育”的“三教融合”模式创新，实行多种形式“精准普法”的方式方法创新的新格局。其三，论述了这一大格局实施的五大路径。一是加强组织建设，强化普法领导。进一步加强党的领导地位，提升农村基层党组织的领导效能，明确政府的主导地位，强化协调各部门关系力度。二是完备内容体系，提高普法水平。强化法治精神、法律规则、用法能力、法律信仰教育。三是创新实施机制，增强普法实效。构建“分类指导，因人制宜”的施教机制，打造“送迎结合”的施教体系，落实普法责任制，建设规模化普法主体队伍。四是完善保障机制，顺畅普法运行。通过制度体制创新，分别建立调研、立法、服务、人员、物质和评估等方面的保障机制。五是提升法治水平，优化普法环境。包括完备农村科学立法、加强农村规范执法、确保农村公正司法、健全农村纠纷解决机制、营造农村法治文化。

目　　录

绪　论

一、选题背景与研究意义

(一)选题背景

自1986年至今,我国实行每五年为一周期的全民性普法教育规划,已经连续进行了七轮,2021年是“八五”普法规划的开局之年。如果算上1978年随改革开放而开始的普法教育酝酿与准备过程,中国普法教育已走过了四十多年的历程。2014年10月召开的党的十八届四中全会,把全民普法教育定位为“依法治国的长期基础性工作”①。2017年10月召开的党的十九大再次强调“加大全民普法力度”②。2021年1月中共中央印发的《法治中国建设规划(2020—2025年)》提出“改进创新普法工作,加大全民普法力度,增强全民法治观念”。这些都充分表明全民普法教育在中国法治建设中的重要地位和作用。因此,开展中国普法教育的系统研究,自然成为法学研究中的一个重要课题。

值得注意的是,在中国普法教育中,农村普法教育不但是重要组成部分,是自第五个五年普法规划以来的重点和难点,且长期以来是全民普法教育中的“短板”,决定着全民普法教育的总体进程和效果,而且是全民普法教育研究中的一个相对独立的研究对象。这是因为,受悠久的历史文化传统和长期城乡二元结构的影响,农村和农民具有独特的思维方式、行为方式,并由此形成了农村普法教育的特殊主体、特殊对象与特殊的教育方式方法。

因此,只有明显提高农村普法教育的实效,补上这块短板,才能完成中国法治建设赋予普法教育的使命;只有将农村普法教育作为独立研究对象,并且加

---

① 《中共中央关于全面推进依法治国若干重大问题的决定》,人民出版社2014年版,第26页。

② 习近平:《决胜全面建成小康社会　夺取新时代中国特色社会主义伟大胜利——在中国共产党第十九次全国代表大会上的报告》,人民出版社2017年版,第39页。

大对其探究的力度，才能使该研究适应农村普法教育和全民普法教育发展的客观需要。特别是党的十九大提出实施乡村振兴战略，提出农村治理实行法治、自治和德治三位一体的指导原则，给农村普法教育和研究提出了新要求与新课题。2020 年 3 月，中央全面依法治国委员会印发《关于加强法治乡村建设的意见》强调加强乡村法治宣传教育。这些都说明加强农村普法教育研究对促进全民普法教育和中国法治建设以及落实党的十九大提出的战略部署具有十分重要和紧迫的意义。

自普法教育开展以来，学界关于农村普法教育研究取得了丰硕成果，但由于普法进程的限制，这些成果多以其中某方面或其中某一时限为对象加以研究，而把改革开放以来农村普法教育作为一个整体研究对象的尝试与成果比较少见。

由于缺乏整体性研究视角，已有的研究成果在发展进程、评价和问题分析方面不够全面，存在进一步研究的空间。

本书根据农村普法教育的新发展和新经验，打破以往研究存在的碎片化和缺乏整体性的局限，以改革开放以来农村普法教育为研究对象，以改革开放至今农村普法教育发展的内在逻辑为依据，以农村普法的历程包括八个“五年”普法决议和规划为主线，梳理农村普法教育的发展脉络，作出相对全面客观的评价。在此基础上，全面总结四十余年农村普法教育的基本经验，找出存在的问题，深入分析其原因，并借鉴国内外有关经验，提出适应国家法治建设和实施乡村振兴战略需要、适合新时代要求的加强农村普法教育对策建议。

（二）研究意义

有观点认为，中国法治遇到的核心问题不是“良法”和“守法”的问题，而是“变法”和“普法”的问题，无论此语是否夸大了普法在中国法治建设和法治进程中的地位和作用，不可否认的是，普法是法治建设的重要内容，它本就蕴含在中国法治事业之中。① 农村普法教育作为中国全民普法的重点和难点，不仅是一个理论问题，也是一个实践问题。因此，本书的研究不仅对该问题本身，而且对

---

① 付子堂、肖武：《普法的逻辑展开——基于 30 年普法活动的反思与展望》，载《社会科学战线》2017 年第 6 期。

全民普法教育都有全局性意义;不仅有重要理论意义,也有重要的实践意义。

1. 理论意义

本书研究的理论意义,主要是有利于正确认识和评价改革开放以来农村普法教育,并分析目前学界在该问题上的不同观点与凝结在该问题上的共识,全面总结其成功经验,推进农村普法教育研究的深化。具体表现在以下几方面:

第一,本书把改革开放后至"一五"普法规划之前的8年,作为普法教育的准备阶段纳入研究范围,扩大了普法教育研究的空间,形成了农村普法教育的整体性研究,不仅有利于站在中国特色社会主义新时代的高度,认识迄今为止的农村普法教育的整体历程及其不同发展阶段的特点,使对其发展进程的认识提高到新水平,而且有利于把问题置于发生、发展的完整进程中,认识其必然性、必要性,并通过前后比较,以发展的视角对其取得的进步和成就作出客观评价。

第二,本书对农村普法教育评价研究,把该活动置于建设法治国家和社会主义新农村客观要求的高度,置于其历史进程及其与城市不同条件、中国与世界农村法治进程比较新角度加以考察。这有利于对其做出客观、历史和辩证的评价,有利于说明中国全民普法教育的合理性与整体效果,为全民普法是依法治国的长期基础性工作的定位和构建中国特色社会主义法治道路理论,提供一定的事实和理论支撑。

第三,本书对农村普法教育经验和存在问题的研究,有利于全面总结农村普法教育的成功经验,找出存在的问题及其深层原因,为形成中国特色的普法教育理论补充新内容,也为正在开展和今后将要开展的普法教育特别是农村普法教育提供一定的理论支持。

第四,本书对构建农村普法教育"大格局"的建议,在汲取以往成功经验的基础上,提出适合中国特色社会主义新时代和乡村振兴战略的新模式,从普法教育的基本定位、总体目标、基本原则、实现路径等多方面为农村普法教育理论的发展提供新内容。

2. 实践意义

本书的实践意义,在于促进农村普法和全民普法教育转型升级,推进依法治国进程与保障乡村振兴战略的实施。具体而言:

第一,有利于把农村普法实践推向新境界。理论来源于实践,又反过来促进实践发展。本书概括与阐述了农村普法教育历史特点和经验、不足及其原因,提出了构建新时代农村普法"大格局"的建议,不仅有利于提高人们在普法实践中正视任务的艰巨性、复杂性和紧迫性,鼓舞信心,消除因以往评价的片面性而造成的认识误区,而且有利于促进人们以高度的实践自觉性投身于普法实践,汲取以往成功经验,按新时代要求,把握新时代农村普法教育中村民对日益增长的法律及法治需求与普法发展不充分不平衡之间的矛盾,下大力创新普法方式和方法,开创新时代农村普法教育新局面。

第二,有利于补上"短板",促进全民普法教育全面发展和转型升级,推进依法治国进程。农村普法滞后、村民法治素养较低,是农村普法的一个特点,也是制约全民普法全面发展和依法治国实践进程的因素之一。本书对农村普法教育相对落后的具体表现、原因分析以及构建新时代农村普法教育"大格局"的建议,有利于深化人们对这块"短板"成因的认识,明确新时代农村普法的要求,从而激发人们深化实践创新,补齐"短板",促进全民普法教育平衡发展,为依法治国进程的不断推进提供坚实基础。

第三,有利于乡村振兴战略的实施。党的十九大报告不但提出了实施乡村振兴战略的目标要求,而且提出了完善自治、法治、德治相结合的农村治理体系的新任务。乡村振兴战略的实施,不但与农村普法教育相伴而行,而且是以完善农村治理新体系为前提的。本书不但对农村普法教育及其转型升级提出了一些观点与建议,还对如何实现"三治"结合和推动乡村人才振兴提出了看法。这些建议和看法,将为农村普法教育转型升级、完善"三治"结合的农村治理体系、推进乡村振兴战略实施的实践提供有益参考。

二、国内外研究现状

(一)国外研究现状

第一次世界大战前,受习惯法和自由主义传统影响,西方国家认为公民法律素质是在法治实践中自然生成的。国家不重视也不能对公民进行普法教育,因而少见相关研究。第一次世界大战后,西方国家开始重视公民法治教育。最早是1919年德国《魏玛宪法》把包含宪法教育的课程纳入中小学义务教育。1964年,美国加州成立了以推进"法制教育"为核心理念的公民教育委员会,标志着美国公民教育与研究开始崛起。其后此类教育在英、德、法和新加坡等国先后开展。当前,国外尤其是欧美国家的城市化水平比较高,而且已经将公民的普法教育纳入国民教育体系,不过,其有关农村普法教育的研究并不多见。东南亚一些农业发达的国家非常重视对农民的教育,但是有关普法教育的文献极少。

就笔者目前搜集的文献来看,国外与农村普法教育有关的研究主要涉及三个方面内容:第一,国外与农村普法教育有关的理论研究。比如,巴西教育家保罗·弗莱德的农村成人扫盲理论;伊莱休·卡茨提出的"使用与满足"理论;苏联教育家瓦·阿·苏霍姆林斯基的农村"和谐教育"理论;法国哲学家米歇尔·福柯的知识/权力理论;英籍德国经济学家 E. F. 舒马赫的农村发展与教育理论。第二,国外农村教育培训可借鉴的经验。主要有四种:一是学校教育。美国通过立法进行赠地办学,为农村提供教育。日本创办农民夜校,提高农民的综合素质。二是社会组织。如日本的农业协同组织作为一个经济共同体,将小农户汇集起来,既向农户传达国家法律政策,又代表农户向国家表达心声,农民能够有效地参与到相关立法与政策的制定中,同时,对法律与政策的接受度和认可度也随之提升。三是基层自治。美国的村庄作为自治实体而存在,村章程作为自治宪章而成为地方自治权的标志。村章程的制定和运行,离不开全体村民的参与,长期的熏陶,培养了村民的法律意识。四是激励机制。多数发达国家的农民教育都是免费的,澳大利亚的农民参与培训会获得一定的补助,法国和韩国采取培训获得相应优惠信贷机制。第三,国外普法教育对策建议研究。法律社会化教育、主动学习论以及引入非政府机构的新公共管理理论等。同时各国也形成和概括了各自的具体模式,如美国教育标准化、教材电子化、法治教育与社区服务结合,新加坡实行的德治与法治结合、学校社会家庭三位一体等。学界就政府和学术管理机构在法治教育中的责任、互联网获取法律信息模式的实现路径等方面提出对策建议。

(二)国内研究现状

国内农村普法教育研究取得了丰硕成果,主要涉及以下四个方面:

第一,农村普法教育的意义研究。存在正反两方面观点,在反面观点中,有学者通过提出意志、知识和目的的三个悖论对普法教育的正当性问题进行论述。① 有学者认为称为“普法情结”的全民皆知法、懂法的追求，是不现实的。② 但当前的主流观点还是给予农村普法教育高度评价，主要涉及三个角度：一是理论角度，如采用福柯的知识/权力学说对农村普法教育的重要性加以论述。③ 二是实证角度，列举普法教育给农村带来的具体好处，认为农村普法教育可以协调农村的社会关系，进行价值观教育，可实现由村民到市民的转变④。并指出，普法教育，农村是薄弱环节，农民、农村是关键⑤。三是国家构建角度，如从法治建设、经济发展和社会进步三个方面对农村普法教育的意义进行阐述。⑥ 从防治腐败、严格执法、公正司法、社会稳定等方面论述该问题。⑦

第二，农村普法教育存在的问题研究。主要包括理论研究和实证研究，从法学、思想政治教育、传播学、管理学等多角度分析。这些问题主要涉及思想认识、普法内容、普法方式、普法保障四个方面。在理论研究方面，有的学者从信息传播角度，认为法治信息存在被流量裹挟，缺乏专业性等问题。⑧ 有学者从思想政治教育理论角度，以农民的价值观念、理性特点、意识形态为三个视角，对农村普法教育存在的问题进行分析。⑨ 有学者运用法社会学原理对公民守法的原因进行法律工具主义范式和规范化内化范式研究。⑩ 还有学者用“精英本位观”理论分析普法存在的问题。⑪ 在实证研究方面，有的学者论述农村普法教育中重视程度、经费保障、教育内容的不足。⑫ 有的学者以管理学的视角，分析农

① 宋晓：《普法的悖论》，载《法制与社会发展》2009 年第 2 期。

② 王长发：《“普法情结”、法律公布及法律与社会的关系》，载《赤峰学院学报(汉文哲学社会科学版)》2007 年第 4 期。

③ 苏力：《为什么“送法上门”》，载《社会学研究》1998 年第 2 期。

④ 刘学坤：《村落中的法律动员：农村普法的现代性语境和困境》，载《三峡大学学报(人文社会科学版)》2012 年第 5 期。

⑤ 钱龙超：《我国普法现状综述》，载《法制博览》2014 年第 8 期(中)。

⑥ 秦志凯、费世军、傅阳：《普法制度化的几个问题》，载《社会科学家》1998 年第 S2 期。

⑦ 龙小素：《深入普法是当前加强农村法治的关键》，载《长沙大学学报》2002 年第 1 期。

⑧ 朱亮亮、李晓改：《从法律数据库建设看中国法治建设成果的信息服务》，载《科技与出版》2021 年第 2 期。

⑨ 刘学坤：《村落中的法律动员：农村普法的现代性语境和困境》，载《三峡大学学报(人文社会科学版)》2012 年第 5 期。

⑩ 张慰：《行动中的普法——红绿灯下的法社会学思考》，载《普法运动》，清华大学出版社 2011 年版。

⑪ 李一宁：《全民普法——一个知识/权力的视角》，南京师范大学 2007 年硕士学位论文。

⑫ 杨真宝：《依法治国大背景下的农村普法教育思考》，载《法制博览》2015 年第 34 期。

村司法供给与需求矛盾、阵地建设滞后和普法载体稀缺。①

第三,农村普法教育的成效研究,多数学者将成效研究作为农村普法教育系统研究的一部分,具体内容主要涉及村民法律意识提高、法律知识增长、用法能力加强、普法工作机制、强化农村法治环境优化五方面成就。有的学者从农村普法教育的载体、教育对象、工作模式和法治意识四个方面论述我国农村普法教育的成果。② 有的学者从农村干部群众的法律意识、学法、用法和依法办事、社会风气、农村基层民主法治建设、农村基层矛盾化解论述该问题。③

第四,加强农村普法教育的对策研究。多数学者是从实证角度谈起,主要涉及普法理念、普法内容、普法形式、普法管理机制等方面。如有的学者提出普法不仅涉及法律条文,还要宣传法治理念,并与道德教育相结合。④ 有的学者提出从普及知识到普及理念,政府加大绩效评估,新媒体利用等措施。⑤ 有的学者提出"村事村办"模式推动农村普法工作的建议。⑥ 有的学者从"受体"的立场分析普法的限度。⑦ 通过创新提升普法教育实效。⑧ 如建议精准普法⑨、"大普法"格局⑩、大格局普法,⑪还有些学者运用相关理论进行探讨,如"受众本位观"要求现代普法传播模式采用一种"双向互动"的"传—受"模式。⑫ 另外,一些文献进行了农村普法教育成功个案研究,为加强农村普法教育提供了可以借鉴的经验。比如,山东枣庄市的"两个一工程"、广西百色市田阳县在乡镇建立"一办

① 杨平璋:《依托"农事村办"创优农村普法——基于农村社会管理分析视角》,载《学理论》2012年第19期。

② 彭晓娟:《关于我国农村法治教育变迁和发展的几点思考》,载《兰州教育学院学报》2016年第3期。

③ 向亚克:《论新形势下农村普法教育》,载《西藏发展论坛》2015年第4期。

④ 王利明:《普法,最需要普及的是什么?》,载《中国司法》2017年第9期。

⑤ 叶琪:《论当前我国普法措施的转变》,载《安徽农业大学学报(社会科学版)》2016年第5期。

⑥ 杨平璋:《依托"农事村办"创优农村普法——基于农村社会管理分析视角》,载《学理论》2012年第19期。

⑦ 汪太贤:《从"受体"的立场与视角看"普法"的限度》,载《探索》2006年第1期。

⑧ 付子堂、肖武:《普法的逻辑展开——基于30年普法活动的反思与展望》,载《社会科学战线》2017年第6期。

⑨ 刘永、沈修铭:《农村基层法治建设的困境与出路——以某市农村"精准普法"为例》,载《湖南警察学院学报》2017年第5期。

⑩ 唐辉、唐云、陈昱睿:《"大普法"格局构建思考——公民身份和法治教育》,载《中共乌鲁木齐市委党校学报》2017年第1期。

⑪ 陈甦、刘小妹:《以创新精神推进普法提质增效》,载《人民论坛》2019年第18期。

⑫ 李一宁:《全民普法——一个知识/权力的视角》,南京师范大学2007年硕士学位论文。

三中心”、朱大敏以杭州市江干区为试点推广精准普法。[①] 还有一些学者通过对包括农村地区的全民普法教育进行系统性研究提出对策，有的学者总结普法历程“因时而变、随事而制”的总体原则，从立法、司法以及执法的普法之“体”、普法态度与方式之“道”指出不足与展望。[②] 有的学者专门将农村普法历程划分为不同阶段，总结其内容、理念和方法上的区别[③]。有的学者总结三十五年间农村普法的成就与存在问题，进而提出其要素优化的建议。[④] 有的学者结合乡村振兴战略实施的背景，阶段化梳理普法的历史发展历程，提出对策建议。[⑤]

总结上述研究现状可知，目前学术界取得了丰硕成果。概括起来，在理论研究方面，学者们对诸如普法教育、依法治国等基本概念进行了深入的研究，对普法教育诸如知识/权力、“受众本位观”等理论进行了系统的论述；在实践研究方面，学者们通过实证分析，对农村普法教育取得的成绩、存在的问题等情况取得了相关数据、案例等成果；在研究视角方面，学者们从法学、思想政治教育学、政治学、教育学、管理学、社会学等不同学科的视角对农村普法问题进行研究；在研究方法方面，学者们主要采用了文献研究法、比较分析法、实证分析法等方法。这些成果的取得，为本书的研究打下了坚实的基础。

尽管如此，我国农村普法教育仍然存在进一步研究的空间。首先，需要进一步的系统性研究。目前，关于普法教育研究往往侧重某一个阶段，如“几五”农村普法研究，或是针对全体公民的整体的系统研究，专门针对农村地区的普法教育进行系统性研究成果并不多见。现有系统研究的成果，多集中于“一五”普法规划到“五五”普法规划阶段。其次，需要进一步的理论性分析。当前农村普法的研究成果，尤其是现状和对策方面，多数停留在一些概括和总结上，大多是实证性分析，理论分析少。因此，有必要通过运用国内外相关理论成果对其进行分析与论证，以期真正提高农村普法实施效果。最后，需要进一步的时效性研究。农村普法教育已经走过了四十多年的历程，很多科研成果是针对当时的历史背景进行研究所得。当前，我国农村地区发生重大变化，尤其是进入新

---

① 朱大敏、朱文根、郭肖肖：《“精准普法”的理论与实践》，载《中国司法》2014 年第 5 期。

② 赵天宝：《中国普法三十年（1986—2016）的困顿与超越》，载《环球法律评论》2017 年第 4 期。

③ 叶国平、吴高平、谢贵春：《我国农村普法政策之嬗变》，载《学理论》2014 年第 31 期。

④ 何沐阳、吴传毅：《乡村普法的重大成就、问题检视及要素优化》，载《四川行政学院学报》2022 年第 1 期。

⑤ 刘宁：《乡村振兴战略下农村普法问题研究》，载《山东行政学院学报》2021 年第 4 期。

时代，普法教育不但面对推进国家治理体系和治理能力现代化、建成法治强国、实施乡村振兴战略、加大全民普法力度等新目标、新任务、新要求带来的新挑战，而且要面对实效不理想的老问题，为此，对作为全民普法教育重点、难点和短板的农村普法教育，要加大力度进一步开展系统性、理论性、针对性和时效性研究。

三、研究方法、论证思路与创新点

（一）研究方法

第一，文献研究法。通过对文献资料的搜集、整理、归纳和汲取，为本书的研究提供理论借鉴、现有研究成果的积累和坚实的材料支撑。一是通过研究重要经典文献，搜集并整理国内外有关农村普法教育的经典理论。二是通过相关论著、报刊等，学习、总结并吸纳现有研究成果。三是通过相关法律和文件，搜集、解读并归纳与农村普法教育有关的法律法规和政策方针。

第二，比较研究法。通过纵向、横向的对比分析，探寻我国农村普法教育的历史经验并吸收国外先进经验，提出加强农村普法教育的对策。纵向上，以我国“一五”至“八五”普法决议与规划为线索，结合某轮普法相关历史资料，分析、描述并梳理农村普法的历程，分析我国农村普法教育历史，总结普遍规律与先进经验；横向上，搜集、吸纳国外相关先进经验，寻找其异同，广泛吸收国外法治教育的优秀做法。

第三，实证研究法。通过实地走访、个别座谈等方式，对农村普法教育的现状与存在问题进行实证性研究，为本书的研究提供第一手材料，为提出对策建议提供可靠的现实依据。由于客观条件的限制，实地走访、个别座谈主要涉及河北省境内。同时，还运用了其他学者一些实地调查数据资料，以对问题讨论提供多方面材料参照。

第四，案例研究法。通过搜集、整理、分析相关农村典型案例，讨论农村普法教育的实际效果以及对法治教育的需求。为本书阐述改革开放以来农村普法教育的特点，研究存在的主要问题以及提出对策建议提供事实材料。

（二）论证思路

“历史从哪里开始，思想进程也应当从哪里开始，而思想进程的进一步发展不过是历史过程在抽象的、理论上前后一贯的形式上的反映。”①恩格斯在《卡尔·马克思〈政治经济学批判〉》中论述的这一逻辑与历史相统一的原则，为本书提供了科学的研究方法，也成为本书的基本思路。

按照这一原则，本书首先从梳理改革开放以来农村普法教育历史进程入手，按农村普法教育发生、发展的内在逻辑和状况，将其顺序划分为准备、起步、展开、强化、新时代五大阶段，并根据农村普法教育实际状况和发展进程，概括和阐述了农村普法教育的特点；其次，在把握其纵向发展进程和立体的特点归纳基础上对其作了全面评价；再次，归纳并分析改革开放以来农村普法教育的基本经验和当前农村普法教育存在的问题及其主要原因；最后，结合国内外先进经验和相关理论，提出构建农村普法教育“大格局”的建议。

（三）创新点

第一，本书对农村普法教育进行了纵跨改革开放以来至今四十余年历程的系统研究。不同于多数学者以第一个“五年”普法规划为起点进行研究，本书把“一五”普法规划以前农村普法教育的准备阶段和“八五规划”以来的农村普法教育纳入研究内容，使之成为迄今为止的纵跨改革开放以来四十余年发生、发展的比较完整历程的系统研究。

第二，本书从纵横两个角度对农村普法教育历程进行立体式研究。不仅在纵向上提出了准备、起步、展开、强化和新时代五大阶段的新划分，并总结出“政府主导”的总体模式、各阶段模式和各地的具体模式，并分析其内在逻辑。模式作为解决某一类问题的方法论，把生产生活实践中积累的经验进行抽象和升华，并提到理论和规律高度。本书还对其不同于城市普法教育的艰巨性、复杂性、滞后性和后发性特点进行了横向比较、概括和阐述，从而使对农村普法教育历程的说明具有了立体性。

第三，本书对农村普法教育历程进行客观评价。不仅从中国法治建设和中国所属法系角度论述了农村普法教育的正当性，并且从法治的内在要求和农村普法教育取得的成就等方面，阐述了开展该教育的合理性，提出了农村普法教育成就和进步占主导地位、正确认识和评价其中存在的不足、农村普法是中国

① 《马克思恩格斯选集》（第2卷），人民出版社2012年版，第14页。

乃至世界法治史上的创举等观点,从而使对该活动的评价更加符合实际。

第四,本书提出构建农村普法教育"大格局"建议。针对当前农村普法教育存在问题及其原因,根据中国特色社会主义新时代和实施乡村振兴战略的新要求,提出了农村普法教育新模式,并对构建这一新模式的主要途径进行了论述。其中的一些措施建议诸如"三教融合""送迎结合""分类指导"等观点亦具有一定的创新性。

四、相关概念内涵界定

(一)农村概念内涵界定

对农村的概念,人们从不同的角度对其进行界定。从地域角度,《现代汉语词典》将其定义为"以从事农业生产为主的人聚居的地方"。[①] 也有人认为,农村与城市概念相对应,是城市以外的一切地域。从历史角度,有人认为农村是因城乡二元社会结构而促成的社会形态。[②] 从立法角度,根据国家统计局《关于统计上划分城乡的规定(试行)》和《村庄和集镇规划建设管理条例》,将我国地理区域划分为城镇和乡村。乡村即通常意义上的农村,即城镇地区以外的其他地区,且将农村分为村庄和集镇。村庄是指农村村民居住和从事各种生产的聚居点;集镇是指乡、民族乡人民政府所在地和经县级人民政府确认由集市发展而成的作为农村一定区域经济、文化和生活服务中心的非建制镇。本书对农村的界定,主要针对城市之外的地区,具体针对村庄和乡。

(二)普法教育概念内涵界定

"普法"一词源于1985年的中共中央宣传部、司法部制定的"一五"普法规划(《关于向全体公民基本普及法律常识的五年规划》)和第六届全国人大常委会第十三次会议通过的"一五"普法决议(《关于在公民中基本普及法律常识的决议》)确定的在公民中基本普及法律常识的目标。后来,人们就把"普及法律常识"简称为"普法"。1990年发布的"二五"普法规划(《关于在公民中开展法

---

① 中国社会科学院语言研究所词典编辑室:《现代汉语词典》(第7版),商务印书馆2009年版,第960页。

② 吕艳利:《农村普法与农民的法律实践》,北京大学2002年博士学位论文。

制宣传教育的第二个五年规划》)，不仅强调普及法律常识，更进一步提出了法制观念、依法治理、学用结合等要求，并修改措辞为“法制宣传教育”。由此可见，普法的主要途径是宣传和教育，二者各有特点，宣传有着较强的普遍性和随意性，而教育针对性和强制性较强。二者相辅相成，宣传能够起到教育的作用，教育本身也是宣传，二者相互促进。基于教育的理性、强制特点，本书侧重于研究教育。2016 年发布的“七五”普法规划即《关于在公民中开展法治宣传教育的第七个五年规划(2016—2020 年)》，将“法制宣传教育”改为“法治宣传教育”。“法制宣传教育”和“法治宣传教育”，虽然只有一字之差，却将普法教育从静态的“法律制度”，扩大到动态的“法律治理”，强调了法治精神的培育，突出了运用法治思维和方式解决问题的能力培养。随着依法治国实践的推进、普法目标的变化，我国的法治教育内涵也在不断丰富扩大，但因为“普法”二字简单明了且深入人心，因此该称谓一直延续至今。本书也在这个意义上使用这一概念。

对于普法概念内涵，学界尚未形成统一的表述。《现代汉语词典》(第 7 版)将普法解释为普及法律常识①。在有关普法研究中，引用率较高的概念这样表述:“普法教育是指负有普法教育责任的组织，通过特定的手段和方式，对我国一切有接受教育能力的公民实施的，旨在普及法律知识、传播法治理念、树立法治信仰的教育。”②综合上述概念界定，结合当前新时代背景，本书认为，普法，又称普法教育、法治宣传教育，是以推进依法治国为目的，以提升全民族法治素养为目标，由党委领导，政府实施，部门行业各负其责，社会各界广泛参与，通过自上而下的形式，运用多种方式，对全体公民进行树立法律意识、传播法律知识、提高用法能力，弘扬法治精神的有计划的常态化宣传教育活动。该活动的依据主要是历次普法决议和规划。2019 年 10 月司法部印发的《公共法律服务事项清单》将其作为公共法律服务体系的重要组成部分。“普法”作为国家的一项基本法律政策，已经不仅仅是一般意义上的法律宣传教育工作，而是成为一项艰巨的社会政治任务。③

① 中国社会科学院语言研究所词典编辑室:《现代汉语词典》(第 7 版)，商务印书馆 2016 年版，第 1018 页。

② 刘颖丽:《我国现阶段普法教育研究》，首都师范大学 2007 年硕士学位论文。

③ 翟志勇:《民族国家与法律政策——论普法的语境、困境与意蕴》，载《普法运动》，清华大学出版社 2011 年版。

（三）农村普法教育概念内涵界定

在普法概念界定的基础上，农村普法教育，又称农村法治宣传教育，是指以推进依法治国为目的，以提升村民法治素养为目标，由党委领导，政府实施，部门行业各负其责，社会各界广泛参与，以村民为中心，通过特定的手段和方式，在农村地区实施的树立村民法律意识、传播法律知识、提高用法能力、弘扬法治精神的有计划的常态化宣传教育活动。

农村普法教育在地域上不仅仅被限定于乡村区域，因为随着社会流动性的加大，很多农民来到城镇工作、生活，成为住在城镇的村民；农村普法教育对象也不仅仅是从事农业的农民，因为，随着农村社会的职业分化，农村居民职业的多元化特征越来越明显。20 世纪 90 年代初，陆学艺把农村社会分为农业劳动者阶层、农民工阶层、雇工阶层、农村知识者阶层、个体劳动者和个体工商户阶层、私营的企业主阶层、乡镇的企业管理者阶层和农村管理者阶层等八个阶层。[①] 农村普法教育对象包括在农村居住的多个阶层的村民。这与《现代汉语词典》（第 7 版）将村民解释为乡村居民[②]相符。因此，本书在行文中将农村普法教育的对象统称为“村民”。

（四）研究时限界定

中国农村普法教育正式开始于 1986 年，至今已持续 36 年。但本书研究旨趣在于对农村普法教育进行整体性研究，因而将研究起点定在 1978 年改革开放起始之时，即将自那时至今的历史作为研究对象。在“文化大革命”结束之后，党和国家更加认识到党的领导和公民遵守法制、尊重公民权利的重要性。1979 年 7 月制定并通过了《刑法》《刑事诉讼法》等 7 部法律之后，全国开始了“学习新法律、宣传新法律”活动。1983 年至 1985 年针对改革开放初期我国治安形势恶化，开展了“严打”运动，将普法列为其目标之一。1984 年 6 月，中宣部、司法部在北京、辽宁、江西、山西一些县市进行了法制宣传教育试点等。由此可见，1986 年正式启动的普法教育包括农村普法教育，不是临时动议的偶然举措，而

---

① 陆学艺、张厚义：《农民的分化、问题及其对策》，载《农业经济问题》1990 年第 1 期。

② 中国社会科学院语言研究所词典编辑室：《现代汉语词典》（第 7 版），商务印书馆 2016 年版，第 225 页。

是经历了一个长期的酝酿和准备过程。从直接意义上说,这个过程始于 1978 年的改革开放之初。将普法教育正式启动前的 8 年纳入研究对象,并按照历史主义要求,将其置于当时的背景下展开深入考察,才能完整地展现农村普法教育的进程。

第一章　改革开放以来农村普法教育历史回顾

纵观从1978年改革开放开始至今的农村普法教育，其经历了准备、起步、展开、强化、新时代五大阶段，并呈现了与城市普法教育大不相同的鲜明特点。

第一节　农村普法教育的时代背景

严格意义上说，改革开放后农村普法教育是对占中国人口大多数的农村地区人口的第一次法律启蒙和洗礼。中国农村地区人口的法律启蒙之所以在20世纪七八十年代才姗姗而来，是由中国古代、近代以至当代的历史发展所决定的。

古代中国经历了两千多年的封建社会。中国自古有将法制与道德教化相结合的传统，因而古代典籍不乏“悬象颁法”、石刻明法和编著图籍以及“设之于官府，布之于百姓”[①]的记载。但明朝之前，由于“皇权不下县”的传统，布法很少达于乡村。明清时期虽在一定程度上开始重视乡村法律宣传教化，但也只是在农村建申明亭、旌善亭，散发法律条文的简洁通俗读物。更何况古代统治集团宣教法律的目的是威慑乡民，使之服从统治，而非赋予农民权利，与现代法治和普法有天壤之别。因而，古代农村是费孝通指出的以“无讼”为特征的“礼制”社会，农民缺乏法治意识和习惯。

民国时期，中国虽引进了近代法律，孙中山的“训政”思想、梁漱溟为代表的乡村建设派主张都不同程度地包含了法律教育思想。但由于大地主大资产阶级统治和这些思想本身的局限性，使前者终停留在纸面，后者则面临“号称乡村

① 《韩非子·难三》。

运动而乡村不动"[1]的尴尬。费孝通指出,农村"礼制"社会没有明显变化。即使在中国共产党领导的革命根据地,虽然制定和实行了一些法律文件,并对农民进行过法律教育,但这些根据地建设的主要任务是保护红色政权、支援革命战争,当时的革命和激烈的战争需要权威与服从,而民主和法制建设任务不占主要地位,所需要的法律教育不可能深入、经常性开展。

中华人民共和国成立初期,我国法制经历了短暂的发展。党和国家大力推动法制建设,完备了司法机构设置和充实了司法干部队伍,开始重视法制宣传和教育。谢觉哉针对新中国颁布的第一部《婚姻法》曾经作出这样的描述:"不仅婚姻法,所有法令——从人民政治协商会议文件直至政府颁布的各项文件,都要认真地学习,认真地宣传,法令都是合情合理,合乎人民切近的与长远的利益,只有宣传,人民是懂得和接受的。"[2]这是中华人民共和国成立以来一次全民普法的雏形。1954 年 9 月颁布了中华人民共和国第一部《宪法》。在起草该法的过程中,宪法起草委员会曾在北京以及各大城市组织八千余人开展对初稿的讨论活动,修改后的宪法草案,经过全国一亿五千多万人讨论。当时编制了大量的宣传材料,通过授课、报告等形式宣传《宪法》。[3] 由此可见,中华人民共和国的第一部宪法,不仅在中国法治发展史上的意义非凡,其制定过程也是一堂生动的普法教育课,为今后的法律教育提供了宝贵的经验。在这个时期,党和国家组织了全国范围的扫盲运动,街道、农村、工厂等都开设了扫盲班,很多地区结合政策时事,结合《婚姻法》《宪法》向群众宣讲。在农村地区,通过标语、口号、村民大会、群众演出等形式对法律进行宣传。有的地区采用冬学的方式,在冬季农闲时节,既学文化又学政治和法律,收到了良好的效果。此时,已经出现了一些涉农的法律法规,包括 1950 年《土地改革法》、1955 年《农村粮食统购统销暂行办法》、1956 年《高级农业生产合作社示范章程》、1958 年《中华人民共和国农业税条例》等,[4]但是并没有在农村进行有组织体系化的大规模法律普及宣传。

---

① 梁漱溟:《乡村建设理论》,邹平乡村书店 1939 年版,第 1 页。

② 刘莹:《改革开放以来中国普法教育之嬗变》,西南交通大学 2009 年博士学位论文。

③ 《中华人民共和国宪法单行本在全国各地已发行一千二百五十万册》,载《人民日报》1954 年 10 月 26 日,第 6 版。

④ 杨红朝:《我国农村法治化的历程与路径选择模式》,载《农村经济》2013 年第 7 期。

1957 年到 1966 年,我国法制建设遭到破坏,社会生活轻视法制。这期间,党内出现“左”倾思潮,“个人专断”“权大于法”等思想横行,强烈批判宪法和法律,将其视为“资产阶级”事物,法律形同虚设。公安局、检察院和法院被合并为公安政法部,人民调解委员会和治保委员会合并为治安调处委员会,撤销了铁路和水运专门法院,公证制度和律师制度被取消,①中华人民共和国成立初期的法制成就几乎毁于一旦。

1966 年到 1976 年“文化大革命”期间,全国人民代表大会及其常委会的一切活动被收停,立法活动基本停滞;公检法机关被“砸烂”,社会功能形同虚设;“上至国家主席、政府领导人,下至普通公民、人大代表、劳动模范”随时可能被“被批斗”,“抄家”“没收财产”时常发生②;高校政法院系大量减少招生甚至停止招生,法学教师被“下放”,法学教育与研究停滞。这种“无法无天”的社会状态,严重践踏了社会主义民主与法制,农村的法制教育相应停滞。

由上可见,从古代社会,到 20 世纪 70 年代中期“文化大革命”结束,中国虽然经历了不同的社会形态和不同性质的国家政权,人民包括农民的社会地位,也经历了由被压迫者到国家主人的历史转换,我国农村治理的主要表现形式还是“礼制”。人治和“礼制”在中国长期持续存在,不是偶然的。中国古代的人治,是由古代以封建专制的上层建筑和自然经济的经济基础决定的,是皇权专制的主要形式;近代中国的人治,主要是封建军阀和地主资产阶级专制的统治形式。在农村,无论古代还是近代,主要是乡绅统治。这种统治在中华人民共和国虽然由乡村人民政权所代替,但更深层次的“熟人社会”“人情社会”的礼制传统依然在很大程度上支配着农民的思想和行为。

人治的实质是依靠掌权者的个人意志与权威来治理国家。③ 礼治则是通过习俗、人情、传统和规范力量来管理。④ 二者虽然能够在一定条件下形成特有的社会秩序,但都不重视法律对社会的治理和人们自身规范的调节作用,因而不会把法律教育放在突出地位。正因如此,在 20 世纪 70 年代以前,中国尤其在农

① 信春鹰:《中国的法律制度及其改革》,法律出版社 1999 年版,第 15 页。

② 蔡定剑:《历史与变革——新中国法制建设的历程》,中国政法大学出版社 1999 年版,第 107 页。

③ 王寿林:《全面推进依法治国需要正确把握的若干范畴》,载《观察与思考》2015 年第 1 期。

④ 方朝晖:《礼治与法治:中西方制度的基础研究》,载《邯郸学院学报》2015 年第 1 期。

村这个礼制占主导地位的“熟人”社会，农民的法律意识极为淡薄。这一历史背景决定此后中国在法治建设和普法教育方面面临极其艰巨的任务。

第二节 农村普法教育的历程

农村普法教育作为全国普法教育的重要组成部分，是在国家统一领导、部署下进行的，因而走过了与全国普法教育大体相同的发展阶段。农村有独特的历史、经济、地理和文化条件，国家遵循从实际出发、分类指导、注重实效的基本原则，使农村普法进程表现出特殊性。

一些学者把全民普法教育划分为三个阶段，即普及法律常识阶段，指“一五”普法时期；法制宣传教育阶段，包括“二五”“三五”普法时期；社会主义市场经济法治普及教育阶段，自“四五”普法开始至今。叶国平、吴高平、谢贵春认为农村的普法阶段划分也可以与全国普法阶段按相同方法划分。① 郑薛滋璐在对农村法治宣传教育研究时也采取了上述划分法，并且将“七五”普法列为全面推进依法治国阶段，②也就是在上述三个阶段之外增加了第四个阶段。刘宁将农村普法教育分为起步、发展、强化和转型发展的四个阶段。③

本书基本赞同上述观点的划分方法，同时认为农村普法教育包括全民普法在“一五”普法教育规划正式公布之前，经历了改革开放伊始后到此之前的准备阶段。这个阶段与后来的普法进程有着不可分割的内在联系，因而将这个阶段纳入普法进程，才能完整反映全民普法和农村普法教育本身的发展历程。据此，本书在借鉴上述方法基础上，按照农村普法本身及其在全国普法教育中地位的变化，将农村普法教育四十余年的发展历程划分为以下五个阶段。

一、农村普法教育的准备阶段(1978—1985 年)

1976 年“文化大革命”结束后，中国共产党痛定思痛，开始了对这场灾难的

① 叶国平、吴高平、谢贵春:《我国农村普法政策之嬗变》，载《学理论》2014 年第 31 期。

② 郑薛滋璐:《农村法治宣传教育存在的问题与对策研究——以福建省 S 市为例》，昆明理工大学 2017 年硕士学位论文。

③ 刘宁:《乡村振兴战略下农村普法问题研究》，载《山东行政学院学报》2021 年第 4 期。

深刻反思,并寻找以后摆脱类似错误的出路。这种思考的结果,集中表现在1980年8月邓小平回答意大利记者奥琳埃娜·法拉奇关于如何避免“文化大革命”类似错误的经典回答:“我们这个国家有几千年封建社会的历史,缺乏社会主义的民主和社会主义的法制。现在我们要认真建立社会主义的民主制度和社会主义法制。只有这样,才能解决问题。”[①]众所周知,党的十一届三中全会在对中国古代缺乏法制传统,特别是对“文化大革命”破坏法制导致“十年浩劫”的沉痛反思后,作出了发展社会主义民主、健全社会主义法制的重大决策。尽管这时使用的是“法制”概念,但会议强调“法律面前人人平等”,提出“有法可依,有法必依,执法必严,违法必究”原则[②],已包含了法治的基本内涵。因而,这次会议成为“依法治国”即社会主义法治建设的起点[③]。之后,党和国家加强了民主法制建设。

1978年3月5日,第五届全国人大第一次会议审议通过了《宪法》,这部《宪法》对1975年通过的宪法作出了比较大的重要修改。同年5月3日,《人民日报》发表题为《学习新宪法、宣传新宪法、遵守新宪法》的社论,要求全面准确掌握新宪法的精神和实质,切实弄懂加强社会主义法制对新时期总任务的重要性。要求国家机关工作人员特别是领导干部要带头学习,以身作则。1978年8月,第三次全国治安工作会议在京举行,本次会议特别强调对青少年的法制教育。1979年7月,第五届全国人大第二次会议审议通过了《刑法》《刑事诉讼法》等7部法律,并开展了“学习新法律、宣传新法律”活动。同年9月,《中共中央关于坚决保证刑法、刑事诉讼法切实实施的指示》指出恢复过去撤销的政法院校,有条件的文科大学设置法律专业,各省、市、自治区逐步建立各类政法院校和司法、公安干警学校,举办培训班。[④] 该指示明确,《刑法》等7部法律是否严格实施,是衡量我国是否实行社会主义法治的重要标志。这是党中央第一次在文件中使用“法治”这个概念,该文件被称为“64号文件”,至今法学界对这一

---

① 《邓小平文选》(第2卷),人民出版社1994年版,第348页。

② 《中国共产党第十一届中央委员会第三次全体会议公报》,载《人民日报》1978年12月24日,第1版。

③ 李步云:《“依法治国”的起点应当是党的十一届三中全会》,载《北京日报》2014年10月21日,第2版。

④ 曹义孙、胡晓进、梁文永:《中国法学教育大事记(1978—2008)》,中国政法大学出版社2009年版,第8页。

文件的评价仍然很高。[①] 其体现党和国家对法治的认识上升到了新的层次，意味着新时期法治建设的起步。

虽然这时的"学习新法律、宣传新法律"活动还不是后来的系统性、制度性普法活动，但中国共产党对封建传统影响的深刻认识和对思想政治教育传统重视，特别是对于法治发展的内在要求与逻辑的认知，决定以全民普法教育活动作为法治建设的基础及先行者开辟道路。这期间，随新时期法治建设的起步，有一些法律工作者率先投入普法工作中，如法学前辈张友渔先生，带领一批法律工作者，编写了《公民手册》《大众法学》等读物。[②] 我国法学教育也基本得到恢复。[③] 可以说，党对"文化大革命"的反思和对法治建设的重要性和紧迫性的认识以及 20 世纪之交的"学习新法律、宣传新法律"活动，就是后来全民普法教育的酝酿过程。

此后，诸多事件的发生及经验为之后开展的全民普法教育奠定了基础。1980 年 12 月，国务院批文明确指示：司法行政工作在社会主义法制建设中担负组织、宣传、教育和后勤等工作。该指示明确了普法宣传教育的主管部门，并延续至今。1981 年，辽宁省本溪市发生了一件引人关注的事件：有个姓杨的年轻人想吃驴肉，就用刀在别人家的驴身上割下几块肉。当时有人报警，杨某被带到公安局后大呼冤枉，说："我一没杀人，二没放火，怎么吃肉也犯法？"当时，市政府受到触动，遂开展以《刑法》《刑事诉讼法》等为内容的法制宣传教育。两年后，该市犯罪案件总数下降 2%。1986 年，本溪市第一个在全国提出依法治市。[④] 该市对这一事件的反应和做法引起司法部的关注。1983 年 1 月，北京市首次开展"法制宣传日"活动，千余名司法人员走上街头宣传法律知识，解答法律问题。参与该活动的时任司法部部长刘复之说，司法人员走出机关进行法制宣传是一种好形式，这是司法机关改革和开创新局面的一个重要方面，要把这

---

① 李英华、王家福：《1996 年中南海里讲"依法治国"》，载《检察日报》2008 年 4 月 29 日，第 1 版。

② 王秋玲：《普法——法学工作者义不容辞的社会责任》，载《当代法学》1996 年第 4 期。

③ 曹义孙、胡晓进、梁文永：《中国法学教育大事记（1978—2008）》，中国政法大学出版社 2009 年版，第 14 页。

④ 舒扬：《中国法学 30 年》，中山大学出版社 2009 年版，第 152 页。

种形式逐步推广到全国城市和农村集镇去。[1] 该次活动的形式也成为之后普法教育的主要形式之一。

如果说党对“文化大革命”的反思，是从历史教训层面酝酿了中国法治建设和普法教育，那么，改革开放之初我国治安形势的恶化和1983年至1985年的“严打”，则从现实层面，把中国的法治建设和全民普法教育十分迫切提到了日程之上。当时，治安形势恶化，杀人、抢劫、强奸、盗窃等犯罪活动嚣张，接连发生了一些恶性案件，如“二王”抢劫案、卓长仁劫机案、上海“控江路流氓团伙滋扰事件”等，中共中央决定开展“严厉打击刑事犯罪分子活动”。党中央在加大治安治理力度的同时，一再强调进行法制教育的重要性。邓小平同志指出：“在党政机关、军队、企业、学校和全体人民中，都必须加强纪律教育和法制教育。”[2]“要讲法制，真正使人人懂得法律，使越来越多的人不仅不犯法，而且能积极维护法律。”[3]

按照这一要求，一些地方开展了法制宣传教育工作。1984年6月，中宣部、司法部在北京、辽宁、江西、山西等地的一些县市进行了法制宣传教育试点。1986年2月，由司法部组织，在北京召开“全国普及法律常识部分试点单位汇报会”。在农村地区，山东省滕县官桥镇、吉林省松原市扶余县三岔河镇、湖北省沔阳县八号乡新河口村等成为成功经验的先进典型。其中，湖北省沔阳县八号乡新河口村全村有一千多位村民学习了《刑法》和《经济合同法》，且经笔试或面试全部合格，还出了三位“学法女状元”。[4] 江苏省建湖县上冈乡冈西村于1983年年初创办了业余法制学校，经过一年多的普法宣传教育，该村由一个远近闻名的“是非窝”变成了示范推广的“团结村”，以此为试点经验，乡政府在全乡的二十八个村和乡办单位等办了业余法制学校和业余学法小组。[5] 1984年10月，

①　曹义孙、胡晓进、梁文永：《中国法学教育大事记（1978—2008）》，中国政法大学出版社2009年版，第29页。

②　《邓小平文选》（第2卷），人民出版社1994年版，第360页。

③　《邓小平文选》（第2卷），人民出版社1994年版，第254页。

④　邹瑜：《为争取用五年左右时间在全体公民中基本普及法律常识而奋斗》，载中央宣传部宣传局、司法部宣传司：《把法律交给十亿人民——全国法制宣传教育工作会议文件汇编》，经济日报出版社1985年版。

⑤　江苏省建湖县司法局：《创办乡村业余法制学校向农民普及法律常识》，载中央宣传部宣传局、司法部宣传司：《把法律交给十亿人民——全国法制宣传教育工作会议文件汇编》，经济日报出版社1985年版。

在山东济南召开“全国中学法制教育座谈会”，会议指出中学法制教育是全民普及法律教育指示的重要阵地，是全国法制宣传教育工作中的一项基本建设。[①]同年11月，《中国法制报》报道，解放军军事法院等编写法律常识的课本，作为部队进行法制教育的教材。上述这些，都为即将拉开序幕的全民普法教育特别是农村普法教育积累了经验。

1985年6月，由彭真提议，在辽宁省本溪市召开了中华人民共和国成立以来第一次专门讨论法制宣传教育工作的全国性会议——“全国法制宣传教育工作会议”，会议总结了试点的经验，并认为在全国进行普法教育的条件已经成熟，决定用五年左右时间在全体公民中基本普及法律知识[②]。时任司法部部长邹瑜作了题为《为争取用五年左右时间在全体公民中基本普及法律常识而奋斗》的报告，特别强调在经济体制改革中，应该把有关法律、政策交给八亿农民。[③] 会后，党和国家在各方面做了充分准备，全民普法即将拉开序幕。

二、农村普法教育的起步阶段(1986—1990年)

经过前一阶段的酝酿、准备，1985年11月，中共中央、国务院转发了中宣部、司法部《关于向全体公民基本普及法律常识的五年规划》。1985年11月，第六届全国人民代表大会常务委员会第十三次会议通过了《关于在公民中基本普及法律常识的决议》，这标志着全民普法教育正式开始，奠基了中国法治教育的里程碑[④]。根据“一五”普法规划和决议的内容，1986年到1990年为“一五”普法期间，文件对普法工作的定位是“我国人民政治生活中的一件大事，社会主义精神文明建设的一个重要组成部分”。目的是使全体公民增强法制观念，知法、守法，养成依法办事的习惯。普法对象包括工人、农(牧、渔)民、知识分子、干部、学生、军人、其他劳动者和城镇居民中一切有接受教育能力的公民。虽然单

---

① 曹义孙、胡晓进、梁文永：《中国法学教育大事记(1978—2008)》，中国政法大学出版社2009年版，第37页。

② 邓力群：《法律要为人民所掌握》，载中央宣传部宣传局、司法部司法司：《把法律交给十亿人民——全国法制宣传教育工作会议文件汇编》，经济日报出版社1985年版。

③ 邹瑜：《争取用五年左右时间在全体公民中基本普及法律常识而奋斗——在全国法制宣传教育工作会议上的报告》，载中央宣传部宣传局、司法部司法司：《把法律交给十亿人民——全国法制宣传教育工作会议文件汇编》，经济日报出版社1985年版。

④ 汪洋：《学习宣传贯彻习近平法治思想是新时代普法工作的首要政治任务》，载《中国人大》2021年第12期。

独列出“城镇居民”，但是同时也列出了农民。重点对象是各级领导干部和青少年。普法教育以与公民密切相关的“十法一例”［宪法、民族区域自治法、刑法、刑事诉讼法、民法通则、民事诉讼法（试行）、婚姻法、继承法、经济合同法、兵役法、治安管理处罚条例］为主要内容，是普及法律常识阶段或者说是法律知识启蒙教育阶段。

虽然在“一五”普法规划中并没有把农民或农村地区作为普法的重点，但在规划步骤里将大中城市及其郊县农村作为首先要抓好的工作，并列举了农村普法的具体方法，如干部包片、党员包联系户、编写农民法律读本、宣传员送法上门等。由此可见，在“一五”普法规划专门对农村普法进行工作部署，并将郊县农村作为全国首批重点工作。

“一五”普法期间，各地农村重视普法工作，通过普法解决问题的典型不断涌现。这一时期，全国 7 亿多人参加了普法学习，其中 4 亿农民参加了学习并进行了考核考试。① 尽管这一数字未必完全客观真实地反映出实际情况，但农民受教育人数达到 4 亿令人惊讶，也说明农村普法不但在形式上，而且在实际中已经起步。比较有代表性的是山东省滕县官桥镇的实践，该地办起了法制夜校，通过农业技术夜校、扫盲夜校和专门的法制班，采取“农闲多学，农忙少学，大忙停学”的原则，培养了农民的法制观念。河北省沧州市东光县沙杨贵村举办农民法制夜校，村里的劣迹青年思想转好，经济合同不再上当受骗，坏人坏事有人管，被县政府命名为“文明村”。② 此阶段出现了一些典型案例：如八名流窜犯嫌疑人的家属通过夜校学习，规劝犯罪嫌疑人投案自首；某夜校学员在学习刑法时当场揭发某犯罪嫌疑人的罪行；一对夫妻长期虐待老人，通过学习，知道虐待老人是违法的，从此孝敬老人。在法制夜校的影响下，治安好转，经济发展，该地的工农业生产总值连年大幅增长。江苏省武进县在全县范围包括村庄着力推广《经济合同法》，之前，该县“口头合同”“扯皮合同”“呆账欠账”特别多，通过宣传栏、黑板报、墙报、法律咨询等宣传教育形式，多数企业认识到了“依法履约”的重要性。某单位欠该县某针织厂货款，拖延许久，学习该法之后，针织厂给欠款单位写了一封关于应该按照《经济合同法》办事的信件，不久，该单位归

---

① 《中国法律年鉴》，中国法律年鉴社 1991 年版，第 109 页。

② 沧州地区普法办公室：《农村普法的一种好形式——东光县沙杨贵村举办农民法制夜校的情况调查》，载《河北法学》1986 年第 5 期。

还了欠款。工商行政管理总局估算,1984 年,全国签订的购销合同达 6 亿多份,其中农村签订的合同数量最多。1985 年全国农村签订合同可达 10 亿份。[①] 北京市房山县组织干部、群众联系实际学习税法后,有 1640 多户自报偷税漏税的问题,补缴税款 536.8 万元。房山韩林河村普及法律常识以后,村民的法制观念明显增强,精神面貌为之一新,形成了家庭和睦、邻里团结的良好社会风尚。[②] 由此可见,农村地区的普法对于整个社会秩序的稳定、国民经济的发展都有着举足轻重的作用。村民在普法过程中开启了对法律的认知,初步建立了法制观念。

这一阶段发生在农村的典型案例推动了我国的法治进程。1989 年的首例"民告官"案在中国的法治史上具有里程碑意义。温州市苍南县农民包郑照于 1985 年在该镇河滩上盖房,后来遭到强拆。1988 年,包郑照将该县人民政府告上法庭,请求确认其房屋合法,赔偿经济损失。虽然本案原告以败诉告终,但其体现了农民权利意识的觉醒,也推动了行政诉讼法的出台。

1986 年 12 月,"第二次全国法制宣传教育工作会议"在北京召开,会议强调,要充分认识普法工作的重要意义,讲求实效。时任司法部部长邹瑜作了题为《认真贯彻十二届六中全会决议,紧密联系实际,扎扎实实地将普及法律常识工作引向深入的工作报告》。一些行业性普法,也得到国家的重视,1991 年 1 月,中宣部、国家经委、司法部联合召开"全国企业法制宣传教育工作会议"。时任司法部部长邹瑜参加会议并作了题为《深化普法,促进改革,为把企业管理逐步引上法制轨道而努力的报告》。[③] 本次会议的意义不仅仅在于有利于提升企业职工素质,而且促进企业在此基础上,加强企业管理的法制化。

"一五"普法规划的实施,受到党和国家的高度重视并取得了一些成绩,但人们对"一五"普法的效果过于乐观。时任司法部部长邹瑜发表了《五年左右基本普及法律常识是能够实现的》一文,提到"用五年左右的时间,在全体公民中基本普及法律常识的条件已经基本成熟。在一个拥有 10 亿人口而且农民占大

---

① 邹瑜:《为争取用五年左右时间在全体公民中基本普及法律常识而奋斗》,载中央宣传部宣传局、司法部宣传司:《把法律交给十亿人民——全国法制宣传教育工作会议文件汇编》,经济日报出版社 1985 年版。

② 景文灿:《从战略高度认识普法工作的意义》,载《前线》1986 年第 8 期。

③ 曹义孙、胡晓进、梁文永:《中国法学教育大事记(1978—2008)》,中国政法大学出版社 2009 年版,第 92 页。

多数、文化又不够发达的大国里，普及法律常识是一项十分艰巨、十分光荣的事业……我们坚信，只要统一认识，加强领导，各方协力，扎扎实实、坚持不懈，我们的目的一定能够达到”。[①] 这说明国家已经清楚地意识到普法的重要性，并且雄心壮志、意气风发，同时也意识到农民在普法工作中的特殊地位。

然而，仅用五年的时间就想达到普及法律常识、增强法制观念、养成法治习惯的目的，对于广大村民来说是不可能的。首先，在思想上，村民的传统观念根深蒂固，即使当时中华人民共和国已经成立四十年，但“人治”思想、“等级”观念等，很难在短时间内改变。同时，战争时期对法律的恐惧，再加上“文化大革命”对法制的破坏，使村民认识不到法律的重要性。其次，在实施上，“一五”普法是改革开放以来开创性的工作，没有经验可以借鉴，导致在规划实施过程中存在一些不完备、不合理的地方，尤其是一些领导干部自身对法律的认识不足，“应付差事”的情况屡有发生。另外，由于“一五”普法规划在步骤上要求首先抓好大、中城市及其郊县农村，导致一些地区的普法工作采取先城市后农村的方针，有的地区农村甚至错过了“一五”普法。最后，在对象上，实施家庭联产承包责任制以后，由公社组织改为以家庭为单位，人员变得分散，流动性大，难以集中，“人难找，会难开”成了最主要的问题。在当时的宣传条件下，分散学习很难达到目标，而村民又把更多的精力放在自家生产上，与外界联系不多，对法律需求不大，再加上识字扫盲工作还没有结束，有的村民根本不认识字，躲避学习、敷衍了事的现象普遍。因此，通过五年左右基本普及法律常识的目标是很难实现的。

由此可见，农村普法教育是一项长期而艰巨的任务，并非短期可以真正落实，而这一点在 1989 年被正式指出。罗干在 1990 年第三次全国法制宣传教育工作会议上指出：“普法工作是一项长期的任务，需要不断引向深入。那种认为通过一两个 5 年实践，就可以一劳永逸的想法，是不切实际的。对于这项工作，我们要一个 5 年，两个 5 年以至 10 个 50 年，长期不懈地抓下去。”[②]这表明国家意识到了普法教育的复杂性和长期性，要将短期普法改为长期普法。1990 年 4 月，“第二次全国法制宣传教育工作会议”在北京召开，会议认真总结“一五”普

---

① 邹瑜：《五年左右基本普及法律常识是能够实现的》，载《现代法学》1985 年第 3 期。

② 黄之英：《中国法治之路》，北京大学出版社 2000 年版，第 344 页。

法工作的经验，表彰了先进集体和个人，并一致认为，第一个五年普法任务已经基本完成，要不失时机地将普法工作继续引向深入。[①]

三、农村普法教育的展开阶段（1991—2000年）

这个阶段包括“二五”和“三五”普法规划时期。该阶段农村普法是随全国普法深度和广度的提升而逐步展开的。在“二五”普法期间，随着国家的全面进步，普法规划提高了普法教育的目标，党和国家更加重视农村的普法教育工作，全国绝大多数农村展开了普法工作。“三五”普法期间，全国普法以提高全民法律意识为重点，突出社会主义市场经济法和依法治理教育。与之相适应，农村普法突出了以宪法、社会主义市场经济有关法律法规和村民自治法有关法律的宣传教育。

1991年到1995年为“二五”普法周期。普法规划的名称由“基本普及法律常识”变为“法制宣传教育”，表明国家对普法工作有了更全面、更深刻的认识，在宣传法律常识的基础上，增加了法律意识、法制观念、依法治理等内容。在国家层面，1992年成立了全国普及法律常识办公室，这是我国政府重视普法工作的重要标志，亦说明国家将普法工作作为一项长期工作，要长期规划和实施。

该规划将普法定位为一项重大的社会教育工程。对象是工人、农（牧/渔）民、知识分子、干部、学生、军人、个体劳动者以及其他一切有接受教育能力的公民。与“一五”普法规划不同，“二五”普法规划并没有把城镇居民单独列出来，而是统一表述为“一切有接受教育能力的公民”。这是因为自20世纪90年代开始，村民的文化素质大幅提升，城乡人口开始流动，城乡界限不再泾渭分明，“一五”普法“先城市再农村”的情况发生变化。同时，该规划对象增加了“个体劳动者”，这是在改革开放背景下对新型主体的突出，体现了普法规划对社会现实需求的回应与重视。该轮普法内容要求在重点普及法律常识基础上，“有针对性”“有重点”地学习宣传各地、各行业“与工作和生活相关”的“专业”法律知识。同时，通过法制宣传教育，提高公民的社会主义法律意识，加强我国各项事业的依法治理，为我国政治、经济和社会的稳定发展提供保障。“二五”普法从

① 曹义孙、胡晓进、梁文永：《中国法学教育大事记（1978—2008）》，中国政法大学出版社2009年版，第130页。

“初步启蒙”的常识教育开始向法律常识普及、法律意识强化的目标迈进。

对于农村地区，在进一步开展宪法教育的同时，开展了《土地管理法》《农业法》《农业技术推广法》《村民委员会组织法》等与农民生产、生活和农村治理相关的法制宣传教育。在方法上，规划专段对农村普法方法进行布置，推荐诸如业余法制学校、夜校等阵地形式，强调可以利用农闲时间进行村民的集中学习，还指出党员包户、送法上门、干部包片等开展宣传法律常识的具体途径，注重乡镇文化中心等群众文化阵地的作用。同时，本次规划提出了依法治理观念，强调在农村要依法治乡、依法治县。

“二五”普法期间，国家重视农业农村发展，并对农村法治与普法教育提出了更明确的要求。1991 年党的十三届八中全会通过了《中共中央关于进一步加强农业和农村工作的决定》，强调要深入进行普法教育，增强法制观念、加强民主法制建设、积极推进思想政治教育工作。1993 年经国务院第七次常务会议审议通过的《九十年代中国农业发展纲要》对此进行了细致的部署，主要包括加强法制建设，逐步实现以法治农、以法促农，加强与农民生产、生活有关的法律教育与普及，建立健全农村法律机构，搞好法律实施，积极开展法律咨询服务，加强相关立法等。

“二五”普法期间，全国村民学法规模比前一周期有所扩大。全国近 90% 的乡镇、村对普法工作作出了安排。① 山东省章丘地区的依法治村成为国家力推的典型，其近 50% 的行政村将法律知识运用到农村的治理工作中，依法治村初见成效。② 河北省突出农村普法重点并强化依法治村力度，针对京津周围、铁路沿线等社会治安比较差的村镇等“重点地区”加强针对性的法制宣传，并在全省范围内的 54 个县建立了法制教育中心，对 12000 多名轻微违法人员进行强化型法律普及。截至 1994 年，河北省开展依法治村工作的村庄达到 18736 个，占全省村庄总数的 36.8% 。③

“二五”普法规划是在“一五”普法的经验和基础上制定的，虽然“二五”普

① 肖扬：《关于第二个五年普法规划实施情况的报告——1993 年 8 月 31 日在第八届全国人民代表大会常务委员会第三次会议上》，载全国人大网，http://www.npc.gov.cn/wxzl/gongbao/2000-12/28/content_5003013.htm。

② 刘飏主编：《依法治国的生动实践——普法依法治理十五年》，法律出版社 2001 年版，第 1211 页。

③ 《中国法律年鉴》，中国法律年鉴社 1995 年版，第 826 页。

法有了上一周期普法的经验可循，但毕竟环境发生变化，普法教育的方式与力度、民主法制建设还不能适应新的要求。从单纯地普及“十法一例”的法律常识提高到学习同工作、生产相关的法律知识，法律意识的建立，依法治理的高度，实施起来难度必然加大，实施效果还有很多不尽如人意的地方，再加上识字扫盲工作的不彻底，农村普法的步伐远远落后于城市普法。

1996 年到 2000 年是“三五”普法周期。该规划将普法教育定位为我国社会主义民主和法制建设的一项基础性工作，是全党和全国人民的共同任务。在普法对象上，相对于“二五”普法规划，增加了“企业经营管理人员”。重点对象扩大为：县、处级以上领导干部，司法和行政执法人员，企业经营管理人员，青少年。涉及农村，主要突出从依法治国的高度出发，强调依法治村、依法治乡。1998 年，中共中央办公厅、国务院办公厅印发了《关于在农村普遍实行村务公开和民主管理制度的通知》，特别强调要按照国家法律、法规和政策，结合本地实际，建立健全规章制度，建立健全村务公开、村民会议、村民代表会议和党员议事会制度，依法建制、以制治村，加强农村的民主法治建设。

“三五”普法规划较前两个周期，特别强调社会主义市场经济法律知识的普及与依法治国基本方略。一方面，强调社会主义市场经济法律知识的普及有着深刻的历史背景。1993 年，党的十四大报告明确提出建立社会主义市场经济体制的改革目标。因此，邓小平同志多次强调加强在全体公民中深入开展社会主义市场经济法律知识内容的宣传教育。另一方面，强调依法治国的基本方略。1996 年 2 月 8 日，第三次中央法治会议首次对依法治国基本方略作出了系统全面的阐述。1995 年，党的十四届五中全会第一次正式提出了“依法治国”这一概念。[①] 1997 年，“依法治国”写进了党的十五大报告，1999 年第九届全国人民代表大会第二次会议通过的宪法修正案把“依法治国”正式写入了宪法。以三个普法规划为时间轴，纵观我国法治社会发展，从“一五”普法提出的“社会主义法制建设”，到“二五”规划提出“依法治理”，到“三五”普法规划时期“依法治国”入宪，实现了我国静态的法制向动态依法治理到依法治国质的飞跃。据此，“三五”普法规划明确要求“坚持法制宣传教育与法制实践相结合”，“坚持学法与用法相结合”，“从坚持依法治国的高度出发，全面推进各项事业的依法治理”。

---

① 刘莹：《改革开放以来中国普法教育之嬗变》，西南交通大学 2009 年博士学位论文。

是该选择“法制”还是“法治”，是继“人治与法治”争议的第二次法学大讨论。党的十五大之前，中央的提法是“依法治国，建设社会主义法制国家”，但一些学者提出，应当使用“法治”概念。① 当时《中国法学》总编辑郭道晖，第一个用“刀”和“水”来形象区分两者：“制”字是“立刀旁”；“治”字是“水旁”，“水可载舟，亦可覆舟”，水象征人民，这种区别一直延续至今并被广泛接受。②

党的第十五次全国代表大会报告中指出：“要深入开展普法教育，增强全民的法律意识。”③在本轮普法中，全国 8 亿多普法对象有 7.5 亿参加了各种形式的学法活动。④ 96 个行业（系统）制定了专业法学习规划，使行业管理逐步走上法制化轨道。全国 30 个省、自治区、直辖市和 45% 的市（地）、近 50% 的县（市、区）和行政村开展了依法治理工作。⑤ 江西省宁都县有 3000 多户农民常年聘请私人律师。⑥ 如果说“二五”普法规划提到“坚持理论联系实际，学法用法相结合”，尚处于探索阶段，那么，“三五”普法规划则将其落到实处。1996 年 6 月，第四次全国法制宣传教育工作会议在京召开，本次会议标志着全民法制宣传教育进入了普法与依法治理并举的新的历史发展阶段。⑦ 在农村地区主要呈现出以下特点：首先，针对突出需求，集中普法。2000 年，河北省开展法制集中宣传工作，当时正值村委会换届选举和土地延包，便利用这些机会集中宣传《村民委员会组织法》《村务公开条例》《土地管理法》等相关法律法规，收到了良好的宣传效果。其次，宣传手段丰富多彩。普法电视节目、报纸、文艺演出等形式大量涌现，比如，1999 年，中央电视台第一档全日播法制栏目《今日说法》开播。该栏目秉持“点滴记录中国法治进程”的理念，以“重在普法，监督执法，促进立法、服务百姓”为宗旨，涉及大量农村案例，为村民提供丰富而生动的案例教学课。1998

① 杨悦新、凌峰：《依法治国：划时代的方略之选》，载《法制日报》2008 年 6 月 9 日，第 1 版。

② 舒扬：《中国法学 30 年》，中山大学出版社 2009 年版，第 161 页。

③ 江泽民：《高举邓小平理论伟大旗帜，把建设有中国特色社会主义事业全面推向二十一世纪》，载《光明日报》1997 年 9 月 22 日，第 3 版。

④ 程维荣：《走向法治时代——从“文革”结束到“十六大”召开》，上海教育出版社 2003 年版，第 383 – 384 页。

⑤ 曹义孙、胡晓进、梁文永：《中国法学教育大事记（1978—2008）》，中国政法大学出版社 2009 年版，第 203 页。

⑥ 邓清静：《开展农村普法工作初探》，载《武汉交通科技大学学报（哲学社会科学版）》1997 年第 2 期。

⑦ 曹义孙、胡晓进、梁文永：《中国法学教育大事记（1978—2008）》，中国政法大学出版社 2009 年版，第 203 页。

年，"148"（"要司法"的谐音）法律服务专用电话将开通，多省下发加强"148"法律服务专用电话建设及联动服务工作的意见通知，方便广大人民群众尤其是村民进行法律咨询。时任司法部部长高昌礼曾说过："开通法律服务专用电话，把宣传法制、健全法制、推进法治与党的领导、依法行政、群众路线有机结合到了一起，人民群众看得见、摸得着、用得上。"[①]2010 年，中央宣传部宣教局、司法部法制宣传司、中央电视台联合摄制了大型专题片《创举——中国普法之路》。这是我国第一部全面、系统反映 17 年来普法及依法治理伟大成就的专题片。再次，利用立法提高普法效果。1998 年在对《土地管理法》进行修订时，关于土地管理方式的确定，因为关系到广大农民的切身利益，当时广泛征求意见。这一过程，不仅使立法更符合民意，提高了立法质量，而且本身也是一场生动的农村普法实践课。最后，针对难点各个击破。对于农村流动人口如何组织学法成为当时普法的突出问题之一，一些地区采取了相应措施，比如，成都市编印了《暂住人口务工经商法律指南》，采用"谁用工，谁教育"的方针，教育面达到 85%。[②]

"三五"普法期间在理念和实践上都有了巨大的飞跃，在农村，村民的法律知识随着社会的进步和现实的需要不断增长，法律意识不断增强，乡村的依法治理在依法治国方略的引领下步入法制化轨道。约 50% 的行政村开展了依法治村的工作。[③] 司法部在"三五"普法期间曾表示，"普法教育无论在规模、内容和形式上，都堪称是中外法制建设史上的一大创举"。[④] 当然，该阶段的农村普法仍然存在一些难题，时任司法部部长张福森在《关于"三五"法制宣传教育基本情况的报告和对〈关于进一步开展法制宣传教育的决议（草案）〉的说明》中指出，"农民和流动人口的普法仍是工作难点"。[⑤]

四、农村普法教育的强化阶段（2001—2015 年）

这个阶段包括"四五""五五""六五"三个普法规划时期。在该阶段，国家

---

① 计亚男：《法律服务专用电话 148 将开通》，载《光明日报》1998 年 12 月 7 日，第 7 版。

② 刘莹：《改革开放以来中国普法教育之嬗变》，西南交通大学 2009 年博士学位论文。

③ 《展示新成就，迎接十五大》，载《人民日报》1997 年 9 月 3 日，第 3 版。

④ 王晓烁、刘庆顺：《影响我国普法实效的因素分析》，载《河北大学学报（哲学社会科学版）》2011 年第 2 期。

⑤ 张福森：《关于"三五"法制宣传教育基本情况的报告和对〈关于进一步开展法制宣传教育的决议（草案）〉的说明——2001 年 4 月 24 日在第九届全国人民代表大会常务委员会第二十一次会议上》，载《全国人民代表大会常务委员会公报》2001 年第 4 号。

对农村普法重要性及其发展的滞后性的认识越来越明确和深刻，对农村普法重视程度不断提高，农村普法教育逐步得到强化。

与前三轮普法规划相比，“四五”普法规划文件未列举普法对象，而是统一表述为“一切有接受教育能力的公民”。“四五”普法在“三五”普法基础上，紧紧围绕依法治国基本方略，重视提高公民法律素质，特别指出努力实现由提高全民法律意识向提高全民法律素质的转变，实现由注重依靠行政手段管理向注重运用法律手段管理的转变的“两个转变，两个提高”目标。这一目标的确立是对之前十五年普法工作的总结与肯定，并为今后的普法工作提出要求和方向，也为农村普法工作指明了工作重心。

普法规划的制定者此时已经认识到农村普法的重要意义以及落后于城市普法的现实，并结合上一轮普法存在的农村疑难问题，对农村普法教育作出特别规定。该轮普法规划强调重视农村人口法律素质的提升和农村的依法治理。具体而言，重视农村村镇干部、流动人口的普法；重点抓村镇的普法和强化基层的依法治理工作，并明确把村镇列为重点抓好的几个基层单位的第一位，并鼓励制定村规民约，建立有效的运作机制。除了学习宣传宪法和国家基本法律及与村民密切相关的法律法规外，特别加强规范市场经济、国家西部大开发以及加入世界贸易组织相关的法律知识宣传。这是因为，农村经济市场化程度越来越高，已经融入了全国统一大市场，对外贸易也逐年增多。在上述大背景下，农村普法工作如火如荼，民主法制建设进一步加强。主要体现在：

首先，随着进城务工人员的增加，国家开始重视该群体的普法教育。在2003年1月，国务院办公厅下发了《关于做好农民进城务工就业管理和服务工作的通知》。同年11月，我国开展了第一次全国范围的维护进城务工人员合法权益普法宣传活动。发放劳动保障部组织编写的《劳动者维权手册》，公布各地劳动保障监察举报电话等。2005年4月，建设部普法领导小组编写了《建设领域农民工权益知识读本》，专门针对建筑行业农民工的相关法律问题进行系统介绍。

其次，开展“送法下乡”活动。2004年，时任司法部副部长胡泽君在记者采访中这样描述农村普法情况：农村普遍开展“送法下乡”，通过法律集市、文艺演出、法律咨询、模拟法庭等形式，把法律送进农家和田间地头。各地积极整合资源，落实2021年12月国务院印发的《“十四五”推进农业农村现代化规划》强调的,畅通城乡要素循环,促进城乡人力资源双向流动。组织广大法制宣传员、律师、公证员、人民调解员和基层法律服务工作者深入农村,展现了农村普法的积极性。

再次,更加重视民主法制建设。大多数省、市和有关部门的主要领导或是分管领导担任普法依法治理领导小组的组长,推动依法治理工作的开展。2003年,司法部、民政部共同出台了《关于进一步加强农村基层民主法制建设的意见》,全方位布置了提高农村法治化管理水平的规划,同时,特别强调加强农村的法制宣传教育,进一步提高农村干部群众的法律素质,并制定了"民主法治示范村"标准。

复次,农村普法教育验收环节进一步强化。2005年1月,中央宣传部等单位发布的《关于对"四五"普法〈规划〉和〈决议〉贯彻执行情况总结验收的指导意见》中,也把乡村是否开展经常性的法律下乡活动,建立村民法制教育阵地,进行经常性的法制宣传教育活动,对流动人员的法制教育有计划、有安排、有要求等,列入了"四五"普法依法治理总结验收的指导标准。95%以上的城镇中小学校、81%以上的农村中小学校配备了法制副校长,协助学校开展法制教育。①

最后,"全国法制宣传日"的确定、普法网的开通和一些地区法制教育的法治化。"四五"普法规划将每年的12月4日定为"全国法制宣传日",2001年12月4日是我国历史上第一个法制宣传日,主题是"增强宪法观念,推进依法治国"。全国以此为契机加大普法宣传教育。2001年6月,"普法网"开通,由全国普法办公室主办。以提高全民法律素质和社会法治化管理水平,促进依法治国、建设社会主义法治国家进程为宗旨,宣传我国社会主义民主法制建设的成就,展示普法依法治理成果,普及法律知识,弘扬社会主义法治精神。该网站的建立标志着我国普法教育工作开辟了新媒体途径。全国有10个省或自治区出台了有关法制宣传教育工作条例,将普法教育本身也纳入法治轨道。

如果说在"四五"普法期间,农村普法开始受到重视,那么,"五五"(2006—2010年)普法规划和"六五"(2011—2015年)普法规划,则先后明确将农民列为普法重点对象。

"五五"普法在总结上四轮普法经验的基础上,有了一些新提法。在普法规

① 舒扬:《中国法学30年》,中山大学出版社2009年版,第75页。

划上，增加了围绕中心、以人为本、求实创新、分类指导等基本原则的内容；在普法对象上，继“四五”普法对农村干部、流动人口问题的重视之后，第一次正式把农民列入普法重点对象，这也是落实党的十六届五中全会通过的《中共中央关于制定国民经济和社会发展第十一个五年规划的建议》提出的建设社会主义新农村的重大历史任务的重要举措，由此我国农村普法教育变成我国普法的重中之重；在普法任务上，开始针对不同主体进行宣传活动，提出“法律六进”，即法制宣传教育进机关、进乡村、进社区、进学校、进企业、进单位。国家开始按照不同受众的特点，有的放矢，分类指导，普法质量明显提高。

其中，针对“法律进乡村”活动，规划要求把普法教育纳入政府对农村的公共服务中。通过各种形式，提高农民的法制观念和法律意识；加强农村普法基础设施建设；提高农村普法的服务性；继续深化“民主法治村”创建活动，积极开展基层民主自治观念的宣传教育，健全充满活力的村民自治机制。除此之外，本次规划还提出对农民法律素质提升的要求。突出培养村民参与自治和社会管理的能力，突出农村“两委”干部、农村基层兼职法制干部、进城务工人员普法教育，提出创新农村普法途径，加大宣传农村纠纷的维法途径。

如果说之前的普法教育规划只是把农民作为一般普法对象，把农村普法当作一般性工作来部署，那么，在“五五”普法规划中，农村普法是作为突出的重点问题来对待的。2006 年，中共中央、国务院下发《关于推进社会主义新农村建设的若干意见》明确指出“加强农村法制建设，深入开展农村普法教育”。同年，中央政法委、司法部等部门发起“双百讲座”，即百名法学家百场法治讲座，截至 2007 年 7 月，已有 40 名法学家在十个省区市举办了 48 场报告会，引起社会热烈反响和积极评价。该项活动是法学界落实依法治国基本方略，积极参与社会主义法治理念教育的重要举措，也是实施“五五”普法规划的重要组成部分。① 2009 年该活动常态化，并面向基层开展。2007 年，中宣部、司法部、民政部等五部委印发了《关于加强农民学法用法工作的意见》，细化了本轮普法规划的内容，明确了“学法律、讲权利、讲义务、讲责任”为主题活动，具化了目标，即在“五五”普法期间每个乡镇设立一个法制辅导站，每个行政村建立一个法律图书角，

① 曹义孙、胡晓进、梁文永：《中国法学教育大事记（1978—2008）》，中国政法大学出版社 2009 年版，第 334 页。

每个自然村建立一个法制宣传栏,每个农民家庭培养一名法律明白人。

“五五”普法期间,农村普法教育的成效体现在一些统计结果上。全国普及法律常识办公室对“五五”普法中期进行的督导检查报告显示,全国有 24 万名农村党支部委员会、村民委员会干部接受了普法教育,提高了依法办事的能力。司法部和民政部共表彰了 1001 个“民主法治示范村”。河南省有 3000 名律师、450 名公证员担任了 2878 家村委会和村办企业法律顾问。河北省建立了农民工守法诚信档案和法律服务联系卡,组建了农民工法律援助机构。2010 年,全省共为 16000 多名农民工提供法律援助,为农民工讨薪 4861.92 万元,有效维护了农民工的合法权益。① 对于流动人口的普法教育,各地也成绩斐然,2006 年,北京成立了第一家农民工普法学校,青岛、济南、南京、无锡等地建立了类似的普法学校,江苏省把每年的 6 月 18 日所在周固定为“6·18”农民工学法活动周。②

农村普法教育受到各地政府重视的同时,国家立法也在提升对村民权益的保护,最为典型的是农业税的取消。2005 年年底,第十届全国人大常委会第十九次会议经全票表决通过,宣布 1958 年 6 月通过的《农业税条例》自 2006 年 1 月 1 日废止。全面取消农业税,不仅有效减轻农民的负担,从更深层次讲,标志着中国的政治文明发展到了新阶段,体现了中央政府对农民利益的关注和保护。③ 此外,还有人大代表选举“同票同权”的变化。2010 年,修订《全国人民代表大会和地方各级人民代表大会选举法》(以下简称《选举法》),农村和城市每名全国人大代表所代表的人口比例从 4∶1 变为 1∶1,实现了中国城乡居民选举的“同票同权”。这不仅是对村民法律素质提高的一种肯定,也为其权利的行使提出了更高的要求。

“五五”普法期间,农村普法教育的成效还体现在一些典型案例上。2007 年,农民工张某超被多家医院诊断为尘肺病。根据《职业病防治法》的规定,职业病诊断需要的诸如有关职业卫生、健康监护等资料,由用人单位提供。但是

① 马竞:《河北省构建“四位一体”农村普法新格局》,载民主与法制网,http://www.mzyfz.com/cms/pufazhuanlan/pufazhongxin/pufayaowen/html/1172/2011-05-09/content-64549.html。

② 陈立:《普法教育与农民工合法权益的维护》,浙江师范大学 2009 年硕士学位论文。

③ 曹义孙、胡晓进、梁文永:《中国法学教育大事记(1978—2008)》,中国政法大学出版社 2009 年版,第 289 页。

本案的企业拒绝为张某超提供相关资料，郑州职业病防治所却为其作出了“肺结核”的诊断。为证明自己患有尘肺病，张某超坚持“开胸验肺”，最终在2009年，张某超获得企业60余万元的赔偿。2016年5月，张某超创办超尘肺病防治网，帮助尘肺病人维权。多年的普法教育，尤其是“四五”普法加强对流动人口的法制宣传教育的重视，使张某超不仅具有了受到侵害主张赔偿的法律意识和知识，而且拥有与违法行为作斗争的勇气和能力，并且主动开创了帮助他人维权、普法的道路。这不仅彰显出二十多年农村普法的效果，而且推动了中国法治进程。

2009年，村民唐某珍为了保护自家三层楼房，抗拒暴力拆迁，在楼顶天台自焚而死。此案在当时引起全社会的广泛关注，虽然唐某珍一家之前一直在为办理房地产手续和能够得到合理补偿东奔西走，但最后她还是以这种极端的方式结束了生命。一方面，说明其建立了维权意识，学到了相关法律常识，但这些对于真正能够周全地保护自己的权利还有很大的距离。另一方面，也说明相关法律制度本身仍存在缺陷。事后不久，北京大学五位学者致书全国人大，要求对《城市房屋拆迁管理条例》进行审查，并向全国人大常委会递交了对《城市房屋拆迁管理条例》的审查建议。国务院相关部门约见五位专家并组织相关部门进行立法调研。2011年我国颁布《国有土地上房屋征收与补偿条例》，制定了先补偿后搬迁、禁止暴力拆迁等规则，明确了强制执行应由政府申请法院执行，强调市场价格补偿等。同时，《城市房屋拆迁管理条例》废止。

“六五”(2011—2015年)普法规划中农民再次成为普法重点。在要求上强调扎实开展农民法制宣传教育，推进乡村公共活动场所法制宣传教育设施建设。重点加强农村四类人的普法教育，包括农村“两委”干部，提高其法制水平和依法办事能力；“法律明白人”，要求发挥其普法作用；农民工，重点强化遵纪守法、表达诉求的学习，将普法与法律服务相结合。为了进一步细化“六五”普法规划，2012年5月，中宣部、司法部、民政部等五部委印发《关于进一步加强农民学法用法工作的意见》，对继续深入开展“法律进乡村”主题活动，明确与农民生产生活密切相关的具体法律法规，农村法制宣传员队伍建设，“民主法治示范村”创建活动等内容作出了具体的部署。在此基础上，该轮普法的农村普法工作呈现出新的特点：

首先，法律法规更加健全。2011年3月10日，吴邦国同志向十一届全国人民代表大会四次会议作工作报告时指出，以宪法为统帅，以宪法相关法、民法商法等多个法律部门的法律为主干，由法律、行政法规、地方性法规与自治条例、单行条例等三个层次法律规范构成的中国特色社会主义法律体系已经形成。[①]从“法律制度”到“法律体系”，说明我国的法律呈现系统化、综合性发展，为法治国家的发展提供了更为坚实的基础。相应地，与农业、农村、农民相关法律法规数量明显增加。截至 2011 年年初，我国农业领域共制定现行有效法律 15 件、行政法规 25 件、农业部规章 154 件、地方性农业法规规章近 600 件，涵盖了农业农村经济的主要方面。[②]

其次，更加注重法治观念的养成。2014 年，党的十八届四中全会改变了原来“法制教育”的提法，提出“深入开展法治宣传教育”，首次使用“法治教育”的概念，这标志着历经三十年的普法历程，我国实现了由“法制教育”到“法治教育”的转变，从静态的法律制度教育，扩充为法律意识、用法能力、法律信仰并举的素养教育。由此可见，我国的普法教育伴随着全面推进依法治国进入一个新阶段。

再次，宣传手段更加先进。《中国互联网络发展状况统计报告》显示，截至 2020 年 6 月，我国网民规模为 9.4 亿，比 2015 年 12 月的 6.88 亿，增长了 2.52 亿。手机网民规模为 9.32 亿，占总体网民的 99.2%。[③] 据统计，全国共创办普法相关网站 3730 个，官方微博（微信）3746 个，粉丝超过 3000 万人。[④] 这些数字显示出农村普法教育也进入了网络时代。

最后，农村普法教育更受重视。“法治”纳入党的十八大提出的社会主义核心价值观，普法作为法治的重要环节，体现出该项工作在我国现代化建设中的重要性，为普法的意义与作用提升了层次；党的十八届三中全会要求“健全社会普法教育机制”；党的十八届四中全会要求“坚持把全民普法和守法作为依法治国的长期基础性工作，深入开展法治宣传教育”；党的十八届五中全会要求“弘扬社会主义法治精神，增强全社会特别是公职人员尊法学法守法用法观念，在

① 庄永廉：《法律体系的五个细节之变》，载《检察日报》2011 年 3 月 11 日。

② 杨红朝：《我国农村法治化的历程与路径选择模式》，载《农村经济》2013 年第 7 期。

③ 《“互联网 + 法治宣传”提升全民普法实效》，载搜狐网 2020 年 12 月 15 日，https://www.sohu.com/a/438374063_120901680。

④ 全国人大内务司法委员会调研组：《“六五”普法决议执行情况的调研报告》，载《中国人大》2016 年第 5 期。

全社会形成良好法治氛围和法治习惯”。占全国人口44%的农村地区，必然是全面普法的重点对象。2015年2月，中共中央、国务院印发了《关于加大改革创新力度加快农业现代化建设的若干意见》，专章论述围绕做好“三农”工作，加强农村法治建设，强调深入开展农村法治宣传教育，增强农民学法、尊法、守法、用法的意识。2015年3月，农业部《关于贯彻党的十八届四中全会精神深入推进农业法治建设的意见》也把加强农业普法教育宣传作为重要任务之一。

五、农村普法教育的新时代阶段（2016—2021年）

这个阶段实现了农村普法向新时代的转换。“七五”普法规划即《关于在公民中开展法治宣传教育的第七个五年规划（2016—2020年）》名称有了重大变化，将之前使用的“法制宣传教育”改为“法治宣传教育”。这表明我国的普法教育的目标从静态的法律制度提升到动态的法律治理，外延更加宽泛，内涵更加丰富，适应了我国当前全面推进依法治国、建设法治国家的要求。尽管这一规划未把农民列入重点对象，但随着全民普法的整体提升，农村普法教育也将步入新阶段。尤其是2017年10月召开的党的十九大确立了乡村振兴战略，首次把农业农村放在优先发展的突出位置，首次提出健全自治、法治、德治相结合的乡村治理体系。这些都意味着农村普法教育与社会发展的其他方面一样进入了中国特色社会主义新时代。2019年7月，中共中央办公厅、国务院办公厅印发《关于加快推进公共法律服务体系建设的意见》，明确到2022年基本形成覆盖城乡、便捷高效、均等普惠的现代公共法律服务体系目标。法治宣传教育不仅是公共法律服务体系的重要组成部分，还服务或辅助该体系的其他事项。

“法治教育”建立在“法制教育”基础之上，二者存在区别也有着密切的连续性和继承性。一方面，在区别上，“法制”是一个中性的、静态的概念，指的是法律制度的综合，“法制”作为一种国家统治工具，既可能出现在“人治”社会，也可能出现在“法治”社会。“法治”是一个褒义的、动态的概念，指的是立法、执法、司法、守法、普法等各个环节的有机统一。2009年，中共中央政法委编写的《社会主义法治理念读本》将法治表述为“法律之治”，体现了与“人治”的根本区别。另一方面，在联系上，“法制”的完备与否，直接影响着“法治”的基础与发展。与“法制”相比，“法治”更注重对公民权利的保障和社会秩序的维护。在我国，实现好、维护好、发展好最广大人民的根本利益始终是党和国家的出发点和落脚点。从“法制教育”转变为“法治教育”，是我国新时代全面推进依法治国的必然结果，意味着我国的法律宣传教育机制从知识层面提升到意识、文化和精神层面。

“七五”普法开局以来，出现了许多新的突破：首次经国务院批准落实了普法责任制部际联席会议制度，健全了普法工作的协调机制，并于2017年12月第一次组织十六个联席会议的负责人和局部级领导参加了一次行政诉讼的旁听，接受了一次生动的法治教育课，加深了全面依法治国的理解，增强了领导干部依法治理的责任感和使命感；“中国普法”微信公众号第一次突破百万大关，位居全国政法微信号的首位；首次组织全国法治宣传教育基地命名活动，推动更多的法治宣传教育阵地向公众开放；首次把全国年度法治人物的评选扩大到行政执法、法学教育等领域，更加全面地体现了依法治国的成绩和法治的进步。

“七五”普法规划在原有农村普法教育的工作基础上，提出更进一步的要求，同时，进行大胆创新。比如，为落实党的十八届四中全会提出的“推进覆盖城乡居民的公共法律服务体系建设”，“七五”普法规划也强调乡村法律顾问制度。对此，各地都在积极推行“一村一法律顾问”，这是因为很多村民遇到法律问题，不会上网查询，也不想花钱打电话咨询，更负担不起律师咨询费用，“一村一名法律顾问”就是通过政府购买，将法律服务送到村民的家门口，解决了村民法律问题“最后一公里”难题。2017年9月，时任司法部部长张军在推进公共法律服务平台建设电视电话会议上表示，“到2018年底前在全国范围内基本实现村(居)法律顾问全覆盖”。截至2021年12月，全国有54万多名律师，每年办理各类法律事务超过1100万件；全国64万多个村、社区配备法律顾问，基本实现了村(居)法律顾问工作全覆盖，每名村(居)法律顾问每月提供不少于1次、不少于4小时的现场法律服务，成为千家万户家门口的法律知识“宣传员”、矛盾纠纷的“调解员”、法律诉讼的“引导员”、法律援助的“联络员”。①

在信息化时代中，法治的舆论热点案例极大地提高了普法的效果。诸如深圳鹦鹉案、昆山砍杀案、范某某逃税案等引起了广大网民的关注与讨论，这既是司法监督的重要渠道，也是法治传播过程中公正法治价值的认同以及司法运行

① 魏哲哲：《中国已建立五级公共法律服务实体平台57万个》，载人民网2021年12月28日，https://baijiahao.baidu.com/s?id=1720335688557940209&wfr=spider&for=pc。

法治预期性的有效途径，这一过程恰恰体现了新时代法治社会人民的主体性，发挥了普法与学法双轮驱动。以范某某逃税案为例，网络相关报道与分析角度各异，法理、税理、情理等多角度分析全面而深入，引导民众主动搜索、吸纳相关法律知识、法学理论与法治理念，很多网友还热情评论发声，表达自己的观点看法，持续关注案件的判决结果以及相关监管政策的出台与实施。这一过程增强了法治价值认同与制度认同。相较之前“案例—规则”人为设置的，以宣教法律规则为目的的植入型普法结构，法律舆论热点案件的“案例—舆论—规则＋理念—持续关注”模式，使法治传播更为高效。这是因为，之所以形成舆论，在于诸多个体的法治观点在全社会达成共识，个体观点形成共识观点的过程就是灵活运用法律论证、体系解释、价值衡量等诸多法治方法的体系化法治思维呈现过程。①

这一阶段，国家的一些举措对进一步深化农村基层依法治理有着重要意义。2017 年 1 月，最高人民检察院印发《关于充分发挥检察职能依法惩治“村霸”和宗族恶势力犯罪积极维护农村和谐稳定的意见》，要求各级检察机关突出打击贿赂暴力选举、放纵包庇“村霸”、为其充当保护伞的职务犯罪等行为，依法从严从重打击。据统计，2014 年以来，31 个省级纪检监察部门网站上发布了涉及近 400 名村干部违法违纪案件，甚至有个别村的“两委”干“部全军覆没”。②“村霸”和宗族势力成为影响农村稳定的主要原因，一方面是农村地区人口法律素质偏低，维权意识淡薄，法治环境较差；另一方面是农村“熟人社会”的传统状态，弱化了村民的民主参与意识，淡化了乡村治理的法治化。虽然村民自治和乡村依法治理在我国农村运行已经几十年，且收效良好，但“村霸”“毒瘤”不拔，农村法治秩序就不能实现。这就需要下大力气加强农村普法教育，引导并帮助村民增强法律意识、树立法治信仰，使村民有能力、有勇气与不正之风作斗争。

农村也出现推动我国法治进程、切实提升村民权利保护的典型案件。2014 年 11 月至 2015 年 3 月，村民王某军在当地收购玉米，再卖到粮库或深加工厂，赚取差价。2015 年年底，他因无照经营被工商局等相关部门查获，2016 年 4 月，临河区人民法院认为王某军违反《粮食流通管理条例》“从事粮食经营活动，须

---

① 陈金钊：《用体系思维改进结合论、统一论——完善法治思维的战略措施》，载《东方法学》2018 年第 1 期。

② 李建广：《农村基层贪腐与乡匪村霸中央看到了》，载《人民日报》2015 年 6 月 19 日，第 6 版。

取得粮食经营许可证和工商营业执照”的规定，判决王某军犯非法经营罪。2016 年 12 月，最高人民法院认为，王某军的行为并没有破坏粮食流通主渠道，该行为确实具有一定的行政违法性，但是其有效地减轻了农民卖粮负担，对国家收购粮食起到了一定的促进作用。2017 年 2 月 13 日，经再审，该市中级人民法院依法撤销原审判决，改判王某军无罪。本案的意义不仅仅在于最高人民法院越过两级法院，对一审生效案件作出再审决定书，体现有错必纠的法治精神和刑法谦抑性原则，而且推动了我国立法完善的进程。此后不久，2016 年 11 月，国家粮食局①商请国家工商行政管理总局②修改《粮食收购资格审核管理办法》，明确规定对于诸如农民、粮食经纪人等粮食交易个体进行粮食收购行为，今后无须办理粮食收购资格手续。《粮食流通管理条例》也作出了相应修改。

上述案件，在一审判决后，中央一台《新闻 1 + 1》栏目对王某军进行采访，他谈到，因自己对法律不了解，曾怀疑法律对农民不公正。以贩卖粮食为生的王某军，并不知道粮食收购与粮食流通的相关规定，可见普法工作并未到位。新华社记者通过基层采访调查发现，我国有粮食交易经纪人员超过 100 万人，在此之前一直缺乏相关法律的监管。该案不仅为“王某军”式的同行业者上了一堂生动的普法课，也推动了相关立法的修订与完善，更重要的是，为今后的农村普法工作细化和深化提出了更高的要求。

2019 年 7 月，中共中央办公厅、国务院办公厅印发《关于加快推进公共法律服务体系建设的意见》，明确到 2022 年基本形成覆盖城乡、便捷高效、均等普惠的现代公共法律服务体系目标。普法教育不仅是公共法律服务体系的重要组成部分，还服务或辅助该体系的其他事项。为加快推进法治社会、法治中国建设，2020 年 12 月，中共中央印发《法治社会建设实施纲要（2020—2025 年）》，强调增强法治宣传教育针对性和实效性，为提高国家治理体系和治理能力现代化水平提供国民素质保障。2021 年 1 月，中共中央印发了《法治中国建设规划（2020—2025 年）》，提出改进创新普法工作，加大全民普法力度，增强全民法治

① 2018 年 3 月，国务院机构改革方案将国家粮食局的职责整合，组建国家粮食和物资储备局，不再保留国家粮食局；将国家工商行政管理总局的职责整合，组建国家市场监督管理总局，不再保留国家工商行政管理总局。

② 2018 年 3 月，国务院机构改革方案将国家粮食局的职责整合，组建国家粮食和物资储备局，不再保留国家粮食局；将国家工商行政管理总局的职责整合，组建国家市场监督管理总局，不再保留国家工商行政管理总局。

观念。

2020年3月，中央全面依法治国委员会印发了《关于加强法治乡村建设的意见》。该意见旨在落实中共中央、国务院《关于实施乡村振兴战略的意见》和《乡村振兴战略规划(2018—2022年)》明确提出的建设法治乡村重大任务。该意见明确，到2022年，努力实现涉农法律制度更加健全，乡村公共法律服务体系更加完善，基层执法质量明显提高，干部群众尊法学法守法用法的自觉性明显提高，乡村治理法治化水平明显提高。到2035年，乡村法治可信赖、权利有保障、义务必履行、道德得遵守，乡风文明达到新高度，乡村社会和谐稳定开创新局面，乡村治理体系和治理能力基本实现现代化，法治乡村基本建成。

2020年5月28日，第十三届全国人民代表大会第三次会议通过《民法典》，我国民法典时代由此开启。这部中华人民共和国历史上首部以"法典"命名的法律，开创了我国法典编纂立法的先河，被称为"社会生活的百科全书"。《民法典》由7编和附则组成，共计1260条、10万多字，是我国目前立法中条文数量最多、体量最大、编章结构最为复杂的一部法律。习近平总书记在中央政治局第二十次集体学习时强调要充分认识颁布民法典的重大意义，并就学习宣传民法典作出了重要指示："民法典要实施好，就必须让民法典走到群众身边、走进群众心里。要广泛开展民法典普法工作，将其作为'十四五'时期普法工作的重点来抓……"《民法典》涉及农村集体、承包地、宅基地等规定，为实施乡村振兴战略提供法律保障。① 2020年8月农业农村部印发了《农业农村部学习宣传民法典实施方案》，对该项工作进行了周密的部署。各地农业农村行政管理部门积极落实，将《民法典》的普及工作列入普法责任清单，开展农村干部《民法典》培训，以向村民发放《民法典》读本、入户讲解、集中组织学习等方式进行普法宣传。② 2021年5月，中共中央宣传部、网信办等八部委印发《"美好生活·民法典相伴"主题宣传方案》的通知，要求以民法典颁布为契机，每年5月为民法典宣传月，加强干部、青少年民法典的宣传教育，特别指出，推进民法普法与基层治理有机结合，提高村干部运用民法典化解矛盾纠纷的能力和水平，促进法治

---

① 柴瑞娟：《民法典为实施乡村振兴战略提供法律保障》，载《光明日报》2020年7月17日，第11版。

② 习近平：《充分认识颁布实施民法典重大意义依法更好保障人民合法权益》，载《求是》2020年第12期。

乡村建设。

2021 年既是“十四五”规划的开局之年，也是“八五”普法规划的第一年。“十四五”规划在“全面推进依法治国”章中明确指出：实施法治社会建设实施纲要，加强社会主义法治文化建设，深入开展法治宣传教育，实施“八五”普法规划。2020 年 12 月，中共中央印发了《法治社会建设实施纲要（2020—2025 年）》，2021 年 1 月，中共中央印发了《法治中国建设规划（2020—2025 年）》，2021 年 4 月，中共中央办公厅、国务院办公厅印发了《关于加强社会主义法治文化建设的意见》，2021 年 8 月，中共中央办公厅、国务院办公厅印发了《法治政府建设实施纲要（2021—2025 年）》。

2021 年 6 月，“八五”普法规划明确了“到 2025 年，公民法治素养和社会治理法治化水平显著提升，全民普法工作体系更加健全。公民对法律法规的知晓度、法治精神的认同度、法治实践的参与度显著提高，全社会尊法学法守法用法的自觉性和主动性显著增强”的主要目标。该规划是我国开启全面建设社会主义现代化国家新征程，进入新发展阶段，迫切要求进一步提升公民法治素养，推动全社会尊法学法守法用法的全民普法教育的主要遵循，为各地制订普法计划、开展普法工作明确了方向，提出了新的要求。

相对于“七五”普法规划，“八五”普法规划在继承中创新，在已有普法规划主要内容的基础上，以提高普法针对性和实效性为工作着力点，主要体现在以下几个方面：

首先，突出对习近平法治思想的学习和宣传。2020 年 11 月 16 日至 17 日，党的历史上首次召开的中央全面依法治国工作会议，将习近平法治思想明确为全面依法治国的指导思想。① 习近平法治思想是顺应中国法治建设潮流、实现中华民族伟大复兴这一时代要求应运而生的重大理论，是马克思主义中国化的最新成果，是习近平新时代中国特色社会主义思想的重要组成部分，是全面依法治国的根本遵循和行动指南。② “八五”普法规划明确提出以习近平法治思想

① 《为千秋伟业夯基固本——习近平法治思想引领新时代全面依法治国纪实》，载新华社客户端 2020 年 11 月 18 日，https://baijiahao.baidu.com/s?id=1683707471650982857&wfr=spider&for=pc。

② 《习近平在中央全面依法治国工作会议上强调坚定不移走中国特色社会主义法治道路为全面建设社会主义现代化国家提供有力法治保障》，载《人民日报》2020 年 11 月 18 日，第 1 版。

引领全民普法工作。教育部组织编制《习近平新时代中国特色社会主义思想进课程教材指南》,编写大中小学《习近平新时代中国特色社会主义思想学生读本》,将“习近平法治思想概论”纳入法学专业必修课。把习近平法治思想作为指南、读本的重要内容,筑牢学生成长成才的法治思想基础。学习贯彻习近平法治思想,关键在于吃透基本精神、把握核心要义,自觉用于武装头脑、指导实践,推动普法工作守正创新、提质增效、全面发展,不断开创全面依法治国新局面。

其次,突出宣传民法典。以“美好生活 · 民法典相伴”为主题,组织开展民法典主题宣传,让民法典走到群众身边、走进群众心里,把民法典纳入国民教育体系,加强对青少年民法典教育。重点阐释好民法典的重要意义、基本原则、主要制度,特别是新规定新概念。提高群众运用民法典维护自己权益、化解社会矛盾纠纷、促进社会和谐稳定的能力和水平。充分利用全媒体、运用案例宣传民法典,在有条件的情况下开展民法知识竞赛、建设民法典公园。

再次,深入宣传与社会治理现代化密切相关的法律法规。党的十九届四中全会着重研究了坚持和完善中国特色社会主义制度、推进国家治理体系和治理能力现代化的若干重大问题,特别指出:“加大全民普法工作力度,增强全民法治观念,夯实依法治国群众基础。”由此可见,国家治理体系和治理能力现代化需要加大普法教育力度。“八五”普法规划指出,适应统筹发展和安全的需要,大力宣传总体国家安全观和国家安全法、反分裂国家法、国防法、反恐怖主义法等,推动全社会增强国家安全意识和风险防控能力;继续加强刑法、刑事诉讼法、治安管理处罚法等宣传教育,适应更高水平的平安中国建设需要;依法保障社会稳定和人民安宁,围绕生态文明建设、食品药品安全、扫黑除恶、毒品预防、社区管理服务、构建和谐劳动关系、防治家庭暴力、个人信息保护等人民群众关心关注的问题,开展经常性法治宣传教育。

复次,大力弘扬红色法治文化。《关于加强社会主义法治文化建设的意见》强调大力弘扬红色法治文化,这是“八五”普法不同于以往普法的一个突出特点和新任务。我国革命根据地法律文献多、规制的范围广,涵盖新民主主义革命各个时期、多个革命根据地。这些文献和相关的文物、故事、遗址等红色法治资源,生动形象地记载了党领导人民在新民主主义革命时期进行法治建设走过的光辉历程。目前,我国已经命名20多个红色法治遗存和展陈为全国法治宣传教育基地，发挥资政育人作用和以史为鉴的价值，传承红色法治基因。这也是落实建设一批以红色法治文化为主题的法治宣传教育基地，讲好红色法治故事，传承红色法治基因，教育引导全社会增强走中国特色社会主义法治道路的自信和自觉。

最后，推动实践养成。开展普法工作要坚持与法治实践深度融合，提高公民法治实践的参与度，通过亲身实践和切身体会提高公民法治素养、对法律法规的知晓度、对法治精神的认同度，把普法融入法治实践、融入基层治理、融入日常生活、融入全面依法治国全过程，增强民众在法治建设中的参与感和获得感。让人民群众在实践中养成守法习惯，让人民群众感受到正义可期待、权利有保障、义务须履行，纠正法不责众、滥用权利、讲“蛮”不讲法、遇事找关系等思想和行为。

2021 年 4 月 26 日，农业农村部印发《关于全面推进农业农村法治建设的意见》，提升农业农村普法实效作为一部分，对深入实施普法规划、开展重点专项普法活动、推动法律法规进村入户三项工作提出具体要求。2021 年 7 月，农业农村部、司法部《关于印发〈培育农村学法用法示范户实施方案〉的通知》提出，力争到 2025 年，农村学法用法示范户覆盖到全国每个行政村。该举措能够有效落实习近平总书记提出的关于提高普法针对性和实效性的要求，对于构建新时期农业农村法治宣传教育机制、畅通普法进村入户“最后一公里”的创新方式，提升农民群众法治素养、增强乡村依法治理能力有着重要意义，也是助力全面推进乡村振兴、加快农业农村现代化的必然要求。2021 年 12 月，司法部发布法治宣传教育工作指导案例，主要选取了民法典宣传、法治乡村建设、公民法治素养提升三个普法重点内容，对全国普法工作起到示范、引导和借鉴的作用。

第三节　农村普法教育的特点

纵观四十多年农村普法教育历程可以发现，其具有不同于城市普法教育的明显特点。这些特点是在特定历史条件下，中国快速推进现代化和社会转型，快速推进社会主义法治建设的必然反映。

一、农村普法教育的艰巨性

旧中国是一个严重缺乏民主法治传统的国度。中华人民共和国成立后又经历了长期“计划经济”体制下的治理时期和“文化大革命”。这种国情和历史特点，决定了中国无论在城市，还是在农村，要达成普法的目标，都是一项十分艰巨的任务。但相比而言，后者较前者面临的任务更加具有艰巨性。几千年根深蒂固的封建传统和“计划经济”时期的人治观念，对广大村民思想和行为起着某种支配性作用。在这里，“法律不构成人们日常生活的真切部分，普通人对法律是陌生、隔膜的”①。再加上村民对法律的认知能力低，农村经济相对落后，农村人口众多，居住分散，组织化程度低等问题，横亘在村民面前，即使其学法都遭遇重重阻力，若其再形成法律意识，具备一定法律素质，养成法治观念，难度之大是可想而知的。由此可见，农村普法是一个高难度的课题。

二、农村普法教育的复杂性

农村普法教育的复杂程度要比城市高得多。中国成文法所表征的现代性主要适应于现代都市生活，使用的是都市性话语。大部分农村虽已非费孝通意义上的“乡土社会”了，但支配村民的行为方式和表达方式在很大程度上仍是地方性各种小传统和民间话语。这些差异，要求农村普法教育既不能简单搬用城市普法的模式和方式，也不能简单使用法律文本的都市话语，而要求实现国家的正式法与非正式民间行动方式的有机结合，实现法律知识在农村场景的转换。这种结合和转换是一个极为复杂的过程。

尤其是当前中国改革开放不断深入，现代化和城镇化快速发展，社会处于从传统到现代快速转型时期。这种发展和转型在农村反映与体现得最为强烈和深刻，使农村内部分化和城乡矛盾冲突逐渐凸显。由此，产生了农村普法教育中的多种矛盾并相互交叉，表现出极端的复杂性。一些学者从不同方面和角度论述了农村普法中存在的多重矛盾②或“困顿”③，如国家普法期待与普法工作相对薄弱的矛盾、农村普法目标与村民用法现实之间的矛盾、普者与受众认知期望的差别等。这些矛盾在很大程度上反映了农村普法的复杂性。

---

①　刘海燕、贾焕银：《乡村社会普法运动的民间法解读》，载《普法运动》，清华大学出版社 2011 年版。

②　方宏伟：《农村普法所面临的系统性矛盾》，载《行政与法》2007 年第 6 期。

③　赵天宝：《中国普法三十年（1986—2016）的困顿与超越》，载《环球法律评论》2017 年第 4 期。

三、农村普法教育的滞后性

农村普法教育是在国家统一部署下开展的,因而,从总体上看,其进程是与全民普法教育相一致的。然而,农村普法教育的实际进程和效果又显示了与全民普法相比的滞后性。比如,"一五"普法规划虽把农(牧、渔)民纳入了普法活动当中,但突出强调"城镇居民中一切有接受教育能力的公民"。在步骤上强调首先抓好大、中城市及其郊县农村,分期分批组织实施,这自然导致各省区农村普法全面启动的滞后性。如黑龙江省就是以"先城市后农村、先试点后逐步铺开的顺序"展开普法教育活动的。① 因此,全国"大部分农村没有经历普法的第一阶段"②,导致大部分农村普法起步落后于城市。同时,由于起步阶段的滞后性,特别是与城市相比,农村地区人口众多且文化程度较低、农村基础设施条件较差,以及在"四五"普法规划前对农村普法不够重视、普法形式简单僵化等原因,决定农村普法在效果上与城市存在很大距离,使农村普法教育成为全民普法教育的"短板"。

四、农村普法教育的后发性

农村普法教育虽在起步阶段和整体效果上具有滞后性,但从发展态势上却表现出显著的后发趋势。从"一五"普法规划到"三五"普法规划,农民被列为普法的一般对象,农村普法教育未受到各级政府的高度重视。农民对普法也持比较消极的态度,一些地方经常出现发钱请村民上法制课,甚至发钱都请不来村民的情形,③农村普法教育发展缓慢。但从"四五"普法规划开始,特别是在"五五"普法规划、"六五"普法规划期间,农民被连续列为普法重点,农村普法教育引起了各级政府的持续的高度重视,成为"中国普法的重中之重"④,形成持续性的"送法下乡""浩浩荡荡"的农村普法波澜壮阔的壮观局面。村民学法、用法、参与普法的态度也由消极逐步转变为比较积极主动。1992 年后,村民维权由以

---

① 胡成全:《关于全省"一五"普法工作情况和贯彻中央"二五"普法规划意见的报告(1991 年 2 月 27 日在黑龙江省七届人大常委会第十九次会议上)》,载黑龙江省人民代表大会常务委员会网 1991 年 2 月 27 日。

② 叶国平、吴高平、谢贵春:《我国农村普法政策之嬗变》,载《学理论》2014 年第 31 期。

③ 叶国平、吴高平、谢贵春:《我国农村普法政策之嬗变》,载《学理论》2014 年第 31 期。

④ 叶国平、吴高平、谢贵春:《我国农村普法政策之嬗变》,载《学理论》2014 年第 31 期。

往弱者的“日常抵抗”向“依法维权”转变,1998 年后又提升为“有组织依法维权”①,这一过程充分反映了村民学法、用法需求的主动性上升,呈现出一种后发性趋势。

第四节　农村普法教育的模式变迁

模式作为解决某一类问题的方法论,把生产生活实践中积累的经验进行抽象和升华,并提到理论和规律高度。普法教育模式是普法目的与效果之间的逻辑中介,是把法律观念和知识转化为国民素质的内在机制。普法目的能否转化为预期效果,关键因素之一在于普法模式是否具有恰当性。历经四十余年的农村普法教育,同步于全民普法教育模式的变迁,存在自始至今的总体模式、总体模式之下的阶段模式以及各个地区创设的具体模式。

一、总体模式

自改革开放以来,普法教育包括农村普法教育的总体模式始终如一,即政府主导模式。自普法教育初始,政府就是规划的制定者、发布者和实施者,从而形成了“党委领导、人大监督、政府实施”的领导体制,并延续至今。普法教育的政府主导模式主要表现在以下几个方面:首先,制定普法规划和作出普法决议。自 1986 年第一轮普法规划起,历次普法规划都是由中共中央宣传部、司法部制定和公布,由全国人民代表大会常务委员会审查通过并形成普法决议。每次规划的制定,都经过相关政府部门积极谋划,广泛征集意见,多次研讨,把握方向、统揽全局、协调各方、统筹规划、重点突出。每次规划不但体现当时的大政方针,还突出同时期的重点发展领域与最新立法,并且兼顾法律公共服务体系的其他方面。其次,保障物质支持。普法教育需要大量物质投入,当前,普法教育相关工作经费纳入本级财政预算,并建立起动态调节机制。特别是普法教育主体范围的扩大,该项支出已经列入政府采购服务指导性目录。在全国开展的情况存在不平衡现象,农村地区作为普法教育的“短板”,更是需要政府的统筹协

① 孙春苗:《农民维权组织与农村发展》,载《调研世界》2006 年第 5 期。

调,加大财政支持力度。最后,加强管理监督。政府能够在我国普法教育过程中起到、监督、领导和协调的作用,这是其他任何一个普法主体都无法做到的。司法部等相关部门进行历次普法总结验收工作,并且评选出"普法先进个人""普法先进单位""民主法治示范村"等。如若政府不发挥主导作用,各个职能部门就难以落实"谁执法、谁服务、谁普法"的普法责任制,仅凭单纯的市场化运用,很难保证这一投入大收益小且进程慢的事业让市场主体获利,反而造成普法教育混乱的局面。

事实证明这一模式适合我国的国情,是当前我国普法教育的最优模式。它符合我国两千多年封建社会的历史、国民缺乏民主法治观念、各地经济文化发展不平衡的社会历史背景;符合我国传统法制缺乏独立性和自治性,成为伦理道德体系和行政命令附庸的传统法制特点。① 当代中国在经济社会大变革的背景下启动法治建设,其最突出的特点是政府通过立法行为在其中起推动作用,② 政府理应成为国家立法、执法、普法等环节的核心力量。总体模式能够有效发挥并整合、协调各方面资源,与国外非政府社会组织推动法治教育相比,我国民间团体起步较晚,更为凸显出"政府主导"的必要性。

二、阶段模式

在政府主导的总体模式下,自"一五"普法规划以来,根据法律需求与法律供给的关系,分为三个阶段模式。

第一阶段:"独唱"模式("一五"普法规划到"三五"普法规划),司法行政部门单向"自上而下",单纯"送法下乡",民众被动接受。此时处于农村普法教育的启蒙阶段,村民接触法律知识的途径有限,同时,村民对法律的需求不大。这一阶段的农村普法教育,更多体现在政府满腔热情"送法下乡",而村民需求不大,被动接受普法教育,虽然效果有限,但在当时的经济社会条件下,政府的"送法下乡"对强化国家治理、提高村民法律素质起到了重要作用。正如苏力所言,"今天的司法下乡是为了保证或促使国家权力,包括法律的力量,向农村有效渗透和控制。是建立中国现代民族国家的基本战略的一种延续和发展"。③ "送法

① 张文显:《法理学》,高等教育出版社 2003 年版,第 216 页。
② 蒋立山:《中国法制现代化建设的特征分析》,载《中外法学》1995 年第 4 期。
③ 苏力:《送法下乡——中国基层司法制度研究》,中国政法大学出版社 2002 年版,第 35 页。

上门”是国家司法权力在国家权力的边缘地带试图建立起自己的权威，使国家意求的秩序得以贯彻实施的一种努力。[①]

第二阶段：“双向”互动模式（“四五”普法规划到“五五”普法规划），司法行政部门“自上而下”“送法下乡”与受众“自下而上”“迎法下乡”的互动交流。随着农村经济社会的发展，再加上之前“送法下乡”给村民打下的法律基础，村民对法律的需求逐渐增大，涉及的法律调解、法律咨询、仲裁诉讼等数量不断增加。“迎法下乡”的态势趋于明显。“迎法入乡”法治教育模式以村民为中心，但此时政府不是无为的，只是从法治教育的主导者转变成为引导者和服务者。[②]“迎法下乡”为政府的“送法下乡”带来了需求导向，使送法内容更合村民“胃口”，形式更加新颖，令村民“解渴”的同时，不断产生新的要求。这种双向互动由此变成了良性互动，村民接受普法的需求不断增大，热情高涨，政府送法的内容越发精准，法律需求与法律供给的对接使普法效果大大改善。

第三阶段：“普治结合”模式（“六五”普法规划到“七五”普法规划），即普法教育与法治实践相结合，该模式是上一阶段“双向”互动模式的又一进步。依法治理为普法提供法治环境，利于营造良好的普法教育氛围，“谁主管谁普法、谁执法谁普法、谁服务谁普法”，普法责任制进一步扩大了普法主体的范围，使立法、执法、司法活动与普法对接，普法深入各类法治实践活动，不但提高了普法效果，而且利于增加法治活动的实效。同时，普法促进依法治理，公民法治素养的提升是推进国家治理体系和治理能力现代化的必然要求。因此，普法和依法治理相辅相成，互相促进。

在政府主导的总体模式下，各阶段不同模式并非泾渭分明，而是既有前后承继关系，也有扬弃提升关系，前一模式的主导往往孕育并开展下一模式的萌芽与尝试，同时，模式的变迁都是随着社会的发展和法治的进步，力图平衡法治需求与法治供给。

三、具体模式

在以上不同阶段模式主导下，各地创造了适应新情况和各地方特点的具体

① 苏力：《为什么“送法下乡”?》，载《社会学研究》1998 年第 2 期。

② 叶国平：《“送法下乡”还是“迎法下乡”——农村法治教育路径研究》，载《学理论》2014 年第 33 期。

模式。如在“独唱”模式下，农村地区多为单纯的“送法下乡”，各地所采用的多为业余法制学校、夜校、党员包户、送法上门、干部包片等模式。“互动”模式下的具体模式多为法律集市、文艺演出、法律咨询、模拟法庭等。

具体模式既有与现阶段模式相适应一面，又有创造性的与不同地区情况相适应的一面，体现出具体模式的创新性。比如，“普治结合”模式下，一些地区积极创新，推动网格化普法、“网络 + 网格”、“互联网 + ”、普援并举等丰富多彩的具体新型模式，这些新的模式既体现了普法与依法治理相结合，又推动新技术的推广使用，提高普治结合的效率。

一些具体模式创新还具有全国意义，成为全省甚至全国普法教育模式的实践来源。比如，在“独唱”模式下，有的地区利用特殊时间节点集中宣传《村民委员会组织法》《村务公开条例》《土地管理法》等内容，收到了良好的普法效果，该做法具有很强的普适性，成为全国普法工作的重要方式之一，并写入了普法规划之中。“普治结合”模式下，多地采用信息技术手段，大大提高了普法实效，该种模式也被纳入普法规划。2020 年 1 月，司法部印发了《公共法律服务网络平台、实体平台、热线平台融合发展实施方案》。具体模式上升为全国普法教育模式，应具有以下几个条件：一是普遍性，该具体模式并不是仅适用于一些特定地区或特殊环境，对全国要具有普适性。二是实效性，该具体模式在具体实施后取得了良好的效果，有向全国各地广泛推广的必要性。

第二章　改革开放以来农村普法教育的评价

如何评价持续四十余年的农村普法教育？从学界对该问题的争论中，可以清楚地看到不同论者的看法有所不同。既取得了一些成绩，但也存在一些缺陷，与城市相比仍然是一块“短板”①的分析性评价，还有表述为“阻碍国家法治进步”②和喻为“教鱼游泳”③等探讨。那么，如何看待这些评价，怎样才能对农村普法教育作出客观公正的评价？笔者认为，不能站在某种西方法治理论和模式立场上，以剪切的事实为依据，演绎推导出某种结论，而应站在中国法治建设与实现村民权益相统一的立场上，把问题放在历史过程和当代中国国情及其法治进程背景下，对农村普法教育评价问题作出客观结论。

第一节　农村普法教育具有充分的正当性

对四十余年农村普法教育问题评价的首要问题，在于它是否符合中国建设法治国家的要求，亦即其有无“正当性”或“合法性”。针对学界长期存在的质疑之声，笔者认为，我国开展普法教育包括农村普法教育具有充分的正当性。

一、农村普法教育是依法治国的一项基础性工作

法治不仅是规则之治，而且是良法之治。中国特色社会主义法治更反映了

① 刘婉婷：《补上农村普法教育的短板》，载《农民日报》2016 年 4 月 29 日，第 8 版。

② 宋晓：《普法的悖论》，载《法制与社会发展》2009 年第 2 期。

③ 冯象：《送法下乡与教鱼游泳》，载《读书》2002 年第 2 期。

中国最广大人民群众的意志和利益①。但即使良法,也不能摆脱“徒法不足以自行”②的法则。因此,对民众进行普法教育,使之懂法、信法,自觉按法律赋予的权利与义务规范自身行为,自然成为法治建设的必然要求。对于长期缺乏法治传统的中国公民,尤其对于占中国人口多数但文化程度最低、法治传统和法律知识最缺乏的村民来说,进行长期、深入的普法教育,不仅是建设法治中国、法治农村的一项战略性、基础性工作③,而且是其中的一个重要环节。因而,农村普法符合中国建设法治国家的要求,那些认为普法教育是“多此一举”观点是站不住脚的。即便多数村民存在缺乏法律意识且认知能力较低的客观事实,但普法教育特别是农村普法教育的必要性和正当性,是不容忽视的。

二、农村普法教育“自上而下”的特征未否定其正当性

普法教育“自上而下”的特征虽然存在一定的弊端,受到一些学者的质疑甚至批判。但是不能否认,这一法治宣传输送方式对全民普法教育尤其是农村普法教育起到了重要作用。正确认识其“自上而下”的特征,就会看到,我国普法教育包括农村普法教育“自上而下”的特征具有正当性。

第一,法治虽有保障人的目的性的工具作用,但其最终目的是实现人民的福祉,实现个人的幸福安宁。④ 对于这种目的而言,“程序”只是一种工具,法治虽应遵循一定的程序,但其应服务于人民的福祉这一终极目的。中国普法教育不仅从目标看是建设社会发展的良好法治环境,为实现人民幸福、国家富强的“两个一百年”奋斗目标保驾护航,而且在实践上把义务与权利相结合,并随着法律权利意识增强而获得和保障公民自身利益。

第二,“自上而下”的农村普法教育能够实现普法社会效益的最优化。农村地区较城市地区,受传统思想影响更深,且差异性明显,既有仁义廉耻、民为邦本、以和为贵等具有深刻人文性的优秀传统思想,也有男权主义、重男轻女、官本位等愚昧思想。然而,法治观念是当今整个社会的主流观念是不争的事实,受农村经济、文化等因素影响,仅靠村民自发的调整价值理念难度较大。只有

① 王利明:《法治:良法与善治》,载《中国人民大学学报》2015 年第 2 期。

② 《孟子·离娄》(上)。

③ 李林:《不断开创法制宣传教育新局面》,载《政府法制》2017 年第 8 期。

④ 王利明:《法治具有目的性》,载《学习时报》2016 年 5 月 26 日,第 4 版。

“自上而下”进行普法教育，才能合理设置农村普法规划，尽量减少村民的抵触情绪；协调普法力量，实现普法社会效益，从而统合农村多元价值观念，这也是加强法治乡村建设的必由之路。

第三，农村普法教育并未牺牲社会所有成员依循法治所享有的平等的程序参与权利。我国成文法系的特征决定了“自上而下”普法的必然。成文法是国家机关制定的条文形式的法律规范，法律条文原则性、专业性强，与判例法或习惯法的固定社会生活中的判例或习惯不同，因此，中国普法包括农村普法的目的和实际过程，就是组织民众广泛参与，把法律交给亿万人民。在此过程中，国家虽以多种方式动员公民尤其是村民参与，但并未如有人认为的只要“自上而下”便必然导致强力推行。农村普法早期许多地方发生过发钱吸引村民参加普法讲座甚至给钱村民也不参加的情况，既说明村民当时参与积极性不高，同时也说明不存在强迫的问题。

第二节　成就是农村普法教育的主流

马克思主义基本原理的矛盾论认为，矛盾的发展是不平衡的，要把握矛盾的主要方面和次要方面，矛盾的性质主要是由矛盾的主要方面决定的。我们在实际工作中，既要坚持两点论，又要坚持重点论。四十余年的农村普法教育历程既有成就又有不足，其中，成就与进步是主流，不足是支流，不仅要总结辉煌成就，也要客观正确对待其不足。

一、农村普法教育取得的显著成就

自改革开放以来，党和国家就不断在农村推动普法教育工作。在党的领导下，基层政府群策群力，整合资源，想方设法为村民开展法律服务，进行法治教育，取得了显著的成就。

（一）农村普法教育重视程度逐步提高

从最初的农民作为普法教育规划的一般普法对象，到后来作为重点普法对象，农村地区普法教育的受重视程度逐渐被提升。

第一，对农村普法教育的重视程度渐次提高。在历次规划中的，都有或关于农村或关于农民普法教育的具体规划，有的涉及教育方法，有的涉及保障措施，有的涉及工作要求。综观历次普法规划对普法对象的明确与普法重点对象的突出，我们可以发现，国家对农村地区的普法每次规划都专门涉及甚至特别指出，对其重视程度逐渐提升。在“一五”普法规划至“三五”普法规划(1986—2000年)，农民包括牧民和渔民都列入一般普法对象之中，这期间所涉及的诸如各级干部、青少年、执法人员、企业经营管理人员等重点普法对象，必然包括农村地区的上述重点普法对象。“四五”普法规划至“七五”普法规划(2001—2018年)普法对象都统一表述为一切有接受教育能力的公民。重点对象各有侧重，其中，“四五”普法规划强调重视对农村村镇干部的法律培训及流动人员的普法教育；“五五”和“六五”普法规划均将农民列入重点普法对象。“八五”普法规划特别强调加大乡村普法力度，并对具体举措提出指导性意见，如实施乡村“法律明白人”培养工程，完善和落实“一村一法律顾问”制度；开展面向家庭的普法主题实践活动，培育农村学法用法示范户；健全党组织领导的自治、法治、德治相结合的城乡基层治理体系，探索实行积分制，因地制宜推广村民评理说事点、社区“法律之家”等做法，促进乡村社会既充满活力又和谐有序，推动全面依法治国各项措施在城乡基层落地生根。

第二，农村普法教育的组织机制逐步建立。经过多年探索，我国已经形成了党委领导、人大监督，政府实施，各部门各负其责、密切配合，全社会广泛参与的领导和工作机制，同时逐步形成比较系统的评估考核机制。农村普法教育工作也按照国家机关“谁执法，谁普法”原则，被纳入全民普法体制机制，由相关部门负责制定和实施农业、农村相关法律的宣传教育并提出具体方案和举措。如“四五”普法后农业部和各地方农业部门先后自上而下分别制定并实施了农业系统法制宣传教育三个五年规划，担负农业法制宣传教育的职责。县乡两级建立了党委领导、人大监督、政府实施、全社会共同参与的普法工作领导体制和工作机制。乡镇政府设立了普法办公室和司法所承担具体实施责任。村形成了村委会实施，其他部门协助的工作机制。农村普法经费被纳入各级政府财政预算，农村普法工作也被纳入政府目标考核体系。

第三，农村普法教育的覆盖面逐渐加大。在普法规划中，对农村普法教育工作的部署越来越详细、周到、创新，对农村普法教育组织机制不断完善、加强，典型表现在于农村普法教育的覆盖面逐渐加大,这一结论也为一些调查数据所证实。从我国普法教育之初一些农村成为“被遗忘的角落”,到2014年,华中师范大学中国农村研究院“百村观察”项目出版的《中国农民状况发展报告·政治卷》一书显示,对全国31个省(市)242个村抽样调查中,从普法覆盖面看,受访村中有178个村开展了普法宣传教育活动,占比73.55%。由此可见,到2014年普法教育已在大部分农村开展,即便仍有少数死角,但这一数据则反映了农村普法教育的覆盖面在逐渐扩大。

(二)农村普法教育内容逐渐全面

“一五”普法规划的农村普法教育内容与全民普法教育一致,都是“十法一例”,旨在普及基本法律常识;“二五”普法规划除了普及宪法常识,强化宪法观念,主要对与农业相关的法律知识学习提出要求;“三五”普法规划在上轮普法规划的基础上,提出要强化权利义务观念,增强维权能力和与违法行为作斗争的自觉性,学法与用法相结合;“四五”普法规划增加民主参与监督的意识,将法制教育与思想道德教育相结合;“五五”普法规划又突出强调了市场经济秩序有关的法律教育,特别指出有关农村房屋、土地等具体法律规范的学习;“六五”普法规划增加社会主义法治理念教育,强化农村金融、土地管理等各项制度的法律法规学习;“七五”普法规划强调对习近平总书记关于全面依法治国的重要论述的学习,增加了宣传党内法规的要求,并对普法宣传的法律范围做了进一步扩大;“八五”普法规划明确普法重点内容,突出学习宣传习近平法治思想、宪法、民法典、与推动高质量发展和与社会治理现代化密切相关的法律法规以及党内法规。

由此可见,随着历次普法规划的延续,特别是针对农村普法教育,其内容逐步趋于全面。不但持续加强宪法宣教,而且增加了适用于农村的专业性法律;不但强调村民学法、守法,同时强调农村干部和国家权力尊重村民权利,实行依法治理;不仅宣传公民义务的法律条款,要求村民守法,而且要求树立权利与义务相统一的观念,宣传村民权利的内容,注重提高村民履行义务、依法维护自身合法权益的能力。尽管在不同阶段和不同地区普法实践中,对上述宣传教育的重点不尽一致,但农村普法教育趋于全面的趋势是显而易见的。

（三）农村普法教育实施机制趋于完备

历经八轮农村普法教育，我国在普法规划的具体实施操作上，积累了丰富的经验，实施机制趋于完备。

第一，农村普法教育形式趋于丰富有效。普法教育的方式总是顺应时代的发展，体现时代的变迁。“一五”普法规划期间，通过广播学习、上夜校学习等是最常见的形式；“二五”规划期间，电视、报纸发挥重要作用；“三五”“四五”普法规划，互联网登场，优势逐渐显露；到了“五五”“六五”普法规划，网络普法全面展开；“七五”“八五”普法规划，随着智能手机的普及，App、自媒体、智慧平台等成为普法的重要载体，建设融“报、网、端、微、屏”于一体的全媒体法治传播体系，使互联网变成普法创新发展的最大增量。比如，农业农村部在第九次全国法治宣传教育工作会议上的书面交流材料显示，2020 年“宪法进农村”主题日主场活动更是丰富创新，采用同步直播方式，吸引 500 万人观看。部党组召开专题会研究宣传贯彻方案，制作的专题片在新华网、人民网、学习强国、抖音等多个平台同步发布，总播放量 1500 多万。2021 年与 31 个省区市联动开展“乡村振兴、法治先行”专题普法活动。据不完全统计，全国县乡村在中国农民丰收节期间共举办普法活动 3500 场次。据不完全统计，全国目前有将近 8 万个各种类型的农村法治教育基地，发挥了乡村普法阵地作用。① 农村普法早期的宣传教育形式比较简单僵硬，但在后来的探索中，创造了越来越丰富多样的形式，其中绝大多数是受广大村民欢迎的，如农村法律顾问制度，编写通俗易懂的村民法律知识读本，一些关注农村实际、贴近村民生活的电视节目和涉法电视剧等。这些形式不但促进了过去普法形式创新，也进一步探索和丰富农村普法教育的形式。当然，在不同农村地区的普法形式各有不同，相同形式在经济发达的农村和经济落后的农村实施的状况与效果也有明显差别，不少地方的确存在应付检查、追求形式、不注重实效问题。但从全国看，农村普法形式逐渐趋于丰富，且表现出越来越贴近农村实际的总态势。不能无视这种趋势，静止化地以形式单一僵化来概括，并据此对农村普法效果作出低评价乃至否定。

---

① 《农业农村部在第九次全国法治宣传教育工作会议上的书面交流材料》，载网易网 2021 年 11 月 12 日，https://www.163.com/dy/article/GOK8OM810511DJHA.html。

第二，农村普法教育队伍渐成规模。农村普法教育的主体随着普法工作的推动与强化，逐渐发展壮大，主要包括农村基层兼职法制干部、乡镇司法助理员、“两委”干部、农村“法律明白人”、农村普法志愿队伍、人民调解员、乡镇司法助理员、基层法律服务工作者、农村法治文艺工作者等，同时，逐步畅通市场主体、新社会阶层、社会工作者和志愿者等参与普法的途径，加强并支持退休法官检察官、老党员、老干部、老教师等开展普法志愿服务。他们从各自职责和角色担负起了农村普法宣传工作，成为过去和未来农村普法的重要主体和骨干。

第三，农村普法教育阵地和平台不断扩大。随着普法的进程，普法阵地和平台呈现出从无到有，从简单到丰富，从传统形态到现代的发展态势。当前农村既有传统的普法横幅、标语、宣传栏、黑板报、展板、宣传资料、法治辅导站、法律图书角(馆)等形式，也有农村广播电视和网络、微博、移动通信等现代形式和平台。它们以其不同功能，给村民学法、用法提供了“看得见，摸得着，用得上”的硬件和软件设施和工具，使古老的乡土社会发出现代法治之光。

(四)农村普法教育保障机制基本配套

从普法教育规划的制定之初，党和国家就特别注重对普法教育工作配套保障措施的计划安排，主要体现在以下三个方面：

第一，农村普法教育经费保障机制初具规模。在前三个普法规划中，主要是简单列明经费由党委、政府予以解决。“五五”普法规划细化该项工作，除了要求政府经费列入财政预算并且专款专用之外，赋予各地方根据本地的经济社会发展水平，制定经费保障标准。“七五”普法规划在此基础上，增加建立动态调整机制，在政府购买服务目录中增加普法教育项目，充分利用社会的资金进行普法教育。由此可见，我国对普法教育的经费保障经历了一个由没有规划到开始规划，且越来越重视、越来越合理、越来越科学的过程。在农村，普法经费多是由县乡级政府下拨，上级政府经费的多寡，直接影响着农村普法教育的经费投入。上级获得经费的途径越多，越能保障基层农村普法的物质投入，可见，农村普法教育经费的保障机制与普法规划的经费来源密切相关。

第二，农村普法教育人员保障机制逐步建立。对于广阔的农村地区，普法教育工作离不开普法队伍的人员数量保障和素质保证。从普法工作刚刚起步时，党和国家就开始重视普法队伍，特别是农村普法队伍的建设。鼓励并吸收社会各类组织或个人加入普法工作队伍中来;加强普法队伍的管理与培训,提升其业务素质和能力;为普法工作者的编制和待遇创造条件,保证其有序开展普法教育工作。典型的代表是目前已有96.5%以上的中小学配备了法治辅导员。① 有学者调查湖北石首市农村青少年普法情况,62%的学生表示获取明确法律知识的主要途径来源于学校和课堂。这表明国家部署的学校青少年普法工作收到了很好的效果。农村青少年普法教育大幅度提升,对农村人口法律素质的整体提高有巨大的推动用。

第三,农村普法教育评估保障机制开始形成。"一五"普法规划就开始强调个人和单位的考核标准问题;"二五"突出对普法工作的检查验收;"三五"普法规划提出将具备法律知识与依法办事能力纳入干部考核内容;"四五"普法规划要求进行目标管理,既要有部署,又要有检查;"五五"普法规划正式提出要逐步建立起普法评估考核机制,并对考核指标体系进行完善;"六五"普法规划在进一步完善该机制,健全该体系的同时,提出年度性、阶段性和专项三种评估方式;"七五"普法规划把普法列入综合、综治和文明创建的考核内容。普法教育包括农村地区的普法教育是从考核标准问题起步,逐步实现评估种类多元化、评估阶段全程化、评估格局扩大化的机制设立。

(五)村民法治素养明显提升

党的十九大报告指出,全社会法治观念明显增强。"八五"普法规划提到,法治文化蓬勃发展,全社会法治观念明显增强,社会治理法治化水平明显提高。这都是对之前普法教育工作的客观评价和肯定。具体而言,村民的法治素养明显提升,主要体现在以下几个方面:

第一,村民学法主动性提高。根据普法受众的心态不同,获取法律知识分为主动和被动获取两种途径。主动获取途径就是普法受众者按照自己的实际需要,积极地获取法律知识的途径。被动获取途径就是法律知识由外界灌输给普法受众者。相比较而言,前者是受众者根据需求寻求法律,经过必要的思考,用于实践,普法效果远远好于后者。笔者通过相关文献与实际调查,发现当前

① 《全国共建青少年法治教育基地3万多个》,载搜狐网2016年5月26日,https://www.sohu.com/a/77490731_162903。

的普法形式主要有十种，其中五种是主动方式，包括进行法律咨询、阅读法律知识书籍、上网搜索、收听或观看法治节目（广播或电视或电影等）、观看法治宣传图板展览或文艺活动。剩余的五种形式属于被动途径，涉及本村组织集中学习、参加专门普法学习班、听取法治讲座、农业相关培训的普法课程、诉讼实践。在这些形式中，观看法治节目、上网搜索、阅读法律书籍等形式是最为常见的。这说明村民已经树立了一定的法律意识，并逐渐从被动学习转为主动学习。

第二，村民法律意识明显增强。多年的普法教育增强了村民的法律意识，从而改变了村民的行为方式和维权手段。2016 年 3 月，妇女权益保护发布会在北京市怀柔法院举行，发布会公布了在农村提出离婚的妇女中，80% 以上在婚姻中遭遇家庭暴力，其中超过 40% 的妇女是通过打官司来挽救婚姻或是解除婚姻关系。由此可见，法律认知的提升，改变了村民解决问题的方式，更重要的是，提升了法律意识，选择的解决问题途径更加理性。2016 年，国家统计局对农民工进行了检测调查，其中，“当权益受损时，进城农民工选择解决途径选择”一题中，27.2% 的受调者选择通过法律途径解决，比上一年提高 5.1 个百分点。①2020 年全国社会心态调查综合分析报告显示：当自己或家人遇到不公平事情时，选择“通过法律渠道解决”的居第一位，比 2016 年提升 3.7 个百分点；选择“托关系、找熟人”的比例明显下降。② 本次笔者的走访主要针对河北省内部分农村调研，也得出了类似的结论，多数村民是因为相信法律的公正性而选择法律手段维权。村民不愿意选择法律途径的主要原因是走法律程序花钱多、浪费时间和不相信走法律程序会得到公正的结果，只有极少数村民认为打官司丢面子。由此可见，当下村民已经对法律途径有了理性认识，一方面，传统的“惧讼”心理得到了很大改善，并不再把法律途径当成丢脸的事；另一方面，多数村民已经开始对法律途径进行理性的成本收入分析，得到成本大收益小的结论是建立在对法律关注与认知基础之上的。因此，整体而言，村民的法律意识明显增强。

第三，村民对法律的认知程度改善。绝大多数村民当前都已经把法律当成

① 国家统计局：《2016 年农民工检测调查报告》，载国家统计局网，http://www.stats.gov.cn/tjsj/zxfb/201704/t20170428_1489334.html。

② 汪洋：《学习宣传贯彻习近平法治思想是新时代普法工作的首要政治任务》，载《中国人大》2021 年第 12 期。

自己生活的一部分,并且明了法律维护其利益的重要作用。对身边发生的法律事件、媒体报道的与自己生产生活相关的案例或法律文件,关注度较高。特别是对一些具体的法律,经过多年的普法教育,村民对以《宪法》为核心的,与村民生产生活密切相关的法律如《农村土地承包法》、《村民委员会组织法》、《合同法》(已废止)、《婚姻法》(已废止)、《继承法》(已废止)等有了一定的认知度。在笔者的走访中,很多村民对于法律的名称和基本内容能轻松而又准确地表达,说明村民经过长期的学习对于常见的法律法规比较熟悉,而且还能够运用于生产生活中。比如,过去在农村地区,家庭暴力现象较普遍,一些妇女受男权思想的影响,对此忍气吞声。20 世纪 90 年代"打工潮"之后,更多的青年走到外面的世界,接触了新的事物和理念,传统禁锢的思想逐渐开放,知道了家庭暴力是违法甚至犯罪行为,很多妇女勇于拿起法律武器维护自己的权益,处事态度和方式有了很大的改观。

第四,村民的用法能力提升。近些年来,村民参与的诉讼越来越多,村民作为原告主动提起诉讼的比例逐年提升,以前遇事找政府,现在找法院、请律师的村民明显增多。正是因为经过多年的普法教育,村民的法律意识提升,法律知识增长,使村民的用法能力随之增强,使用法律的可能和频率提高,村民对通过法律途径维权的评价越来越高。

(六)农村法治化水平大幅提高

农村法治是指"在维护国家法治统一的前提下,充分运用法律手段管理农村的各项事务,以保障农村经济的持续发展和广大村民的正当利益,进而为农村的改革、发展和稳定提供强有力法律保障的社会主义法治子系统"。[①] 特别是改革开放以后,实施统分结合的双层家庭承包经营权、村委会选举等制度,极大地调动了村民的生产与参政积极性,并有相关法律予以保障,农村法治化进入正轨并不断进步。农村法治环境是个生态工程,包括多个方面,其水平大幅提升主要表现在以下几个方面:

第一,农村法律体系趋于完善,基本建立起一套以《农业法》为核心的、适应农村社会主义市场经济发展的农村法律体系。2021 年 4 月 29 日,第十三届全

---

① 李昌麒:《中国农村法治发展研究》,人民出版社 2006 年版,第 23 页。

国人大常委会第二十八次会议表决通过的《乡村振兴促进法》,是保障乡村振兴战略全面实施的重要举措。“截至2014年10月,全国人大常委会制定的现行有效农业法律有25部,国务院制定涉农行政法规76部,各地还制定了1300多部农业地方性法规。”[①]截至2021年4月,现行有效的27部农业法律中,行政法和经济法占据主导地位。[②]“三农”立法的逐渐完备,使农村地区多领域有法可依,之前的“乱象”大为改观,特别具体到农村的日常工作诸如村委会换届、土地征收征用、计划生育等工作基本有章可循。

第二,农村的执法工作逐渐规范,农业综合行政执法改革深入推进,基本建立适应农村社会管理需求的基层行政执法体系。2004年3月,国务院发布的《全面推进依法行政实施纲要》提出全面推进依法行政,经过十年左右坚持不懈的努力,基本实现建设法治政府的目标。党的十八大报告总结了建设法治政府的成绩与教训,提出再用“八年”时间,基本建成法治政府。从提出建设法治政府到基本建成法治政府,体现了法治政府的历史跨越。2016年国务院印发的《法治政府建设实施纲要(2015—2020年)》提出了更高要求,“到2020年基本建成职能科学、权责法定、执法严明、公开公正、廉洁高效、守法诚信的法治政府”。

各地在党中央的领导下,按照宪法和法律的规定,完善依法治乡、依法治镇、依法治农的规范与制度,涉及选举、决策、管理、监督等,使农村行政执法的各个环节更加民主,相关信息更加公开透明,将乡村事务更大范围地纳入法治化轨道,实现依法行政。基层政府部门诸如派出所、工商所、税务所等工作作风大为改观,“乱收费、乱罚款”的现象大大减少。

农业综合行政执法改革是党的十九届三中全会部署的一项重大改革任务。2019年3月,农业农村部印发《关于加快推进农业综合行政执法改革工作的通知》,要求各地农业农村主管部门要采取有力措施,加快农业综合行政执法改革进程。一些省份积极落实,并总结了先进做法。比如,在河北省,将分散在农业农村部门内设机构及所属单位的行政处罚及其相关的行政检查、行政强制职能剥离,由农业综合行政执法机构以农业农村部门的名义统一执法。2020年5

---

① 刘振伟:《努力提升农业法制建设水平》,载《中国人大》2014年第20期。

② 杨久栋、侯佳敏:《我国农业农村法律制度的体系框架》,载潇湘晨报旗下社会新闻账号2021年4月22日,https://baijiahao.baidu.com/s?id=1697720244723486182&wfr=spider&for=pc。

月,农业农村部印发《农业综合行政执法事项指导目录(2020 年版)》及《关于农业综合行政执法有关事项的通知》。该指导目录梳理了农业领域依据法律、行政法规设定的行政处罚和行政强制事项,以及部门规章设定的警告、罚款的行政处罚事项。每个执法事项均包括执法事项名称、实施依据、法定实施主体和第一责任层级建议等内容。该项改革,推进农业行政执法权限和力量向基层延伸下沉,有效地消除多头管理,重复执法,整合执法队伍,加强了农村综合执法的规范化,大大提高农业综合执法的力度和效能。

第三,农村的司法建设逐步完备,基本建立适应农村社会发展的基层司法体系。基层人民法庭、司法所、检察机关等机构设立趋于完备,运行顺畅,农村司法机关工作人员的素质逐年提升。作为基层人民法院派出机构的人民法庭,直接接触到村民的纠纷矛盾,直接影响到农村社会的稳定。第一届人民法庭建设高层论坛于 2015 年在重庆召开,最高人民法院院长周强特别指出,人民法庭要继续发扬“马锡五审判方式”、推行巡回审判等制度,充分发挥人民法庭司法为民前沿阵地的作用。作为最基层司法行政机关的司法所,在农村的司法地位也很重要。2018 年 11 月,最高人民法院发布《关于为实施乡村振兴战略提供司法服务和保障的意见》,规定了人民法院服务和保障乡村振兴战略工作中服务和保障农业农村优先发展,依法保障农民主体地位,服务乡村全面振兴等七项基本原则。谨慎处理好服务当前发展和实现长远目标、农业农村改革发展与稳定、乡村文明传承与发展、自治法治德治等六个关系。2021 年 7 月 26 日,最高人民法院发布《关于为全面推进乡村振兴　加快农业农村现代化提供司法服务和保障的意见》,从统一思想认识、促进农业高质高效、打造乡村宜居宜业、保障农民富裕富足、坚持强基导向、深化改革创新等六个方面,提出了二十六条贯彻意见,为满足新发展阶段“三农”问题对司法工作提出的新需求提供着力点。2014 年,司法部发布《关于进一步加强乡镇司法所建设的意见》,突出其法制宣传、人民调解、法律服务等职能。2018 年,司法部有关负责同志就《关于进一步加强司法所建设　努力提高基层公共法律服务水平的意见(征求意见稿)》答记者问提到,截至 2018 年 1 月,全国共有司法所 4 万余个,近 80% 的司法所分布在农村乡镇,为村民获得基层法律服务提供了必要的保障。截至 2020 年 11 月,全国检察机关聚焦“三农”领域问题,立案办理公益诉讼案件 29249 件,发出诉前检察建议或公告 22015 件,提起行政公益诉讼 137 件、民事公益诉讼(含刑事附带民事公益诉讼)646 件,[①]很好地解决了农村地区实际的难题。

第四,村民自治渐入法治化轨道,基本建立起与农村自治相适应的制度体系。具体表现为村民自治法律完备,选举趋于规范,村组织成员矛盾减少,基层干部和村干部依法办事能力增强。2003 年,民政部、司法部联合印发了《关于进一步加强农村基层民主法制建设的若干意见》,我国开始开展"民主法治示范村"的创建活动,并制定了《"全国民主法治示范村"指导标准(试行)》。截至 2019 年6 月 11 日,全国已命名的民主法治示范村有 3365 个。根据司法部要求,"全国法治乡村建设"在"民主法治示范村"又注入了新的内涵,其中包括:要有一个好支部、一套完善的村规民约、一张清晰明了的小微权力清单、一个起作用的法律顾问、一个管用的村民说事平台等内容。[②] 时至今日,已经形成了国家级、省级、市级评选机制,获选乡村在依法治村方面发挥了典型示范和带头作用。2017 年 12 月,中共中央办公厅、国务院办公厅印发了《关于建立健全村务监督委员会的指导意见》,加大对村务工作的监督,力求在源头上遏制农村的腐败现象。

第五,村民权利保护加强,基本建立起与村民需求相适应的权利体系。有学者将村民弱势的制度性根源归结为"权利贫困",并且列举了包括选举权、劳动就业权、户籍权、受教育权、农业保险权等 25 种权利中的缺失。[③] 诚然,这是农村地区法治落后的原因之一,但这一问题已被党和国家发现。近些年来,法律对村民权益的保护更加周全,这也是农村法治环境优化的重要表现和基础。

从"同票不同权"到"同票同权"。1980 年实施的《全国人民代表大会和地方各级人民代表大会选举法》经过 1995 年、2010 年的两次修改,中国农村和城市每一名全国人大代表所代表的人口数比例从 8∶1 到 4∶1 直到 1∶1,最终实现了中国城乡居民选举"同票同权"的法治进步。"同票同权"的实现,既是对村民多年来民主法治教育的肯定,又为村民的用法能力提出了更高的要求。

从"同命不同价"到"同命同价"。2004 年 5 月 1 日正式实施的《关于审理

---

① 侯馨远:《检察机关立案办理涉农公益诉讼案件 29249 件》,载中国农网,http://www. farmer. com. cn/2021/02/26/wap_99865916. html。

② 《全国已命名 3365 个民主法治示范村》,载央广网 2019 年 6 月 12 日,https://baijiahao. baidu. com/s? id = 1636100148174397660&wfr = spider&for = pc。

③ 刘奇:《三农问策:走出制度困局》,安徽人民出版社 2005 年版,第 29 - 152 页。

人身损害赔偿案件适用法律若干问题的解释》(以下简称《人身损害赔偿司法解释》)规定,残疾赔偿金、死亡赔偿金的计算标准分别是城镇居民人均可支配收入和农村居民人均纯收入。该条款是“同命不同价”的法律渊源。一些学者认为,该规定违宪,应当纠正,因为《宪法》规定“中华人民共和国公民在法律面前一律平等”。《民法通则》规定:“自然人的民事权利能力一律平等。”该解释的上位法《宪法》和民法都确认了自然人的平等性,不能因为户籍的不同而有所差别。这说明在人身损害赔偿问题上,不应当也不能够区分城镇与农村人口。2007年实施的《各级人民代表大会常务委员会监督法》规定:“公民认为最高人民法院做出的具体应用法律的解释同法律规定相抵触的,可以向全国人民代表大会常务委员会书面提出进行审查的建议……”这为《人身损害赔偿司法解释》的修改提供了法律根据和程序。2009年6月27日上午,第十一届全国人大常委会在人民大会堂举行第十次专题讲座,全国人大常委会法制工作委员会副主任王胜明就死亡赔偿中“同命不同价”的问题明确表达了自己倾向于原则适用统一标准,适当考虑个人年龄、收入、文化程度等差异的观点,这是全国人大常委会有关部门负责人就社会关注的“同命不同价”现象,首次明确作出“回应”。2010年实施的《侵权责任法》(已废止)规定:“因同一侵权行为造成多人死亡的,可以以相同数额确定死亡赔偿金。”实现城乡居民从“同命不同价”到“同命同价”有了法律依据。2019年4月,中共中央、国务院发布《关于建立健全城乡融合发展体制机制和政策体系的意见》,明确提出改革人身损害制度,统一城乡居民赔偿标准;2019年8月,最高人民法院印发《关于授权开展人身损害赔偿标准城乡统一试点的通知》,授权各省高级人民法院根据各省具体情况在辖区内开展人身损害赔偿纠纷案件统一城乡居民赔偿标准试点工作。

(七)农村普法教育促进了农村稳定和发展

农村普法教育的成就还体现在对农村秩序、经济与精神文明建设等方面的促进和保障上。这些成就不仅是四十余年农村普法的宝贵成果,为农村普法教育工作的进一步开展奠定坚定而丰厚的基础,也为今后农村普法工作的开展与创新提供了可资借鉴的优质经验。

第一,扭转了农村秩序严重混乱局面,维护了农村长期基本稳定。如前文所述,在改革开放初期,我国农村出现了治安严重恶化并反复发作的局势。据最高人民法院统计,即使到1994年农民犯罪比例仍高达65.1%。但自1995年开始,农民犯罪呈平缓下降趋势[①],农村治安形势虽存在不少隐患,但总体上趋于平稳。这一局面对由传统向现代急剧转型的农村而言,来之不易。究其原因,固然与20世纪末的"严打"和持续至今的农村综合治理有紧密联系,但通过普法教育提高了村民法治观念和守法意识,无疑是一个主要内在因素。2006年至2007年间,中央综治办连续下发有关农村平安建设的意见,近几年的中央一号文件多次强调农村平安建设问题,都是推进农村和谐稳定的重要纲领性文件,强调加强农村法制建设和思想道德建设。诸如前述加大普法力度和法治建设的举措,通过加强村民自身的法律素养,对稳定农村秩序具有重要意义。因为农村地区人口密度低,居住环境分散,治安防范难度大,单纯应用城市社会治安治理的系统,难以保证效果。只有从村民自身素质下手,增强村民遵法的自觉性、用法律手段维护权利的自主性,才能真正加强农村地区的社会稳定。

第二,规范了村民市场行为,促进了农村经济发展。改革开放后,我国农村经济逐步由自然经济转变为社会主义市场经济。社会主义市场经济本质上是法治经济。[②] 需要通过法律和法治规范政府和公民的经济行为,把村民的生产、交换和消费行为纳入法律的轨道。正是通过农村普法教育,实行"送法下乡",将与农业、农村和村民有关的法律逐步植入村民心中,约束和规范村民行为,从而逐步建立和发展社会主义农村市场经济体系,极大促进了农村经济的快速发展,维护了村民权益,提高了村民收入,实现了村民收入从贫困到初步小康、全面小康并迈向基本实现社会主义现代化的飞跃。

第三,促进了农村精神文明建设,提升了村民国民素质。1998年10月,党的十五届三中全会通过的《中共中央关于农业和农村工作若干重大问题的决定》,明确精神文明建设的根本任务就是通过提升全民的思想道德和科学文化素质,为农村发展提供支持和保证。因此,社会主义精神文明建设包括思想道德建设和教育科学文化建设。法律和道德各有边界和功能,是不同的两个概念,但二者又有不可分割的联系。按庞德的观点,法律与道德都是控制社会、维护社会秩序的重要手段,是相互支持,不能独行的。法律不仅为社会道德的生

① 《六十载光辉历程,一甲子司法为民——数说人民法院审判工作60年》,载中国法院网2009年9月28日,https://www.chinacourt.org/article/detail/2009/09/id/376509.shtml。

② 《中共中央关于全面推进依法治国若干重大问题的决定》,人民出版社2014年版,第16页。

成提供有益制度构架，而且为个人道德培育提供良好环境，净化人们心灵，引导人们抑恶扬善、去恶存善。我国四十余年的农村普法通过对村民培养法律意识，传播法律知识，为村民判断对与错、善与恶提供标尺，使村民建立理性的价值判断标准，树立法律信仰。让法律不仅仅成为农村社会解决纠纷矛盾的手段，而且要借助普法过程，重塑村民的价值观念，逐渐将法治观念融入村民的价值观体系，成为培育和践行社会主义核心价值观的主要途径和手段。这是因为法治领域体现社会主义核心价值观有一套技术性的方法，它把社会主义核心价值观的要求转化为具体的权利和义务，再进一步转化为公民具体的思想和行为，通过规则化的转换，使社会主义核心价值观具有法律效力，并借助法律的强制性、规范性来实施和支撑社会主义核心价值观。① 同时，普法教育还为提高村民其他方面的国民素质提供了助力和动力。法律张扬契约精神、程序规则和公平正义，鼓励和保护公平竞争。这有利于培育村民的主体观念、科学精神、规则和竞争意识，这无疑有利于促使村民学习、掌握相关方面的知识，从而提升村民的总体素质。

二、应正确看待农村普法教育存在的不足

在农村普法进程乃至在当前普法实践中都存在许多不足和问题，这是不必回避的，下文将详细论述。但问题的关键在于，如何正确看待这些不足和问题。笔者认为，不能以理想化方式将其与城市普法教育简单加以对比，而对农村普法教育作出过低评价，更不能据此加以否定。正确的态度是以历史、辩证和发展的观点，把握其艰巨性和复杂性特点，将普法四十余年前后状况加以对比，并看到其发展的趋势。

第一，农村普法教育存在的不足是探索和前进中出现的问题。如前文所述，农村普法是一个具有艰巨性和复杂性的高难度课题，并且是在无现成经验可资借鉴的情况下展开的一项开创性工作，这决定它具有在探索中前进的鲜明特点。与其他任何开创性事业一样，在其探索和前进过程中，不能不受主观和客观、内部和外部各种因素的制约，因而在认识、形式和体制机制上，不能不有

---

① 魏哲哲、张璁：《用正确法治理论引领法治实践》，载中国共产党新闻网，http://theory.people.com.cn/n1/2017/0531/c40531－29308166.html。

一个由浅入深、由简单到复杂、由不全面到比较全面、由不成熟到比较成熟的发展过程,因而在其发展进程中出现这样或那样的不足和问题是不足为怪,可以说是正常的。特别是当前,我国开启了全面推进乡村振兴、加快农业农村现代化的新征程,迫切需要发挥法治的引领保障作用,做好新形势下农业农村法治宣传教育工作,客观并正确认识农村普法教育存在的不足具有特殊重要意义。

第二,农村普法教育存在的不足并非不可克服的。事实上,农村普法教育正是在不断解决存在问题,不断克服不足当中前进的。最初村民不太接受普法教育,但是在改变了普法教育方式后,村民的接受应明显提升。这是因为我国的法律体系本身具有以农为本的特点,从与村民利益紧密相关的法律出发,介绍我国法律体系农本主义特色,有利于村民更有效的接受。在普法早期比较普遍的做法是重视村民义务教育,轻视权利教育,导致普法工作效果不佳,村民热情不高。但后来,普法主体意识到这个问题,开始转变为权利与义务相结合的教育,逐渐构建村民的权利义务整体观。因此,对这些不足和问题,可以分析研究,总结经验,但不能苛求;既要看到问题与不足,也要看到其进步与发展。这样才符合事实和辩证唯物论要求。

第三,不能把农村普法教育与城市普法教育作简单类比。的确,农村普法教育与城市相比有较大差距,是普法工作中的短板,对此应有清醒认识和客观评价。但同时要看到农村普法具有城市普法所没有的艰巨性和复杂性。如果抛开这一点,不顾二者相差悬殊的起点和难度,以城市普法教育为参照系,要求前者达到后者同样的效果,必然对农村普法给予过低评价。这是不公平的,也不利于探索和完善具有农村特点的农村普法教育道路。

第三节 农村普法教育是人类法治史上的创举

在中外法治史上,对法律加以告示、宣传的现象并不罕见。但是,作为一种有规划有组织的国家行为,以持续四十余年的艰辛努力,以自上而下、“送法下乡”的形式,付出巨大的国力资源,组织浩浩荡荡的普法大军,采取可能采取的各种形式,把法律交给分散在广袤大地的亿万村民,使之成为懂法、守法并用法律武器维护自身权益的公民,这一持续开展农村普法教育活动,是此前的中国和世界从未发生过的事情。

一、农村普法教育是中国法治史上的创举

纵观中国五千年文明史，虽不乏“悬象颁法”、石刻明法和编著图籍，把法律“布之于百姓”[①]的事例，但“皇权不下县”的统治传统使多数朝代的布法不能达及乡村。即使在重视乡村教化的明清时期，也只是在乡间筑些申明亭、旌善亭，散发些法律条文的简洁通俗读物而已。近代中国的法律宣传更被限制在城市和统治阶级的小圈子里，而乡村则几乎完全停留在费孝通指出的“无讼”的“礼制社会”。即使到普法之前，村民的法律意识依然极其淡薄，甚至很多村民不知法为何物。可以说，经过普法，村民的法律意识和守法、用法观念发生了根本性变化。前述华中师范大学中国农村研究院的“百村观察”抽样调查显示，选择“只要是法律都必须遵守”的占比 89.38%；对建成法治社会表示很有信心和比较有信心的占比 71.7%，就说明了这一点。在中国承载数亿人口的农村广袤大地上，“法律知识从来都没有像今天这样普及”[②]，这不能不说，四十余年农村普法创造了中国法治史上的奇迹。正如 2021 年 6 月，中央宣传部、司法部负责人就《关于开展法治宣传教育的第八个五年规划(2021—2025 年)》答记者问所言的，“在 14 亿多人口的大国持续开展全民普法，把法律交给人民，这是人类法治史上的一大创举，是中国特色社会主义制度优势的体现，也是中国特色社会主义法治的重要组成部分”。如果说全民普法教育是“社会主义法制史上的一个壮举”[③]，纵观中国数千年的文明史，法律知识从来都没有像今天这样普及过。[④]“从法律宣传、法律出版、法学教育等各个方面来看，都可以说，中国国家主导的法律普及工作达到了史无前例的程度。”[⑤]那么，它成为创举，不仅仅在于在总体上占中国人口少数、已有一定法治基础的城市开展普法教育，更主要的是，在这四十余年大部分时间里，占中国人口绝大多数或多数、法治基础相当薄弱的农村展开了普法教育。

---

① 《韩非子·难三》。

② 卓泽渊:《中国“普法”二十年:回顾与前瞻》，载《探索》2006 年第 1 期。

③ 刘政:《社会主义法制史上的一个壮举——“一五”普法决议出台前后》，载《中国人大》2006 年第 5 期。

④ 舒扬:《中国法学 30 年》，中山大学出版社 2009 年版，第 302 页。

⑤ 姜兴文:《关于 90 年代法制建设的思考》，载《经济与法》1993 年第 7 期。

二、农村普法教育是世界法治史上的创举

西方国家城市化水平较高,村民的法治观念与城市居民差异不大,普法教育或是被纳入国民教育体系,或是由法律职业者自发组织进行民间普法。我国的普法教育主要是国家推行的自上而下的全国性行动,由政府制定规划,设立普法机构,组织工作人员,划拨专项经费。因此,借助国家行政权力提高国民的法律素养,这在世界上更是罕见的。

在西方,在广大农村普及法律,不仅在其法治建立过程中没有做到过,即使在被称为高度发达的法治社会的当今也没有完全做到。1986 年和 1987 年先后访华的德国司法部部长汉斯和美国司法部部长米斯,他们都对中国的全民普法印象深刻,“政府自上而下地动员和进行普法,只有你们社会主义国家才有这个力量,西方国家不可能做到”,“这在美国 200 多年的历史上是从来没有过的。”① 无论在规模、形式和内容上都堪称中外法制史上的创举。② 无须赘言,他们不可能做到的,主要不是指城市普法教育,而主要是指农村普法教育。如果说中国普法教育是中国和世界法治史上的创举,那么,成就这个创举并作为标志的主要就是农村普法教育。

---

① 邹瑜:《国家领导人都是好学生》,载《法治人生》2012 年第 1 期。

② 张福森:《努力开创普法依法治理的新局面》,载《人民日报》2011 年 11 月 7 日,第 7 版。

第三章　改革开放以来农村普法教育的基本经验

在一个拥有十四亿人口的大国，尤其是在法治基础极其薄弱，自古就有乡村自治传统的广大农村地区，通过制定若干轮普法规划，有计划有组织地进行普法教育，并取得举世瞩目的成就，彰显了中国的制度优势，充分体现了中国共产党强大的组织力、动员力和宣传力。在这个过程中创造和积累了许多十分宝贵的经验。这些经验是农村普法教育取得成就的源泉，也是开创农村普法新局面的宝贵财富。

第一节　坚持和加强党对农村普法教育的领导

农村普法教育历程表明，党的领导对农村普法教育成就的取得具有决定性作用，这是我国农村普法教育的根本经验。

一、党的领导地位在农村普法教育中的体现

党的十八届四中全会报告指出，把党的领导贯彻到依法治国全过程和各方面，是我国社会主义法治建设的一条基本经验。① 坚持党的领导，既是中国共产党领导人民进行革命、建设、改革的宝贵历史经验，也是实现中华民族伟大复兴的根本保证。② 建设中国特色社会主义法治体系，建设社会主义法治国家是一

① 《中共中央关于全面推进依法治国若干重大问题的决定》，人民出版社2014年版，第5页。
② 肖贵清：《中国共产党的领导是历史和人民的选择》，载《光明日报》2020年10月9日，第11版。

个复杂的系统工程。这一系统工程充分体现了“坚持党对全面依法治国的领导,是中国特色社会主义法治的本质特征和内在要求”。这是习近平法治思想的核心要义之一。普法教育作为依法治国的一项基础性工程,必然具有长期性和艰巨性。尤其是农村地区的普法教育较城市地区更为复杂和艰难,更时刻离不开党的领导,使坚持和不断加强党的领导成为贯穿该过程始终的一条红线。“一五”普法规划前的酝酿、准备是在党的领导下进行的;从“一五”普法到“八五”普法规划和决议文件,也都是由党中央提出,通过中共中央与国务院联合颁布施行。在这些文件中明确了党在普法教育中的领导地位,并在普法过程中确立了党委领导体制。

2016 年 4 月,中共中央办公厅、国务院办公厅印发了《党政主要负责人履行推进法治建设第一责任人职责规定》,将法治宣传教育作为党委主要负责人的主要职责之一。在农村,党的领导是通过农村基层党组织的领导实现的。党中央对普法工作进行了科学的顶层设计,中央全面深化改革领导小组、国家教育体制改革领导小组、中央全面依法治国委员会先后审议通过了《关于完善国家工作人员学法用法制度的意见》《青少年法治教育大纲》《关于实行国家机关“谁执法谁普法”普法责任制的意见》等,制定颁布普法文件,建立健全了全民普法制度。在农村地区,根据《中国共产党农村基层组织工作条例》的规定,党在农村的基层组织是乡镇党委和村党支部,是乡镇、村各种组织和各项工作的领导核心,法治教育是这两个部门的重要职责。农村普法教育取得的成果,离不开党的领导。2018 年,中央全面依法治国委员会成立,下设守法普法协调小组,加强对全民普法的统筹协调,更是有力推动了各项普法工作。

第一,农村普法教育的群众基础,决定必须坚持党的领导。中国共产党自成立以来就一直以为农民谋幸福作为其重要使命。在新民主主义革命时期,党领导农民打土豪,分田地,获得了解放;在社会主义革命和建设时期,党带领农民互助合作,大兴水利,积极探索改变农村落后的路径;改革开放以来,家庭联产承包责任制极大地调动农民的积极性,废除农业税、协调城乡关系、鼓励兴办乡镇企业……党带领农民走向富裕;党的十八大以来,全面深化农村改革,深入推进城乡一体化发展。党的十九大报告将解决好“三农”问题作为全党工作重中之重,坚持农业农村优先发展,大力实施乡村振兴战略。长期以来,村民对党有着深厚的感情基础,对党有着认同感和信赖感。在农村开展普法教育,只有坚持党的领导,才能确保为村民服务的普法工作方向和宗旨,保证农村普法教育以村民的利益为出发点和立足点。党的十九届六中全会强调,全面依法治国最广泛、最深厚的基础是人民,必须把体现人民利益、反映人民愿望、维护人民权益、增进人民福祉落实到全面依法治国各领域全过程。

第二,农村普法教育的历史背景,决定必须坚持党的领导。我国农村地区不仅封建思想和观念根深蒂固,乡村社会历来按照“国权不下县,县下惟宗族,宗族皆自治”的治理模式,[①]长期形成的“熟人社会”,已经在农村形成了稳定和深刻的本土治理结构、乡民相处模式和纠纷解决机制,其中与法治相悖的因素阻碍着农村普法乃至依法治村的进程。因此,要对农村进行普法教育是一场广泛而深刻的大变革,会涉及农村所固有的体制、机制、模式和利益关系。只有坚持党的领导,发挥党的政治领导、思想领导和组织领导,发挥其与村民密切联系的优势,实现党的领导、人民当家做主和依法治国的有机统一,才能突破上述阻碍,切实推进农村普法教育与依法治理工作。

第三,农村普法教育的发展趋势,决定必须坚持党的领导。当前,农村社会全面进步,各个领域逐渐走上法治化轨道,需要大量的法律规则和制度在农村的生产生活中适用;村民职业分工明显,对法律产生多样化、差异化的需求。这就要求农村普法教育的主体范围不断扩大、普法者的素质不断提升、普法的方式方法不断创新。只有坚持党的领导,发挥其总揽全局、协调各方的领导核心作用,才能调动一切可以调动的力量,整合一切可以利用的资源,统筹协调,为农村普法教育搭建更为广阔的平台。

二、党的领导地位在农村普法教育中的特殊意义

有人以“党大还是法大”的命题,质疑党对法治建设和普法包括农村普法的领导。其实,正如习近平指出的“‘党大还是法大’是一个政治陷阱,是一个伪命题”。[②] 从逻辑上看,党的本质是政治组织,法的本质是行为规则,二者属于两个范畴,不存在谁比谁大的问题。[③] “党的领导和社会主义法治是一致的,社会主

---

① 秦晖:《传统十论:本土社会的制度文化与其变革》,复旦大学出版社 2004 年版,第 3 页。

② 《习近平论法治:“党大还是法大”是伪命题,是政治陷阱》,载中国共产党新闻网,http://cpc.people.com.cn/xuexi/n/2015/0511/c385475-26978527.html。

③ 张金才:《破除“党大还是法大”的伪问题》,载《中国社会科学报》2015 年 7 月 16 日,第 1 版。

义法治必须坚持党的领导，党的领导必须依靠社会主义法治。”[①]二者统一于全心全意为人民服务的本质属性，统一于我国现行《宪法》的法律根据，是辩证统一的有机整体。

因此，必须澄清“党大还是法大”这一伪命题给农村普法教育带来的消极影响，明确党的领导不仅包括对我国社会主义建设的一切工作中的领导地位，而且包括对全面推进依法治国和涵盖农村普法的全民普法教育的领导。党的十九大报告生动地用“党政军民学，东西南北中，党是领导一切的”[②]描述了党的领导地位。2018 年 3 月 11 日，党的十三届全国人大一次会议第三次全体会议通过的《宪法修正案》，补充“中国共产党领导是中国特色社会主义最本质的特征”列入第一章总纲的第一条，是本次修改的亮点之一。这一亮点体现了党的领导的根本性，党在国家中的领导地位从社会主义本质属性的高度加以确认；体现了党的领导的全面性，国家政治社会生活都要将党的领导加以贯彻落实；体现了党的领导的时代性，为党在新时代全面建成小康社会，实现中华民族伟大复兴中国梦的领导地位提供了有力的宪法保障。这一修改具有重大的政治意义和法治意义。2018 年的中央一号文件特别强调坚持党管农村工作，毫不动摇地坚持和加强党对农村工作的领导，确保党在农村工作中始终总揽全局、协调各方，为乡村振兴战略的实施提供坚强有力的政治保障。坚持和加强党的领导也必然体现在农村的普法教育中，这是中国四十余年农村普法教育历程所证明的一条根本经验。

第二节　始终把宣传宪法摆在首要位置

在农村普法教育中，始终坚持把宣传宪法摆在首位的原则，是宪法在我国法律体系中的地位和农村普法教育的实际情况决定的。坚持依宪治国、依宪执

① 《中共中央关于全面推进依法治国若干重大问题的决定》，人民出版社 2014 年版，第 5 页。

② 习近平：《决胜全面建成小康社会　夺取新时代中国特色社会主义伟大胜利——在中国共产党第十九次全国代表大会上的报告》，人民出版社 2017 年版，第 20 页。

政,是全面推进依法治国的工作重点。① 事实证明,这是我国农村普法教育取得辉煌成就的重要经验之一。

一、宪法的首要位置在农村普法教育中的体现

在全国包括农村的普法教育中,虽然每个周期的普法内容有所不同,但是宪法的首要普及地位从未改变,并且其重要性屡次被强调。"一五"普法规划的内容通常简称为"十法一例",其中宪法居于首位;"二五"普法规划首先提到了深入普及宪法和有关法律常识,在广大公民中强化宪法观念;"三五""四五"普法规划指出继续开展宪法知识的普及宣传;"五五"普法规划明确说明,要深入学习宣传宪法,这是法制宣传教育的基础性、根本性和重点工作;"六五"普法规划的第一项任务是突出学习宣传宪法;七五"普法规划指出,突出学习宣传宪法,要认真组织好"12·4"国家宪法日集中宣传活动,推动宪法家喻户晓、深入人心;"八五"普法规划明确提出,突出宣传宪法。由此可见,宪法在我国普法教育的历次规划中,都是作为普法教育的首要内容,并不断强调突出。正如习近平在《关于〈中共中央关于全面推进依法治国若干重大问题的决定〉的说明》中所指出的,能否树立法治权威首先要看宪法有没有权威,必须把宣传和树立宪法权威作为全面推进依法治国的重大事项抓紧抓好。②

2014 年 10 月 23 日党的十八届四中全会报告提出把"12 月 4 日"定为国家宪法日,同年 11 月 1 日全国人大常委会表决通过《关于设立国家宪法日的决定》,我国的宪法日得以确立。2014 年首个国家宪法日和 2016 年的第三个宪法日期间,习近平总书记分别作出重要指示,表明要以设立国家宪法日为契机,深入开展宪法宣传教育,大力弘扬宪法精神,切实增强宪法意识,推动全面贯彻实施宪法,更好发挥宪法在全面建成小康社会、全面深化改革、全面推进依法治国中的重大作用。

我国的普法教育,包括农村普法教育,坚持把宣传并学习宪法作为普法教育的首要任务,之所以如此,学界有不同观点,有的学者认为是因为宪法规定了

---

① 李林:《习近平法治思想的核心要义》,载中国网,http://www.china.com.cn/opinion2020/2020-11/23/content_76940601.shtml。

② 中共中央文献研究室:《习近平关于全面依法治国论述摘编》,中央文献出版社 2015 年版,第 47 页。

国家的根本政治制度，普及宪法精神和知识，是对国家主导意识形态的教育。有的学者认为，宪法的根本大法地位是决定国家实现法治化的重要因素。笔者赞同上述观点，认为有如下几个原因：

第一，因为宪法的“母法”地位，是我国根本大法。宪法是国家的母法，一切其他法律的制定都必须依据宪法。因此，我国的法律体系是以宪法为核心的中国特色社会主义法律体系。

第二，因为宪法规定着一个国家最重要的内容，即国家的根本制度和人民的基本权利。国家的根本制度包括国家的性质、政治制度、经济制度、分配制度、选举制度等。正是由于宪法以最高层级法律的地位授予并限制权力，才改变了长久以来我国对行政权力顶礼膜拜的传统观念，把社会治理逐步推向法治化。人民的基本权利是法律保障人民具体权利的基础和根源。宪法规定了公民的基本权利，其他法律对公民权利的设定都是对宪法基本权利的具体化，也就是适用“宪法基本权利对第三人的间接效力”理论，即宪法上规定的基本权利不具有私法上的直接效力。要把基本权利转化为私法规范，从而使基本权利对民事法律关系发生间接效力。

第三，因为宪法具有与时俱进的特点，在保持宪法稳定性和权威性的基础上，随着社会的变迁，经历了1988年、1993年、1999年、2004年、2018年五次修改，《宪法》与时俱进，适应和配合国家的经济社会发展。很多修订内容直接涉及村民的利益，比如，1988年第一次修订宪法增加了土地的使用权依法转让的规定；1993年第二次修订把家庭联产承包责任制作为农村集体经济组织的基本形式确定下来；1999年第三次修订规定了农村集体经济组织实行家庭承包经营为基础、统分结合的双层经营体制；2004年第四次修订人权条款入宪，对土地依法征收或者征用并给予补偿，将乡镇人民代表大会的任期由3年改为5年；2018年第五次修订，增设了监察委这一机关，将村委会等之前的反腐“盲区”纳入其中，将“健全社会主义法制”修订为“健全社会主义法治”，是我国依法治国理念和方式的新飞跃。

二、宪法的首要位置在农村普法教育中的特殊意义

虽然宪法如此重要，如此紧密地涉及村民的根本利益，但在普法前期村民对宪法的认知并不深刻。究其原因，一方面，在我国宪法思想的产生方面，近代

中国的宪法思想与中国传统相涉不多,主要来自西方。清末的预备立宪,清朝廷两次派人考察日本,并效仿日本。日本政府的立宪过程主要学习的德国。因此,近代的立宪过程是"远法德国、近采日本"①。可以说,我国宪法的产生是面临着救亡图存、争取独立,这种西学东渐的结果,属于政府推进型的宪法建设。西方的宪法是政治、文化积累和固定的结果,是其自身力量内部演化而来,属于自然演进型宪法。政府推进型的宪法建设相对被动,而自然演进型宪法相对主动。另一方面,对宪法实施的保障,世界上主要存在三种方式:一是司法机关保障,二是立法机关保障,三是专门机关保障。在我国,监督保障宪法实施机关是全国人民代表大会及其常委会,对宪法的实施缺乏实体和程序法的规定,宪法并没有作为直接的判案依据出现在法院判决中。以上两点原因使村民总感觉宪法遥不可及,离现实生活太远。村民本身对于法律就心存距离感,对于宪法就更加感觉遥远了。这些都决定把宣传宪法摆在首位,对农村普法来说具有特殊的必要性。

正因为在农村普法教育中贯彻了把宣传宪法摆在首位的原则,经过多年的宪法教育,多数村民实现了对宪法的重要性和内容从陌生到比较熟悉、对遵守宪法从不自觉到比较自觉的转变。这不仅有利于村民坚持社会主义方向,拥护共产党的领导,理解社会各项制度的改革方案,也推动了他们对自身身份由村民到国家公民认知的转变。同时,他们对宪法地位的正确认知,也提高了他们对各种具体法律特别是涉农法律的理解程度和尊法、守法、用法的自觉性。如果说对宪法的大力普及是推动宪法实施和民主政治、法治发展的精神动力,也是衡量国家法治化程度的标志之一,②那么,宪法在农村的大力普及则是推动宪法在农村实施和民主政治、法治发展的精神动力,也是衡量农村法治化程度的标志之一。

第三节　普法教育与依法治理并举

普法教育的最终目的是实现依法治国。"依法治国",即依照体现人民意志

---

① 朱勇:《中国法制通史》(第9卷),法律出版社1999年版,第73－74页。

② 韩大元、孟凡壮:《中国社会变迁六十年的公民宪法意识》,载《中国社会科学》2014年第12期。

和社会发展规律的法律治理国家，而不是依照个人意志、主张治理国家。① 将农村的普法教育与依法治理相结合，实施“普治并举”是多年来农村普法教育的重要经验。

一、“普治并举”在农村普法教育中的体现

在“二五”普法期间，农村普法根据1993年国务院发布的《九十年代中国农业发展纲要》的要求，开始注重法治教育与农业、农村的依法治理。“三五”普法规划提出全面推进各项事业的依法治理，国家更重视相关的工作安排。1998年，中共中央办公厅、国务院办公厅颁布《关于在农村普遍实行村务公开和民主管理制度的通知》，对村务公开和民主管理的内容和方法进行了明确具体的规划。“四五”普法规划出现普治并举的正式用语，指出积极开展地方依法治理，认真制定并实施依法治乡（镇）的决定、决议、规划，围绕地方立法、司法、执法、普法、法律监督、法律服务等环节，逐步实现地方政治、经济、文化事业和社会事务管理的法治化。2003年，民政部、司法部发布《关于进一步加强农村基层民主法制建设的意见》，针对村民选举程序、民主议事程序、村民自治章程、公开办事程序、法制宣传教育、法律服务、治安综合治理等进行了详细部署。“六五”普法规划突出坚持学用结合，普治并举。在法治实践中加强法制宣传教育，深入推进各项事业依法治理。2015年，农业部颁布《关于贯彻党的十八届四中全会精神深入推进农业法治建设的意见》，为农业现代化转型期、农村改革深水区的法治建设，对立法、执法、普法做出了部署。党的十八届四中全会把农业作为立法的重点领域。这为农村地区的依法治理提供了良好的法源基础。“七五”普法规划强调，推进多层次多领域依法治理。坚持法治宣传教育与法治实践相结合，把法律条文变成引导、保障经济社会发展的基本规则，深化基层组织和部门……法治县（市、区）等法治创建活动，提高社会治理法治化水平。2019年6月，中共中央办公厅、国务院办公厅印发《关于加强和改进乡村治理的指导意见》提出，为实现乡村治理体系和治理能力现代化，扎实乡村振兴基层基础提出了具体指导意见。2020年3月25日，中央全面依法治国委员会印发的《关于加

① 《习近平谈依法治国》，载人民网，http://theory.people.com.cn/n1/2016/0817/c49150-28642089.html。

强法治乡村建设的意见》提出，加强乡村法治宣传教育只有按照法律进行管理，才能真正做到依法治理农村。法治在农村的推进程度，往往取决于村民这一生活在中国农村最基层的最大群体能够在多大程度上了解、认同乃至接受法律的调整，[①]这就必须要加大农村普法力度。“八五”普法规划专门列出一部分标题为“推动普法与依法治理有机融合”，专段提出深化法治乡村建设的要求。

自“二五”普法开始，如何正确认识和处理法制宣传教育与依法治国之间的关系上，成为全民普法亟待解决的问题，也成为农村普法亟待解决的问题，党和政府在实践中科学解决了二者之间的关系。在“普”与“治”关系，“普”是方式和手段，“治”才是目的。从农村普法来看，除实现提升村民法律素养目的之外，还有两个重要作用：一是控制，就是国家借助普法的方式实现对农村政治控制。二是认同，就是希望村民对法律制度予以认同，把他们带入一种新的生活方式之中，也就是带入依法治国的国家治理体系中去。因而，将普法与依法治乡、依法治村、依法治农相结合，同时并举，成为农村普法教育与农村依法治理的基本原则。

二、“普治并举”在农村普法教育中的特殊意义

鉴于历史和现实的原因，在一定意义上说，依法治国的重点在基层，难点在农村。[②] 这不仅仅是因为农村地区人口的传统思想和行为方式法治程度低，还由于农村地区本身法治化程度有限，致使整体法治水平偏低。总体而言，农村地区相关立法不完备，存在很多立法空白和缺陷。基层公务员的法律素养不足，依法行政程度相对较低，基层司法人员的整体素质偏低，司法运行存在不公和失范的现象。农村地区人们的法律意识还相对淡薄，法治手段还不是解决问题的主要方式。因此，在普法规划中，尤其是针对农村地区，不仅强调法律知识的普及教育，还注重培养村民参与自治、管理的能力，加强农村“两委”干部的法治教育。

另外，在普治结合经验中，恰当使用“软法”即非正式制度也是该经验的有效做法。美国经济学家道格拉斯 · C. 诺斯认为，制度由非正式约束（如伦理道

---

① 李昌麒：《中国农村法治发展研究》，人民出版社 2006 年版，第 18 页。
② 李昌麒：《中国农村法治发展研究》，人民出版社 2006 年版，第 10 页。

德、禁忌、风俗、习惯、传统等）和正式的法规（宪法、法令、产权）组成，其中非正式约束即非正式制度。[①] 基于农村社会的历史传统，非正式制度全部来自村民社会，具有内生性，即便其不如正式制度逻辑性强、成体系，但却是村民发自内心遵守的秩序规则，其隐形性和有效性明显。诺斯认为，非正式约束可以防止交易中的机会主义行为，以减少交易后果的不确定性，帮助交易主体形成稳定的预期，从而减少交易费用。[②] 现实生活中有些行为性质往往是模糊的，用正式制度来规制难度很大，适宜用非正式制度来制约。[③] 将非正式制度引入乡村治理，可以有效弥补法律在乡村运行的不足，这一点也在"八五"普法规划中被认可并强调指出，把提升公民法治素养与推进依法治理等实践活动有机结合，把公民法治素养基本要求融入市民公约、乡规民约、学生守则等社会规范，融入文明创建、法治示范创建和平安建设活动。

事实证明，这种普治并举的思路，确实达到了良好的效果。普法促进依法治理，依法治理为普法提供良好的教育氛围和法治环境，普法和依法治理相辅相成，互相促进。除此之外，普治并举，在受众态度上，有利于由被动受教转变为主动学习；在普及内容上，有利于由知识输入转化为能力培养；在教育效果上，有利于知识增长转变为素养提升。因此，将普法教育与依法治理相结合，不仅是我国多年来普法的优良经验总结，也是农村普法教育的宝贵经验。

第四节　农村普法教育与思想道德及政治教育相结合

农村地区将普法教育、思想道德和政治教育结合在一起，简称"三结合"，也是多年农村普法教育的基本经验之一。

一、"三结合"在农村普法教育中的体现

在普法初期，普法教育曾被涵盖在思想政治教育或思想道德教育概念当

① ［美］道格拉斯·C. 诺斯：《制度、制度变迁与经济绩效》，刘守英译，上海三联书店 1994 年版，第 27 页。

② ［美］道格拉斯·C. 诺斯：《制度、制度变迁与经济绩效》，刘守英译，上海三联书店 1994 年版，第 264 页。

③ 张旭昆：《正式制度与非正式制度之间的互补》，载《浙江社会科学》2005 年第 6 期。

中。它从这些学科中相对独立出来，成为一项重大社会教育工程，经历了一个过程。“一五”普法规划将其作为社会主义精神文明建设的一个重要组成部分和公民道德水平建设的内容来实施。最典型的例证是在中小学教育中，将法制课程在思想品德课中讲授。“二五”普法规划要求大、中、小学设置法制教育必修课程。“三五”普法规划将普法定位为我国社会主义民主和法制建设的一项基础性工作，这标志着普法教育已从思想政治教育或思想道德教育中相对独立出来，而成为一项重大的社会教育工程。“五五”普法规划提出了“法制教育与道德教育相结合”方针。“六五”普法规划再次明确法制宣传教育是提高全民法律素质，建设社会主义法治国家的一项重要基础性工作。“七五”普法规划则特别强调要推进法治教育与道德教育相结合。“八五”普法规划强调坚持依法治国与以德治国相结合，弘扬社会主义核心价值观，健全党组织领导的自治、法治、德治相结合的城乡基层治理体系。普法教育之所以逐步从思想政治教育或思想道德教育概念中分离出来，成为一个相对独立的概念，是构建普法教育体系和体制的客观要求。因为，普法教育与城乡普通教育和一般政治、道德教育的内容与对象有显著区别，而且随着全国规模并且十分复杂的普法教育的开展和深入，要求建立系统的普法教育体制机制和方式方法，并形成任务明确的城乡普法队伍。如不将其作为一个相对独立的概念和教育体系，要切实实施普法教育并实现以上目标是不可能的。

关于普法教育与思想政治教育、思想道德教育之间的关系，学界有不同的认识。有学者认为：三者都属于“大德育”的范畴。① 但作为“大德育”的不同构成要素，它们之间既相互联系，又相互区别。一般而言，思想政治教育是指“社会或社会群体用一定的思想观念、政治观点、道德规范，对其成员施加有目的、有计划、有组织的影响，使他们形成符合一定社会所要求的思想品德的社会实践活动”②。从狭义角度来说，是要用马克思主义思想体系教育人民，具体主要包括世界观、人生观、政治观、道德观、法制观等方面的教育。③ 思想道德教育是培养人的思想道德素质，使之成为德、智、体、美全面发展的人，而“法治教育是

① 吴亚林：《价值与教育》，北京师范大学出版社 2009 年版，第 255 页。

② 教育部社会科学研究与思想政治工作司：《思想政治教育学原理》，高等教育出版社 1999 年版，第 4 页。

③ 刘利红：《农村村委会成员法律意识培养研究》，内蒙古科技大学 2014 年硕士学位论文。

指通过对公民进行有目的、有计划、有组织的依法治国方略的宣传和教育，培养和发展公民法治意识及用法治意识指导自己行为的一种活动”①。三者的视角和内容侧重点各有不同。其中思想政治教育更强调政治性、意识形态性。② 思想道德教育更强调“个性”发展和完善人格，注重文明程度的提高。二者的共同点是侧重于正确价值观的树立，偏重于自律教育。普法教育则属于外在的法律规范，侧重于他律教育。

同时，三者又存在不可分割的内在联系。首先，在内容上存在交叉关系。其次，三者在属于主流意识形态方面是一致的，都属于社会主义大德育的组成部分。最后，三者互为基础，相互促进，相得益彰。其中思想政治教育有利于人们从内心树立对社会主义信仰和制度认同，从而为法治建设提供正确的思想保证，是普法教育的先导；道德是人们生活及其行为的共同准则和规范，是法律的底线。一般来说，合于道德的行为就符合法律。因而，道德教育是普法教育的基础。但无论思想政治教育还是思想道德教育都不是万能的，需要法律加以维系和保障，而法律正是依靠国家强制力的外在约束和控制来保障政治和道德教育成效的。因而，三者并行不悖。普法教育与思想政治教育、思想道德教育之间的这种内在关系，要求普法教育要与其他二者相互结合。

二、“三结合”在农村普法教育中的特殊意义

中国共产党有着重视农民思想政治教育的历史传统。一方面，中国共产党自成立以来，始终把农民问题作为首要问题，毛泽东曾经说过，“严重的问题是教育农民。”③邓小平也曾指出：“中国有百分之八十的人口住在农村，中国稳定不稳定首先要看这百分之八十稳定不稳定。”④另一方面，思想政治教育是中国共产党的优良工作传统，在农村地区人口进行卓有成效的思想政治教育活动是做好农民工作的基本与保证。正是因为得到广大农民的衷心拥护，调动起农民的积极性，我国取得了新民主主义革命、社会主义革命和社会主义建设的伟大

---

① 王双群、余仰涛：《法治教育与德治教育的内涵及意义》，载《理论月刊》2006 年第 7 期。

② 陈卓：《道德教育与思想政治教育之比较——基于权力的视角》，载《陕西师范大学学报（哲学社会科学版）》2006 年第 1 期。

③ 《毛泽东选集》（第 4 卷），人民出版社 1991 年版，第 1477 页。

④ 《邓小平文选》（第 3 卷），人民出版社 1993 年版，第 56 页。

胜利。如1961年11月,《中共中央关于在农村进行社会主义教育的指示》指出,"不断地用社会主义的思想教育农民,不断地提高农民群众的政治觉悟和爱国热情,这应当是我们一项经常性工作"①。加强农村思想政治教育工作,是我国取得革命和建设胜利的基本经验之一。

改革开放以来,党和国家不断加强农村思想政治工作。1983年,中共中央专门发出《关于加强农村思想政治工作的通知》,围绕农民尽快富裕这一中心思想,加强农村思想政治教育工作。1995年11月,农业部等部门编写了《农民思想政治教育读本》。2005年10月,十六届五中全会通过的中共中央、国务院《关于推进社会主义新农村建设的若干意见》中也特别强调了加强农村思想政治工作。2008年10月,党的十七届三中全会通过的《关于推进农村改革发展若干重大问题的决定》强调加强农村法制宣传教育,提高农民思想道德素质。2018年的中央一号文件也指出要加强农村思想道德建设,培育和践行社会主义核心价值观。从党和国家的一系列文件来看,加强农村村民思想政治教育尤其是思想道德教育一直是农村工作的重点,是推动农村普法教育工作的助推器。

第五节 "送法下乡"服务村民

"送法下乡"使每个村民都能参与到普法教育中,能够公平地接受普法教育,是改革开放以来经过精心策划、周密部署、产生最强影响力的一种农村普法形式。

一、"送法下乡"在农村普法教育中的体现

"送法下乡"是我国在普法实践中创造的农村普法形式,其具体形式包括法院在农村公开开庭、宣判及法律咨询和各种法治宣传活动。在"一五"至"四五"普法规划中其提法是"法律上门"。"五五"至"八五"普法规划"法律进乡村"作为法律"六进"(进机关、进乡村、进社区、进学校、进企业、进单位)内容之一,成

① 《关于在农村进行社会主义教育的指示》,载中共中央文献研究室主编:《建国以来重要文献选编》第14册,中央文献出版社1997年版。

为农村普法的主要形式和基本模式。“送法下乡”就是把产生于城市的法律制度规则移入农村,优化并统一村民的行动,将其纳入现代化轨道。苏力教授曾指出,这种“送法下乡”是“国家权力试图在其有效权力的边缘地带以司法方式建立或强化自己的权威,使国家权力意求的秩序得以贯彻落实的一种努力”。[①]刘学坤认为“法律下乡在根本上是通过政治组织农村社会的管理形式”。[②] 与此同时,“送法下乡”还肩负着乡村人口由“村民”到“公民”角色转变的重任。如果说乡村原有的秩序体制体现在礼制、乡规民约等乡土规范,那么,“法律下乡”对原有秩序重构的实现,必然要对村民的观念、认知、行为方式等进行变革,习得新时代的处事方式,将法律的价值融入农村社会秩序、内化为村民的价值理念,使之适应并融入新的社会秩序。

自“送法下乡”在实践中产生之后,特别是2000年苏力教授出版《送法下乡——中国基层司法制度研究》一书之后,学术界即围绕“送法下乡”问题展开激烈争论。主要有以下三种观点:一是肯定论。苏力教授等高度肯定了该形式的必要性和必然性。认为它适应我国乡土社会的经济生产方式以及乡土力量的结构组织,并在当时国家权力在农村社会处于孱弱状态下,有助于以司法的方式建立或强化自己的权威,以保证共产党获得强有力的社会基础。[③] 二是否定论。认为中国农村是乡土社会,有其民间法资源,农村是靠这种本体资源调节的。同时,我国法律不健全,法治环境存在诸多问题。在这种缺乏现代法治基础条件下,“送法下乡”只是一种法治浪漫主义或法治理想主义。即使把法律送到农村,也会变形,不能收到什么效果。三是分析论。认为中国进入20世纪后,乡土社会基础发生了根本性的变化,现代土地制度和观念极大影响了农村生活及其行为方式,因而“法律下乡”促使农村人口更多地认同于国家法律。同时,农村社会还受到乡土社会特有的规则所支配,使农村“国家法”和“民间法”既相并存,也存在一定的冲突,因而需要同时加以整合。[④] 有学者还认为,改革开放后农村日益多元化,法律纠纷复杂化,单靠“送法下乡”不能解决复杂的社

① 苏力:《送法下乡——中国基层司法制度研究》,北京大学出版社2011年版,第29－30页。

② 刘学坤:《村落中的法律动员:农村普法的现代性语境和困境》,载《三峡大学学报(人文社会科学版)》2012年第5期。

③ 苏力:《送法下乡——中国基层司法制度研究》,北京大学出版社2011年版,第30－35页。

④ 徐勇:《“法律下乡”:乡土社会的双重法律制度整合》,载《东南学术》2008年第3期。

会矛盾,当前迫切需要的是建立多元化解决纠纷的机制。① 关于"送法下乡"的上述争论,不仅反映了不同学者对中国农村及其法律环境的不同认识,也体现了学者们对"送法下乡"这种普法模式或途径表述的共识。

二、"送法下乡"在农村普法教育中的特殊意义

本书认为,在上述观点中,徐勇指出的和"民间法"并存的论断,比较真实地反映了当代中国农村法治的基本状况,这种状况正是需要"送法下乡"的客观依据。"国家法"和"民间法"并存,既说明"国家法"已在一定程度上深入农村,同时也说明"国家法"在农村的普及还不够深入和全面;既说明"民间法"依然存在,但也表明它已不是完全的传统形态。这两方面特点都需要"送法下乡"。前者需要通过"送法下乡"加以改变,这是法治现代化的必然要求;"民间法"已非完全的传统形态,意味着原有的"熟人社会"正在被打破,现代意识和生活方式正在形成,给"送法下乡"提供了现实基础。而且,现代法治社会建设虽需要汲取"民间法"的一些精华,但它绝不能建立在传统"民间法"的基础上,而应构建在现代法律体系基础上。这就需要在汲取"民间法"精华基础上加以提升,使之成为现代法律体系的有机组成部分。要做到这一点,不得不需要通过"送法下乡"形式,将被改造了的"民间法"普及到农村。尤其在普法初期,当传统"民间法"在农村起广泛作用的条件下,"送法下乡"更是普法的主要形式。因此,"送法下乡"是中国农村普法的必然选择。

其实,"送法下乡"古而有之,贫困农民出身的朱元璋深知"田野之民不知禁令,往往误犯刑宪"。② 法盲因不知法,常常容易犯法,因此,朱元璋在农村推行了一系列的法律宣传措施。如洪武五年,就像对百官一样,"有司于内外府、州、县及乡之里社皆立申明亭,凡境内人民有犯者,书其过、名,榜于亭上,使人有所惩戒"。③ 不仅将罪行公之于众,而且向村民宣教了法律知识。

事实证明,我国开展的各种形式的"送法下乡"确实起到了"润物无声"的作用。以山东省莱芜市为例,2015 年以来,莱芜市通过政府采购的方式,共选配

① 蔡定剑:《单靠"送法下乡"不能解决社会矛盾》,载《南方周末》2010 年 2 月 25 日,第 31 版。

② 林明星:《法制史上一次大规模的普法宣传——〈御制大诰〉的颁行》,载《教学与调研》1994 年第 1 期。

③ 沈家本:《历代刑法考 · 律令九 · 申明亭》。

169 名法律顾问，对全市 1067 个村（社区）实现了全覆盖。法律顾问通过提供普法宣传、法律咨询、法律援助等方式，把法律服务免费送到田间地头，打通了送法下乡的“最后一公里”。到 2017 年 6 月，共举办法治讲座 1.2 万场，化解各种矛盾纠纷达 3500 余起，参与处置群体性事件 96 件。[①] 不少地区开展的普法广播、普法短信等新媒体，更时时刻刻使普法深入千家万户。当然，“送法下乡”作为农村普法在一定历史条件下采取的一种主要形式，其作用的发挥、取得的成效都受到村民和普法人员素质、法律形式、法治环境等因素的影响，致使其效果在不少农村地区还不尽如人意。今后农村普法形式和模式有待进一步完善，但农村普法取得的成就是巨大的，而这些成就在很大程度上是通过各种形式的“送法下乡”取得的。这表明，“送法下乡”是农村普法的一条成功经验。

① 倪弋：《送法下乡有了“村村通”》，载《人民日报》2017 年 6 月 21 日，第 17 版。

第四章　改革开放以来农村普法教育存在的问题及其原因分析

尽管农村普法教育取得了显著成就，积累了丰富宝贵经验，但应清醒看到，在四十余年进程中发生过且至今仍存在不少问题。对这些问题特别是目前存在的问题及其原因进行深入研究，是总结基本经验、推动农村普法教育进入新时代的客观需要。

第一节　农村普法教育存在的问题

一、对农村普法教育的重要性认识不足

即便多年来普法教育一直受到党和国家的高度重视，在过去四十余年的农村普法教育中也已经形成了一种氛围，但是一些地区的普法工作还是流于形式，没有真正发挥作用。这与这些地方、部门领导及工作人员对此项工作重视程度不够有着密切联系。

在领导机构设置上，我国已经形成了党委领导、人大监督、政府实施的领导体制。党中央对普法工作进行了科学的顶层设计，中央全面深化改革委员会、国家教育体制改革领导小组、中央全面依法治国委员会通过相应文件，建立健全了全民普法的主干性、基础性制度；普法教育监督部门是各级人大，同时，推进法治宣传教育立法；政府实施从现有的中央机构设置来看，在司法部设普法与依法治理局，负责拟订法治宣传教育规划并组织实施，指导、监督“谁执法谁普法”普法责任制和国家工作人员学法用法工作的落实，指导各地区各部门各行业依法治理和法治创建工作，推进全民普法。组织对外法治宣传工作，指导

社会主义法治文化建设工作;全国普法办公室隶属于司法部与中宣部,贯彻落实普法与依法治理局的决定、意见和有关指示精神,印发每年的全国普法依法治理工作要点,筹办普法依法治理工作的有关会议和重大活动,制定相关规章制度、考核验收办法等。全国普法办公室主任由司法部部长兼任。在地方司法厅(局),单设普法与依法治理处,负责拟订全省(市)法治宣传教育规划并组织实施;指导、监督全省(市)各地区各部门“谁执法,谁普法”的普法责任制落实,推进全民普法工作;指导、监督全省(市)国家工作人员学法用法工作;指导、监督全省(市)各地区各部门各行业依法治理和基层法治创建工作;指导全省(市)社会主义法治文化建设工作。有的政府职能部门设立普法依法治理领导工作小组,协调、指导、检查普法宣传教育工作等。各级党委宣传部门、司法行政部门和领导小组办公室负责组织、协调、指导和检查普法规划的实施工作。虽然主体分工比较明确,但在具体的职责上,仍然存在重叠和重复,这就容易导致工作上协调不畅、相互推诿。

涉及农村普法工作的基层领导及工作人员对农村普法教育工作的重要性认识不到位的思想和表现,可以分为三大类:

第一类是“用法而不信法”的“法律工具主义”。一些基层干部及工作人员的“法律工具主义”观念根深蒂固,“法律工具主义强调在社会系统中,法律只是实现一定社会目标的工具和手段”。[①] 注重用法治管理而轻视法治教育。尤其是前三个五年普法规划,国家正处于政治调控向依法治理的过渡期,有的基层干部及工作人员认为法律是政策调整的补充,对法律的宣传知识照本宣科,将其视为更有效管理老百姓的手段。甚至还有人对村民普法有所保留,害怕村民法律知识丰富而给领导干部“找麻烦”。这一类型的基层工作人员会经常使用法律,但只是将法律视为“管人”的工具,忽视甚至歪曲法律公平正义的价值。由此导致村民对法律不信任,对普法产生抵触。

第二类是“普法但不信法”的“法律无用论”。有的基层干部及工作人员认为法律无用,普法更无用,片面地认为普法工作是“软性任务”。普法教育是一个长期、复杂的过程,和其他政府工作相比,在短期内很难起效,考评体现难显高低,工作成果看不见摸不着,更加难以用数字量化来表示。因此,一些基层干

① 谢晖:《法律工具主义评析》,载《中国法学》1994年第1期。

部认为普法教育无用,导致这一工作往往被忽视,而将主要精力投入看得见、摸得着、见效快的其他工作中,对于普法工作有时候就是蜻蜓点水,搞花架子,走走过场,在普法之前,随意摘抄一些条文,在工作中无差别地发放,不考虑村民的基本情况和接受程度,一股脑儿地倒给村民,换来的是村民的漠然,也挫伤了施教者的积极性,并由此形成恶性循环。

第三类是“信法但不普法”的“法律精英主义”。有的基层干部及工作人员认为法律的制定、解读和使用是由少数人来掌握的,普通民众遇到法律问题找精英人士求助即可,无须了解法律。多年前曾有媒体报道:某乡镇干部收税未遂要扣押农民,农民大呼,这触犯了《刑法》中非法拘禁处三年以下有期徒刑的规定,镇长气得直言,都是普法惹的祸。① 由此,个别地方在农村普法工作中,敷衍了事,既不注重内容也不注重形式,把法律普及的责任完全寄托于法律精英主体,对上级下达的普法任务根本不重视,上级一下任务,立马布置工作,很快评估考核,就像“一阵狂风刮过”。究其原因,主要是一些官员对普法性质认识的不同。有的人将普法表述为“普法活动”,有的称其为“普法运动”,一字之差,体现出普法作为一项政府行为,究竟是长期常规化的还是短期运动性的。对普法沿用“运动”一词表明不少学者将普法归为运动式治理的范畴,对普法持消极乃至否定性评价,看衰普法的前景。② 这些行为和思想使一些村民对法律更加敬而远之,认为法律是高高在上的,是难以触摸的神圣之物,从心底里产生了距离。

二、农村普法教育供给与村民需求不平衡

党的十九大报告指出,我国社会主要矛盾已经转化为人民日益增长的美好生活需要和不平衡不充分的发展之间的矛盾。这一矛盾也鲜明地体现在农村普法教育的供给与需求不平衡。具体表现为:

1. 在内容上,农村普法教育的供给与村民用法需求、乡村振兴战略发展不匹配。当前,农村普法教育内容的供给,多以法律规则为主,具体表现为法律条文、法律案例等。虽然内容丰富,但是实效不强,很多村民反映知道了法律条

---

① 参见金友:《都是普法惹的祸?》,载《党建文汇:下半月》2001 年第 6 期。

② 付子堂、肖武:《普法的逻辑展开——基于 30 年普法活动的反思与展望》,载《社会科学战线》2017 年第 6 期。

文，但不知道如何运用，其中重要的原因之一就是知识与法律意识中的具体法律理念相脱节，不能够正确或全面地理解法律规定。村民往往持有随意性的法律心理，这种法律心理通常不能全面、深刻地反映法律现象，只是在法律现象在感性层面产生的直观认识，不能达到普法预期的效果。

由于古代社会“诸法合体，刑民不分，以刑为主”的特点，在村民心中，法律往往是一种惩罚机制。从中华人民共和国成立到“改革开放”以前，国家治理偏向政策，给一些村民留下这样的印象，认为只要不做坏事，就不会与法律产生交集。因此，在村民的原有法律规则构成中，义务性规则多，授权性规则少。所谓义务性规则，是指要求人们从事或不从事某种行为的规则，体现在义务主体的约束，为社会秩序提供保障。所谓授权性规范，是指指导人们可以从事或不从事某种行为的规则，体现在权利主体的选择自由，为主体的自主行为和良性互动提供行为模式。现在的农村社会秩序大为改观，文明安定的环境为农村的发展提供了良好的基础，农村社会各方面大跨步的发展需要更多授权性规范的普及教育，造成法律规则供给不够全面。

乡村振兴战略所提出的“产业兴旺、生态宜居、乡风文明、治理有效、生活富裕”的总要求，拓展了村民接触的空间，相应地，普法教育的范围也要扩大。正如 2021 年 4 月，栗战书在乡村振兴促进法实施座谈会上所言，乡村产业不像过去那样就是“种、养、加”了，还有乡村旅游、休闲农业、文体体验、健康养老、电子商务、人工智能、大数据等新产业新业态，同时，现代新兴工业在一些乡村也可以发展起来。现代农村产业可以是一个三次产业融合发展的产业体系。如果还按照之前的思路进行普法教育，势必不能满足当前村民需求。一方面，与乡村振兴战略有关的立法多数为新法或是专门性较强，普法者需要投入大量的时间和精力提升自身的专业水平，难度较大。另一方面，一些普法教育主体还没有意识到村民需求的扩展，还是随大流般按照之前的工作内容进行普法。以“治理有效”目标为例，实现“治理有效”目标的基本方针，就是建立健全自治、法治、德治相结合的乡村治理体系。这就要求农村普法教育由单一法治教育模式，向自治教育、法治教育、德治教育“三教”融合新模式转型。这是解决农村普法理想的对症良方。农村自古就有自治传统并形成过多种自治形式，如乡规民约和乡贤纠纷调解等，改革开放后又有 40 多年的自治经历。实践证明，农村自治符合中国农村的实际情况，是受农民欢迎的一种农村治理形式。同时，农村社会又是一个乡土社会、熟人社会，蕴含着许多优秀的道德规范和礼治秩序。以往农村普法教育模式单纯强调法治教育的作用，忽略了这些资源，从而脱离了农民的内在要求，成为农民忽视普法教育的一个主要原因。实行“三教融合”新模式，有利于找到将法治教育与农村、农民优秀传统相结合的切入点，从而使农村普法模式与农村实际紧密结合，提升农村普法教育的效果。

2. 在形式上，农村普法教育的供给与村民多样化需求、信息化发展趋势错位。随着村民生产生活空间的拓展，农村社会群体分化日益复杂，对普法的方式需求不同。传统的普法形式行政色彩较浓，“官方灌输法意→塑造民众法律意识这条路径，形成了单一单向的从官到民的法律意识传播结构。在这个结构中，缺乏民众的主体性和主动性，缺乏传授者与接受者之间的互动”①。一些地区还采取层层下发方案的方式，使用传统普法形式，造成一些村民对普法形式不够满意。特别是当前信息化技术的影响下，许多年轻人更喜欢利用融媒体等新兴宣传载体，通过微信、微博、App 等平台接收信息。老年人则更喜欢传统的宣讲、条幅、文本等形式，或是影视节目、戏剧、广播等途径获得法律信息。这种不对称不但导致不能有效实现普法效能，在一些情况下，还造成了普法资源的浪费。

三、农村普法教育效果不够理想

历经多轮普法教育，村民的法律素质得到了整体的提高，但是效果仍然不够理想。普法教育的投入与产出没有完全成正比，亦存在各地农村普法效果参差不齐的问题。对标“八五”普法规划中提出的，公民对法律法规的知晓度、法治精神的认同度、法治实践的参与度显著提高，全社会尊法学法守法用法的自觉性和主动性显著增强的主要目标，目前，农村普法教育效果并不理想，主要表现在以下三个方面：

1. 在法治精神方面，村民认识水平相差较大。有的村民信仰法律，并且把法律当作日常生活中的必需品，甚至能帮助他人就某些法律问题出谋划策。还有一些村民没有完全树立法律意识，在遇到问题的时候，首选仍不是法律。还有一小部分村民完全没有树立法律意识，甚至认为法律与己无关。在具体的法律

① 张明新：《对当代中国普法活动的反思》，载《法学》2009 年第 10 期。

意识中，如权利义务观念、程序观念等，表层含义多数村民都有所理解，但是真正适用起来，很多村民并没有把自己放在一个用法的主体位置，还留存“当官的是用法的，老百姓是守法的”的错误观点。

以村民面对法律纠纷解决途径的选择为例，根据笔者曾经做过的问卷调研和访谈，村民选择非法律途径的比例近半，可见法律手段并不是多数村民的首选。在农村社会环境中，受传统思想的影响和法治素养的限制，一些村民对矛盾纠纷解决的目标可能较为极端，要么息事宁人，要么据理力争，这恰恰有悖于法治所追求利益平衡、公平正义等目标。由此，自然而然选择非法律途径。虽然多元化化解基层矛盾是助推乡村治理的有效途径，但是，对法律途径的选择能够在一定程度上体现出村民的法律意识。

另外，普法与守法之间的矛盾在农村表现尤为明显。众所周知，知法的重要成效之一是预测自己行为的法律后果，便于公民包括村民选择和调整自己的行为。但是，当前普法与守法并非成正比，知法与守法不完全同步而行，时有发生的行政官员、司法人员知法犯法的案例就是极好的例证，从而形成公民法治素养普遍提升而犯罪率激增的矛盾。这一矛盾在农村体现得更为明显。就笔者的走访调查，很多村民对于常见的罪名非常熟悉，甚至能够举出近些年的典型案例，但是，农村的犯罪率仍居高不下，正是因为在普法过程中欠缺法律精神的培养。

2. 在法律法规的知晓度方面，村民掌握程度参差不齐。多数村民法律知识局限性大。就笔者的调查与走访情况来看，村民的法律知识认知可以分成为三个层次：初级层次，认为只有杀人放火才涉及法律，其他诸如限用农药、遵守交通规则等是道德层面的问题，不涉及法律。处于这一层次的村民占极少部分，主要集中于年长者或小学以下文化者。中级层次，对法律的认知局限于与自己密切相关的部分，如婚姻法、继承法、土地承包法等。这个层次的村民占绝大多数。高级层次，对法律认知的范围比较广泛，常用的法律能够有所涉猎，这个层次的村民人数较少，多数是新型农业经营主体或是从事乡镇企业这样的与社会交往广泛的群体。在不同的地区，村民的法律知识掌握情况也大有不同，经济条件良好、普法投入比较大的地区往往是普法先进地区，与老少边穷地区相比，普法整体水平明显偏高。

3. 在用法能力方面，部分村民法律素养不高，运用法律能力普遍欠缺。全社会办事依法、遇事找法、解决问题用法、化解矛盾靠法的法治环境显著改善是“八五”普法规划的主要目标。因此,用法能力是衡量普法效果的重要指标之一。法治的本旨是实践性而非理论性,法治是直观的生活方式而非抽象的玄思妙想,每一个具有直观生活感受的民众都可以成为实践法治的主体。① 笔者在走访中发现,村民遇到问题能够表达出现实生活的需求,但多数村民对法律需求表达得比较模糊。村民往往不能说出适用哪些法律,更不知道如何运用法律程序进行维权。具体体现在不会用法和不愿用法。一方面,“知道点法律,但是不知道咋用”是很多村民反馈的信息。正是因为不知道如何适用法律,才导致村民遇事不找法。另一方面,对于村民来说,诸如找村主任解决、找社会关系解决、私了等解决纠纷的方法是多年来在农村使用频率高、村民熟悉且能够有一定预期的方式。这也是用法能力不足的集中体现。

第二节 农村普法教育存在问题的原因分析

法律作为一个独立的子系统,受到其他系统即环境的影响,而普法作为法律子系统中的一部分,也受到法律系统其他要素的影响。因此,农村普法过程中存在的问题,除了法律系统内部其他因素影响外,也受到法律系统之外环境诸多因素影响。

一、社会历史原因

在社会历史方面,造成农村普法教育存在一些问题的原因,主要涉及传统文化的负面影响、城乡二元经济社会结构的制约以及我国法制现代化模式的约束。

(一)传统文化的负面影响

中国延续几千年的传统文化,影响着人们的思维方式和行为习惯,且代代相传。当前,我国建设社会主义法治社会,必然涉及对我国传统文化的扬弃。中国传统文化博大精深,很多思想对当代法治建设有借鉴意义。法家学派提出

① 聂长建、李国强:《实践法治优于理论法治》,载《法制日报》2013 年 6 月 19 日,第 10 版。

了“君臣上下贵贱皆从法”、[1]“以法为本”的思想，还倡导“法不阿贵”[2]“刑无等级”[3]的平等精神。儒家学派虽奉行德治（人治），但也并不完全否定法治，而是实行“德主刑辅”原则。孟子提出的“徒法不足以自行”[4]思想则对执法和普法具有宝贵价值。道家的注重刑德并用、先德后刑的思想，即使在今天仍具有较强的现实意义[5]。

我国传统法律文化虽然存在经过改造而可资借鉴的成分，但其主体是封建专制主义和小农经济的产物，对当代中国法治建设而言，有一定的负面影响“农村是传统文化积淀最深厚的地方，相应的农民也是受传统文化熏陶最多的人群”[6]。影响农村普法教育的传统文化的负面影响主要包括以下三个方面：

第一，“好面子”思想。儒家的“和谐”思想的价值目标是追求秩序和谐，在今天仍是世界人民所追寻的梦想。这一思想内化于心便是“和为贵”的心态。中华民族几千年的传统农业大国历史，社会比较封闭，个人生存特别依靠周边资源，由此产生了熟人社会的传统。“熟人型”社会加上“和为贵”心态就形成了“重人情、讲面子”的社会特点。正如法国比较法学家勒内·达维德说过的：“中国人一般不用法生活。他们对法律制定些什么规定不感兴趣，也不愿站到法官的面前，他们处理与人的关系以是否合乎情理为准则。他们不要求什么权利，要的是和睦相处与和谐。”[7]“熟人之间一般不需要法律，或者需要很少的法律”。[8] 因此，在矛盾纠纷的处理上，人们不愿意“大动干戈”，尤其是在农村，人群集聚的稳定性强，其熟人性质更明显。在村民的观念里，“好事不出门，坏事传千里”，“打官司丢人”，“打官司结仇”，由此产生“息讼”和“厌讼”甚至“惧诉”的现象。

第二，“官本位”思想。我国自古以来具有“人治”和“礼制”的传统思想，这些思想对于社会的稳定、有序起到关键作用。但受这些思想长期影响，人们“官

① 《管子·任法》。
② 《韩非子·有度》。
③ 《商书·赏刑篇》。
④ 《孟子·离娄上》。
⑤ 郑学宝、张剑伟：《道家法治思想及其现代意义》，载《人民日报》2015年11月2日，第15版。
⑥ 王正中：《中国农民现代化及其推进策略》，合肥工业大学出版社2008年版，第156页。
⑦ 彭吉黔：《传统文化背景下的中国立法路径思考》，载《社会科学家》2012年第11期。
⑧ 费孝通：《乡土中国与乡土重建》，时代风云出版社1993年版，第110页。

本位”的观念根深蒂固。中国古代的“法”本质上是以“法”的名义行“人治”之实。诸如“有治人,无治法”“以法治国”“事断于法”“以法为本”等,此“法”均为“法律”,即以法律为工具,维护君主和特权阶级的利益,而法律体现的是君主意志,因此其本质是“人治”。“礼制”不仅是古代国家治国理政的纲领,也是评判他人的道德依据。比如,古代的“君为臣纲”“亲亲、尊尊”“父为子纲,夫为妻纲”等。费孝通先生认为,“礼是社会公认合适的行为规范,维持礼这种规范就是一种传统”①。按照这些传统思想,人们认为,“朝中有人好办事”,在农村尤其如此。这直接导致两个后果:一是部分领导干部以权谋私;二是百姓遇到难题首先想到的就是“找熟人、托关系”,认为“人情大于法律”,宁愿“私了”,宁愿上访,也不信任法律途径。这些均导致村民欠缺主体意识、平等观念。

第三,“随大流”思想。人们总觉得跟着多数人做,基本就是对的,至少不会被惩罚,于是就形成了“随大流”的思想。这是心理学上的一种普遍社会心理和行为现象,即“从众心理”。其实,这种心理的根源就在于“法不责众”。社会心理学家穆扎弗·谢里夫认为,“与群体保持一致会使人们特别容易获得证实自己的决策是正确的解释”,在具体情境中,尽管某一群体的一致性是临时性的,但成员都会自我认定为同一群体,应一致对外,由此形成群体内成员彼此认同,同仇敌忾,将诸如执法或司法者视为外群体。即便群体内有奉公守法的公民,也被这一临时的利益群体和“法不责众”的观念迷失双眼。由于破窗效应的作用,“随大流”现象会严重破坏国家法治进程,甚至激发恶劣的违法行为。在农村,“随大流”观念更为明显:一方面由于乡里乡亲关系密切,更容易抱团成伙;另一方面部分村民的综合素质有待提高,容易受外界因素影响,更容易导致农村的群体性事件。如果多数人都不遵纪守法,形成此种风气,会很快传染到周围的村民。当然,如果这一传统观念能够被科学地利用,营造良好的法治氛围,也将有事半功倍的效果。

除此之外,还有其他一些与法有关的传统思想影响着村民法律意识的树立。比如,重刑轻民的传统思想,由于我国古代立法就是重视刑法而轻视民法,所以,在很多中国人的观念中,法就是刑法,触犯法律就有可能受刑,使其产生对法律的排斥与恐惧;“重实体轻程序”思想,人们往往重视法律的权利义务规

---

① 费孝通:《乡土中国》,生活·读书·新知三联书店1985年版,第50页。

定，而忽视甚至无视如何享有权利或履行义务，在某种程度上，导致法律秩序的混乱、低效，也增大了人们用法的难度。

（二）城乡二元经济社会结构的制约

20 世纪 50 年代初期，我国大力进行经济建设。当时，我国的经济基础是以农业经济为主体，为了实现工业化，我国选择学习并借鉴苏联社会主义模式，采取并建立了计划经济的体制。城乡二元结构体制就是其中的一个重要组成部分，是为计划经济体制服务的。[①] 我国的城乡二元结构本质上是把我国公民分为城、乡两类，且对其实施不同的政策。

该结构体制的实施对促进我国工业化进程确实起到明显的推动作用。但是，长期实施城乡二元结构，也逐渐显露出种种弊端，农村的村民不能像城市市民一样获得相关的社会福利，造成了社会的不公平，抑制了村民生产积极性，甚至造成城乡居民之间的社会区隔，具体体现在：计划经济体制下限量供应的数量差异，人大代表实行城乡按不同人口比例选举，人身损害赔偿的“同命不同价”等。尽管 1978 年农村实行家庭联产承包责任制，调动了村民的积极性，农业产值大增，出现了剩余农村劳动力，对城乡二元结构进行了一次冲击，但是，由于户籍制度的封闭，城、乡仍然各为一体。后来，农村出现了乡镇企业、村民进城务工等现象，成为 20 世纪 80 年代到 90 年代农村剩余劳动力的出路。尤其是乡镇企业的出现，被誉为“农民的第二个伟大创造”。邓小平南方谈话之后，农民工涌入城市，之前的农民工“离土不离乡”变为“离土又离乡”。然而，大量农民工进城，即便为城市提供了很多服务，创造了巨大的财富，可是由于农民工的户籍仍在农村，并没有真正融入城市生活，没有享有应有的社会服务，相应的社会保障没有到位，由此形成了在城市里的“二元结构”，即市民与农民工的双重标准。

进入 21 世纪，尤其是党的十六大以来，党中央提出统筹城乡经济社会发展的方针，建立“以工促农，以城带乡”的机制等，但我国工农、城乡和地区的三大差别仍然很大，甚至在 2002 年党的十六大报告中，提出该三大差距还有扩大趋

---

① 陆学艺、杨桂宏：《破除城乡二元结构体制是解决“三农”问题的根本途径》，载《中国农业大学学报（社会科学版）》2013 年第 3 期。

势。其重要原因就是在城市尤其是二、三产业,已经建立起了社会主义市场经济,冲破了计划经济体制的束缚,经济迅猛发展,充满活力和生机。在农村,户籍制度和集体所有的土地制度等仍未改变,即便这些年来,党中央一向重视“三农”问题,而且为此投入了大量的精力,但我国的农业基础仍然薄弱,农村发展仍然滞后,农民增收仍然困难。正如 2021 年中央一号文件所提到的,全面建设社会主义现代化国家,实现中华民族伟大复兴,最艰巨最繁重的任务依然在农村,最广泛最深厚的基础依然在农村。解决好发展不平衡不充分问题,重点难点在“三农”,迫切需要补齐农业农村“短板”,推动城乡协调发展。

“城乡二元”结构造成的城乡差异体现在方方面面,也同样出现在普法工作中。城乡的不同特点,普法的政治、经济、文化基础差异巨大,为全国范围的普法工作同步推进增加了难度,成为影响农村普法效果的重要因素之一。主要体现在以下几个方面:

第一,思想意识的差异导致普法适用性差。长期实行的城乡二元结构体制,不仅造成了城市和农村在物质上存在差距,在思想领域的差距也较大。根据适用地域为标准,可以将普法的内容分为适用全国的法律和适用农村的法律,后者的制定和实施源于农村,普及起来难度较小,但适用全国的法律,诸如有关市场经济的法律、有关政治生活等方面的法律,其制定的基础是较农村先进的城市生活,具有现代化和前瞻性特点,对于这些法律,农村地区接受起来显然要困难得多。

第二,经济发展的差异导致普法效率低。城乡的经济差距已经存在多年,且这种差距“马太效应”现象明显。这一表现不仅体现在村民的法律意识相对城市居民比较落后,而且体现在农村普法工作的物质性供给上。由于人力、物力和财力的限制,农村地区普法的投入相对较少,造成普法手段单一,一些农村地区的普法方式还仅限于简单的召集村民大会,宣读普法材料;一些农村地区普法材料简单,诸如简陋的文本复印件、村委会大院板书等。

第三,人口流动性大导致普法持续性差。农村剩余劳动力涌入城市务工已经是社会的普遍现象,国家统计局网站发布的我国 2020 年国民经济和社会发展统计公报显示,2020 年全国农民工总量 28560 万人,比上年下降 1.8%。其中,外出农民工 16959 万人，下降 2.7%；本地农民工 11601 万人，下降 0.4%。[①] 其实，如何加强流动人口的普法教育早已引起国家的关注，“五五”普法规划就强调突出加强进城务工人员的普法教育，对其普法从“属人主义”变为“属地主义”，然而，农民工的工作地点并不固定，这就导致对其普法教育缺乏持续性。

当然，城乡二元经济社会结构的问题早已为我们国家所重视，并出台了逐渐协调并完善城乡关系的相关文件。2002 年，中央农村工作会议首次提出“多予，少取，放活”的方针；2003 年，党的十六届三中全会提出“建立有利于逐步改变城乡二元经济结构的体制”；2004 年，党的十六届四中全会提出城乡协调发展；2007 年，党的十七大报告提出“要形成城乡经济社会一体化的新格局”；2012 年，党的十八大报告指出：“城乡发展一体化是解决‘三农’问题的根本途径”[②]；2017 年，党的十九大报告中提出的乡村振兴战略目标是“建立健全城乡融合发展体制机制和政策体系，加快推进农业农村现代化”。[③] 从“城乡协调”到“城乡一体”再到“城乡融合”，体现了党和国家对城乡关系改善的渐进思路，城乡关系逐步走上城乡平等、资源互通、相互融合的道路。当然，城乡二元经济社会结构体制经过多年的实施渗透到农村经济、社会的方方面面，要使农村地区真正实现城乡融合发展，必须做好顶层设计，从户籍制度改革、土地制度改革和财政金融体制等方面入手，有计划、有组织、有重点、有层次地逐步推进。

（三）我国法制现代化模式的约束

通说认为，按照动力来源，法制现代化理论将国家现代化模式分为内发型、外发型和混合型三种。我国属于典型的混合型法制现代化模式，即内外因素共同作用下，由传统法制走向现代法治。一方面，我国法制现代化不断推进的根源，是我国内部一直处于不断变化着的各种经济、政治、社会、文化等因素。我国法制现代化启动之时，我国已经孕育了资本主义萌芽，对法律变革产生了内在的决定因素。时至今日，我国全面推进中国特色社会主义法治建设发展的强

---

① 《国家统计局：2020 年全国农民工总量 28560 万人》，载国家统计局网 2021 年 2 月 28 日，https://www.163.com/dy/article/G3U7BF9B0519QIKK.html。

② 胡锦涛：《坚定不移沿着中国特色社会主义道路前进　为全面建成小康社会而奋斗——在中国共产党第十八次全国代表大会上的报告》，人民出版社 2012 年版，第 22 页。

③ 习近平：《决胜全面建成小康社会　夺取新时代中国特色社会主义伟大胜利——在中国共产党第十九次全国代表大会上的报告》，人民出版社 2017 年版，第 32 页。

大持久动力,仍然是我国社会的发展的内部因素。另一方面,我国的法制发展也不断受到西方法律文化的影响。从戊戌变法到清末法制改革,从临时政府的法制发展到北洋政府和南京国民政府的法制建设,都在不同程度上受到西方法律的影响。以上我国法制现代化模式的特点对农村普法教育有着直接的影响。

第一,中国法制现代化的历史背景影响普法受众群体的主动性。20 世纪初,我国面临着内忧外患,"法治"便成了国家构建的手段,但它并不是作为独立的调控社会的手段出现的,而是作为行政管理的辅助,在很多情况下,这一手段不但没有成为限制权力的制约,反而成了权力扩张的手段。这样的历史背景,会造成人们陷入"法律工具主义"的倾向。

法律工具主义是一种关于法律本质和法律功能的法学世界观和法学认识论。它强调在社会系统中,法律只是实现一定社会目标的工具和手段。[①]《史记》记载"法者,治之具也"。在古代,法律就被视为一种工具,尤其是在人治社会,将法作为工具,实现少数统治阶级的利益。在一定程度上,不可否认,法律确实是一种工具,政府通过法律管理社会,民众通过法律维护权益……但法律不仅仅是一种工具,还有其他价值体现。这就会产生对法的价值的误导,导致法律的作用虚化。既然法律只是一种工具,那么,有的人就会产生功利甚至投机想法,"如果法律对我有利,即为我所用,如果对我不利,我便绕道而行"。把法律看成物品,舍用自由。法律只是工具之一,可以选择其他工具替代法律,在一部分人心中,法律成了一种临时性的东西,导致法律既不让人信服,也不让人安心。最终使法律的工具价值走向无价值,严重降低人们对法律的期待值,使人们对法律的接受处于一种被动的状态,学习的主动性不足。

第二,中国法制现代化的内部因素影响普法受众群体的接受度。西方发达国家是内发型法制现代化,他们的法律制度在自然发生的过程中逐渐演变并固定下来,很多制度都是公民习惯的固定,有着深厚的社会基础,因此,法律制度与习惯之间可以无缝对接,至少差距不大。与此相对应,其公民的法治教育同样具有原生性,普法教育也是自然推进,水到渠成,对法律接受起来比较容易。在中国,虽然法制现代化过程的传统因素一直未曾停止,但将习惯固定为法律比较有限,尤其是农村地区的一些行为模式与城市相比相对落后,能够将习惯

---

① 谢晖:《法律工具主义评析》,载《中国法学》1994 年第 1 期。

固定为法律规范或制度相对有限，即便有些习惯固定为法律，这些习惯也多出自城市生活的实践，所以，对与自己生活有距离的法律规定，村民接受起来相对困难。

第三，中国法制现代化过程中的法律移植对接不畅影响普法效果。法律移植是指特定国家或地区的某种法律规则或制度移植到其他国家或地区。[①] 从清朝末年法制改革开始，中国法制现代化发展过程中法律移植就没有间断过。在新中国成立伊始，我国并没有多少现成的适合当时情况的法律，多数都是借鉴了他国的法律，当时，因为与苏联同为社会主义国家，我国对苏联的法律移植的较多。法律移植虽然不是法律照搬，但也会出现与本国现实生活不相匹配的问题。如果说法律移植反映了立法中的法治精英化，是民主立法的第一道障碍，民众参与不足则更拉大了法律与民众之间的距离。[②] 民众参与立法的意识和实践不足，导致立法内容、技术以及表达都与民众认知存在差距，形成法治精英化，令民众接受难度加大。由于我国城乡差别没有消除，村民权利意识一直尚未完全建立。一方面，有的法律的制定超出了农村地区的物质承受能力。众所周知，农村的经济水平总体上低于城市，尤其是偏远山区，很多法律没有适用的物质基础。另一方面，有的法律的制定超出了村民的心理承受能力。在农村地区，“熟人社会”一直是基本常态，村民有共同的是非准则、处事原则和价值标准，导致其对“外来”的法律推行缺乏心理基础，村民接受起来难度加大，因而普法选择自上而下地推行就不难理解了。可以说，如果法律移植不能很好地本土化，不能为民众认可，就会导致普法受众难以接受，影响普法效果。

二、法治环境原因

正如徐显明教授所言，“立法要追求法律的统一性，执法要有一个忠实于法律的公务员队伍，再加上一个独立的公正的司法系统，最后还有一个发达的法学教育给社会提供法治理念、提供法治的主体。只有这几项合起来，我们才可以说，构筑法治的基本条件已经具备了”。[③] 我国法治建设并非均衡发展，地区

---

① 沈宗灵：《论法律移植与比较法学》，载《外国法译评》1995 年第 1 期。

② 付子堂、肖武：《普法的逻辑展开——基于 30 年普法活动的反思与展望》，载《社会科学战线》2017 年第 6 期。

③ 徐显明：《和谐社会中的法治》，载《文汇报》2006 年 11 月 5 日，第 6 版。

性差别较大。一方面,与城市相比,农村法治建设水平明显落后。另一方面,农村法治水平又各不相同,法治化水平的高低往往由当地的经济发展水平决定。

应当看到,当下农村地区的法治建设是在从伦理共同体走向法律共同体这一特殊背景之下开展的。之前,农村“熟人社会”特点显著,农村地理位置多偏僻,与外界交往不多,人员流动性小,很多村落的居民或远或近带有亲戚关系,即便没有亲戚关系,多年的相邻,早已“近邻超越远亲”了,这导致农村环境小而稳,人与人交往密切,形成了熟人社会。熟人社会最大的特点就是信誉保证机制。在农村,无须合同法的适用,因为一个人的一次不诚信,就会全村皆知,下次就不会再有人与其合作;也无须社会治安管理处罚法,因为一次扰乱乡村秩序,就会遭到全村人的唾弃,家族也会蒙羞……因此,村民绝不允许自己身上有道德瑕疵,从而最大程度进行自我约束。长此以往,自然生出一套人们该做什么、不该做什么的规矩,这套规矩历久便成了农村心照不宣的民间法,充当法律的作用。在这种秩序下,法律的介入就可能显得突兀,引起村民反感。

党的十八届四中全会指出:“全面推进依法治国,基础在基层,工作重点在基层。”农村作为国家治理体系的最末端,其法治建设也是最薄弱的一环。① 从客观上,当前农村法治环境主要存在以下共性问题:

(一)“三农”立法有待完备

十一届全国人大四次会议宣布中国特色社会主义法律体系已形成。当前,立法供给不足的矛盾基本解决,立法工作的重心已从解决无法可依的数量问题转向实现良法善治的质量问题。②

第一,“三农”立法空白的问题。农村地区有其独特的区域特点,很多领域需要单独立法。有一些重要的法律至今尚未制定出来,如粮食安全保障、农业资源、生态文明、农业新型经营主体、农村金融、农村数字经济等领域的法律。

第二,“三农”立法陈旧的问题。当前我国有 27 部“三农”专门法律,其中多数是 20 世纪 90 年代和 21 世纪初制定的,有的条款计划经济色彩较浓,不适应

① 吴理财、杨刚、徐琴:《新时代乡村治理体系重构:自治、法治、德治的统一》,载《云南行政学院学报》2018 年第 4 期。

② 郑文睿:《新时代科学立法民主立法依法立法的价值意蕴》,载《光明日报》2018 年 5 月 31 日,第 6 版。

目前我国农村地区的实际需要,许多复杂的问题找不到法律处理依据。

第三,"三农"法律的可操作性和系统性的问题。有部分法律可操作性不强。法律原则体现法律精神,法律规则具体规范行为,明确假设条件、行为模式和法律后果,给人们以具体的指引。但是,一些"三农"立法法律原则和倡导性规定多,具体法律规则较少。这不仅是由于立法过程中,各个部门或相关群体相互博弈的后果,还涉及农业法律、行政法规、部门规章、地方性法规、相关政策的衔接统一。这也是当前我国"三农"立法亟须解决的问题。

第四,已有"三农"法律忽视村民权利的保护。现行很多立法注重对村民的义务或是偏重管理规定,导致村民认为法律只与政府或干部有关,自己只要不做违法的事就不会与法律产生交集,由此,村民与法律就日益疏远。

(二)农村执法有待规范

"天下之事,不难于立法,而难于法之必行。"很长一段时间,我国都存在重视立法而忽视执法的问题,再加上法律运行机制不健全,执法中受外界影响干预较大,虽然经过多年的大力改革,情况大为改观,但是,农村地区执法规范仍是法治农村建设的突出问题。

第一,农村执法工作质量有待提高。农村地区熟人社会的生活习惯,使人情大于法理的现象普遍存在,虽然经过多年的改革,依法治村成效显著。但是,当前村民口口相传的"黑头(法律)不如红头(文件),红头不如白头(特定范围的传阅件),白头不如口头(领导口头批示)"①仍是一些农村地区执法的写照。这说明,农村地区仍然存在有法不依、执法不严的问题,执法人员权责不明,甚至多头执法,执法过程不合法、不公开、随意性大。特别是农业综合行政执法改革过程中,一些地方仅完成了农业综合行政执法机构挂牌工作,基层普遍存在执法经费不足、装备条件保障不足的问题,尤其是协同执法信息平台急需完善。

第二,农村执法人员素质有待提高。长期从事基层执法工作,对农村执法人员的要求不仅仅限于熟知国家法律和政策,还要有较强的沟通能力,能够动之以情,晓之以理,让村民心服口服。然而,农村的执法人员没有完全达到上述要求,部分执法人员严抠文件字眼,工作方式生硬。另外,农业综合行政执法队

---

① 丁关良:《中国农村法治基本问题研究》,中国农业出版社2001年版,第287页。

伍中很多新进执法人员教育背景不是法学专业或没有从事过执法工作,不敢、不会、不愿执法办案的情况时有发生。这都影响了党群、干群关系,挫伤了村民学法、用法的积极性,降低了村民对法律的期望,影响农村法治化进程。

(三)农村司法工作水平有待进一步提升

"一次不公正的裁判,其恶果甚至超过十次犯罪。因为犯罪虽是无视法律——好比污染了水流,而不公正的审判则毁坏法律——好比污染了水源。"① 美国现实主义法学家卡尔·卢埃林将法律分为"纸面规则"与"实在规则"。"纸面规则"是指关于法律的书面表述,即书本上所讲的"法律"。"实在规则"是指法院、行政机构和公共官员的具体行动和真实实践。② 人们往往习惯用直观的思维判断事物,更加注重"实在规则",这样就容易陷入以偏概全、把偶然当必然的怪圈。尤其是村民往往通过自己朴素的判断,通过某一个或某几个案例,甚至是道听途说,就来评价法院、检察院的工作。"公民对法律的遵守,并非取决于法律知识的占有及其量度,而取决于对法律的信任感的确立。"③因此,农村的司法状况直接影响着村民对法治的认识。当前,农村司法具体存在以下问题:

第一,司法管理体制改革在农村地区没有完全到位。党的十八届三中全会提出:"确保依法独立公正行使审判权检察权,改革司法管理体制。"这是因为我国司法体系依法独立公正行使审判权检察权曾经受到严重干扰,之前司法机关的人财物由同级政府划拨管理。这就导致司法机关对政府在财政上的依赖性强,难以完全摆脱来自各方的干扰。截至 2017 年 11 月,我国绝大多数省份已经实行了省以下地方法院、检察院人财物统一管理,司法环境得到极大改善。但不可否认,原有体制的影响仍有余温,政府干预司法的现象并没有完全消除。一旦村民有了纠纷,尤其是民告官的案件,有的时候政府为了"大局安定",就会出乎干预司法公正就得不到保障。特别是乡镇的派出法庭,权限小、人员少,处理问题最贴近基层,相对复杂,很多问题的处理不免受到政府的干预,因此,这一问题在个别地区仍然存在。

第二,农村"执行难"问题有待进一步解决。即使真的有了判决结果,执行

---

① [英]弗兰西斯·培根:《论人生》,何新译,上海人民出版社 1985 年版,第 104 页。

② 郭星华:《法社会学教程》,中国人民大学出版社 2011 年版,第 41 页。

③ 汪太贤:《从"受体"的立场与视角看"普法"的限度》,载《探索》2006 年第 1 期。

起来并不容易。司法本身就是维护人民权益的最后一道屏障,当村民对这最后一道屏障失去信心,法律的权威就无从谈起,法律的普及与适用也就难上加难了。虽然近些年司法部门出台了一系列举措,诸如"限制高消费""限制出境"等手段,确实起到了一定的作用,但是,由于农村的社会经济发展普遍低于城市,一些手段对于农村不具有适用性。比如,在农村这样一个熟人社会,乡邻长期同地居住,如果执行法官向乡邻打听被执行人情况时,乡邻可能多有顾虑,难以积极主动配合法官履职。

第三,农村司法工作人员素质参差不齐。农村司法工作人员主要包括农村基层法庭的司法工作人员,农村基层司法所助理员和司法协理员。截至 2021 年 6 月,全国法院实际运行的人民法庭有 10145 个,其中,全国有乡村法庭 6201 个、城市法庭 1234 个、城乡结合法庭 2710 个。① 截至 2021 年 10 月,全国 3.9 万多个司法所作为司法行政机关的"神经末梢"扎根基层,全国司法所工作人员达到 14 万余人。② 虽然尚未查到农村司法所及其工作人员所占比例,但农村司法所肩负社区矫正、化解矛盾、法治宣传、依法治理等重任不容忽视,决定着司法服务"最后一公里"的效能。农村司法工作人员所面临的农村矛盾纠纷关系复杂,可能既涉及乡风民俗、世态人情,还有可能是社会转型中的新型案件,对于司法工作人员既要追求案件处理的公平正义,兼顾习惯、人情、伦理等,也要注意办案或调解的价值取向和方式方法,要求非常高。当前,我国农村司法工作人员素质相差较大,有的地区比如上海市要求每个司法所至少配备 1 名具备法律职业资格的工作人员,也有的地区还存在"一人一所"现象,在人员数量和服务能力上都无法满足农村群众的需求。

(四)农村纠纷解决机制不够健全

当前我国农村社会正处于转型期、矛盾凸显期,农村纠纷的解决方式多元化对于农村地区的稳定与发展事关重要。从总体上看,农村纠纷呈现出一些新的特点:一是纠纷类型领域扩展,以往以土地、家庭为中心的农村矛盾,现在扩展到合同、人身权、知识产权等更为广阔的领域。二是解决方式由家族调解转

---

① 孙莹:《最高法:强化人民法庭建设　服务全面推进乡村振兴和基层社会治理》,载最高人民法院官方百家号 2021 年 7 月 27 日。

② 张晨:《发挥司法所职能作用夯实基层法治根基》,载《法治日报》2021 年 10 月 28 日,第 1 版。

为社会调解。随着农村市场经济的发展,村民面对很多纠纷矛盾不再限于选择家族调解,出现了多途径解决的需求。三是法律解决途径升温。随着村民法治素养的提升和基层司法环境的改善,越来越多村民选择法律途径解决矛盾。

传统农村纠纷解决往往由如下两类主体进行:一是家族权威者。家族权威者一般是宗族的长者或族长,他们德高望重且阅历丰富,对本家族所涉及矛盾纠纷的来龙去脉、前因后果比较熟知,加之对当地的村规民约、风俗习惯了如指掌,处理问题比较妥当。受长幼有序传统家族观念的影响,当事人对调解结果更容易口服心服。家族权力或家族权威,实际上成了国家权力缺席时的替代物。① 当人们认同或愿意服从某种权威时,这种权威也就在维系社会秩序中发挥控制功能。② 二是村干部。主要包括村党支部干部、村民委员会干部等。在村民眼中,他们代表国家权力,带有一种天然的信任感。特别是驻村干部,村民会认为他们身上承载着更多的解决办法,能够跳出其认知范围,获得更加合理的问题解决方式。

与城市相比,农村地区的纠纷解决中,情感因素和人际关系因素占比大,因此,在处理上要在情理和法理、传统与现代中寻求平衡点。如果一味地寻求诉讼方式,一方面司法资源有限,另一方面诉讼方式可能达不到维持乡情关系的效果,因此,在现有的农村法治环境、村民法治素养的情况下,非常有必要建立起诉讼与非诉讼相结合的多元化农村纠纷解决机制,引导和支持村民理性表达诉求,强化法律在维护群众权益中的地位。

目前为农村提供的纠纷解决途径远不能满足其需要。当前,农村纠纷多元化解决机制主要是以人民调解、村委会调解、司法机关调解、行政调解等为核心,以定分止争为目标。农村纠纷多元化解决机制存在的共性问题主要包括两个方面:一方面,有些地区调解机制不完备,只有一种或两种途径可以选择,而且尚未建立临时性纠纷解决机制和可供满足多种需要的纠纷解决体系。另一方面,解决能力有限,在农村这样一个"熟人社会",纠纷调解难度较大,不仅需要合理合法地解决纠纷,还要使双方当事人今后能够继续和睦相处,这就需要调解人更加了解情况,促进纠纷双方"求同存异"。这为农村纠纷解决机制提出

① 参见喻中:《宗族权力与乡村秩序》,载《博览群书》2006 年第 1 期。

② 陆益龙:《纠纷解决的法社会学研究问题及范式》,载《湖南社会科学》2009 年第 1 期。

了更高的要求。

（五）农村法治文化氛围不够浓厚

“法治纸面化”的根本原因是法治文化的缺失，法治文化是法治国家得以建构的深层次观念因素。[①] 历史文化的积淀以及四十余年的普法教育给农村打下了一定的法治文化基础，营造了一定的法治文化氛围。同时，随着村民生活环境走向开放，村民与外界的交流增多，新的观念和文化涌入农村。同时，农村长期形成的稳定的“礼治”文化也没有因为外来文化而消失。当前的农村文化呈现多元化，其中的法治文化仍然不足。法治文化主要体现在物质性法治文化和精神性法治文化两个方面。

所谓物质性法治文化，就是体现在有形的物质载体的法治文化现象，诸如传统的法治文化长廊、公园、文化墙、标语等。基于近年来信息化时代文化传播的新趋势，“互联网＋法治文化”传播形式丰富多彩，通过网站、微信、微博、App等途径，打造法治文化新载体。除此之外，以社会主义法治文化建设为主题的影视、文学、戏剧、曲艺等作品层出不穷，极大丰富了法治文化产品，打造出一批法治文化精品。形式多样的法治宣传教育让人民群众在休闲娱乐中接受文化熏陶、感受法治力量。村民能近距离地感受法治文化，潜移默化地接受法治熏陶。在这方面一般经济比较发达的农村做得相对较好，经济欠发达尤其是贫困的农村地区的物质性法治文化建设落后，有的还停留在黑板报、挂条幅等初级水平，甚至有的农村地区在物质性法治文化方面仍然空白。

所谓精神性法治文化，就是体现在意识观念上的法治文化现象，诸如村民的法律信仰、法治观念、法律意识等。该类法治文化的营造程度难以通过数据或实物来评判，通常是体现在村民的精神风貌、处事方式等方面。不少农村地区法治思想还没有完全贯彻到村民的思想和行为方式里。

三、村民自身原因

农村普法教育存在诸多问题，除了社会历史原因、法治环境原因外，村民自

---

① 宋振威、熊文钊：《学习习近平关于全民普法的重要论述》，载《重庆理工大学学报（社会科学）》2021年第3期。

身也存在导致上述问题的原因,具体包括村民受教育程度不高、思想政治意识较淡薄、物质生活水平较低。

(一)受教育程度不高

法律素质的高低与受教育程度密切相关。邓小平同志在《在全体人民中树立法制观念》一文中指出:“法制观念与人们的文化素质有关。现在这么多青年人犯罪,无法无天,没有顾忌,一个原因是文化素质太低。”①受教育程度的高低,直接影响村民对法律的接受、理解、运用等能力。改革开放以来,我国的教育事业整体上得到了显著发展,但是文化素质较高的人往往集中于城市。据资料统计,目前我国农村劳动力的平均受教育年限为7.7年,而城市为12.2年。一方面,农村仍然明显落后,师资条件和教育环境也相对薄弱,农村的教育条件整体落后于城市。另一方面,优秀的人才也不断涌入城市工作与生活。由此导致农村人口整体文化素质低于城市人口。笔者走访调查发现,在年龄上,年龄较大的村民,法律素质偏低,这与本身的文化素质和接触学习新事物的能力有关。年轻村民的文化基础相对较好,整体素质和思想观念相对开放。在学历上,学历越高的村民,法律素质与法律需求越高。因此,村民的法治素养与受教育程度息息相关。当前,村民受教育程度不高主要体现在以下几个方面:

第一,村民学习、教育观念有待矫正。村民是否重视自身的学习和对子女的教育,往往受社会风气影响,典型的就是“读书无用论”对农村的影响。随着高校招生扩招,每年都有大批毕业生步入社会,就业压力较大。在一些农村学校,放弃高考的学生甚至高达三成。在社会变革或转型时期,人们的思想尤其是村民的思想缺乏客观判断,很容易被一些表面现象所左右,这是农村地区的人口整体素质低于城市的重要原因之一。

第二,农村义务教育水平有待提高。东北师范大学农村教育发展研究院发布的《2017年中国农村教育发展报告》显示,2016年我国义务阶段受教的在校生为1.42亿人,其中农村地区9485.78人,占到全国总数的三分之二。这说明农村人口占义务教育人口的大部分,农村地区的义务教育是全国义务教育的重心。自1986年《义务教育法》颁布实施至今已有三十余年,我国的义务教育整

① 《邓小平文选》(第3卷),人民出版社1993年版,第163页。

体大为改观,但仍存在地区不平衡、基础设施不均衡、教师队伍素质有待提高、生源不稳定等问题。除了城乡义务教育差异之外,农村地区尤其是在老少边穷地区,义务教育的现实情况堪忧。2005 年,国务院下发《关于深化农村义务教育经费保障机制改革的通知》。2006 年,国务院决定专门成立全国农村义务教育经费保障机制改革领导小组,目的就是加强对全国农村义务教育经费的保障。但是时至今日,仍然存在责任不明确、经费供需矛盾、教育资源配置不尽合理等问题,不利于农村义务教育事业健康发展。此外,农村教师待遇低,《2017 年中国农村教育发展报告》显示,乡村教师平均月收入 3550 元,虽高于县城教师的 3446 元,但与城市教师相比差距仍然很大。在数量上,农村教师严重缺编,一位教师同时教几个年级学生的情况不在少数。虽然教育部门为了控制农村教师流入流出的平衡性,实施了轮岗、支教等一系列城乡教师交流政策,但效果有限,农村义务教育优秀教师的数量依然在减少。①

第三,农村教育存在典型难题。其主要包括农民工子女教育和留守儿童教育问题。在农民工子女教育问题上。2013 年,全国人大代表朱雪芹在谈到农民工子女犯罪时提到,上海市未成年犯管教所内八成孩子是农民工子女。② 江淮晨报记者采访发现,安徽省未成年犯管教所内,七成孩子是农民工子女。③ 这都是因为农民工作为城市的流动特殊群体,本身的收入和社会地位比较低,文化素质有限,再加上工作不稳定,对子女疏于管教,同时子女容易在心理上产生自卑心理,逃学、染网瘾等现象严重。在留守儿童教育问题上。2016 年 3 月底,民政部、教育部、公安部在全国范围内联合开展农村义务教育进城务工人员随迁子女留守儿童摸底排查工作。不满 16 周岁的农村留守儿童数量为 902 万人。其中,89.3% 的留守儿童由祖辈照顾,甚至有 36 万农村留守儿童无人监护,占比 4%,父母监护教育角色的缺失,对留守儿童的全面健康成长造成不良影响。有报道称,留守儿童犯罪率占未成年人犯罪的 70%,并呈上升趋势;与此同时,性侵害、拐卖、虐待等针对留守儿童的刑事犯罪也屡屡发生,部分留守儿童的孤

---

① 陈君、李克军:《河北省农村义务教育师资队伍建设的困境及破解策略》,载《河北学刊》2013 年第 5 期。

② 王凯、张梦怡:《安徽省未管所七成被管教孩子是农民工子女》,载搜狐网,http://news.sohu.com/20130401/n371277548.shtml。

③ 王凯、张梦怡:《安徽省未管所七成被管教孩子是农民工子女》,载搜狐网,http://news.sohu.com/20130401/n371277548.shtml。

独、自闭、暴力倾向等心理问题日益突出。①

（二）思想政治意识较淡薄

我国的农村地区长期都是分散的小农经济，自耕自作，自给自足，没有约束，缺少协作，这种生产方式导致村民生活较简单，社会联系比较少，没有什么社会协作。长此以往，村民形成了求稳怕变、排斥变革、患得患失、崇尚平均主义的思想观念。在行为方式上，很多村民体现出经验性、直观性强，小富即安，拉帮结派，对权力敬畏，缺乏政治参与意识等行为特点。这些思想观念和行为特点是与当前市场起资源配置决定作用的现代市场经济相背离的。其思想政治意识淡薄主要体现在以下几个方面：

第一，集体主义观念淡薄。随着社会改革的全面深化，农村人口的生活环境发生翻天覆地的变化，村民选择的机会激增，面临的利益诱惑丰富，而村民的意识侧重于家族本位或个人利益，其价值判断决定了村民选择利己主义而避开集体观念。尤其是一些年轻人，计较个人的利益得失，不顾集体利益，由此带来一系列问题，诸如农村集资建设和农村诚信体系建设困难、农民专业合作社等新型农业经营主体建立或运行不畅、拆迁补偿难等。

习近平提出："要健全公民和组织守法信用记录，完善守法诚信褒奖机制和违法失信行为惩戒机制，形成守法光荣、违法可耻的社会氛围，使尊法守法成为全体人民的共同追求和自觉行动。"②村民形成的思想意识影响着其价值判断和行为选择。比如，河北省某水果合作社开展订单农业。当订单的价格高于市场价格，村民们就按照合同约定，将农产品卖给合作社，反之，村民不顾订单的合同约定，违约卖给市场。这样不仅损害了合作社的利益，从长远来说，损毁的是合作社的信誉。究其原因，还是利益在作祟。类似的事件农村常有发生。因此，有必要用法律手段来规制村民的行为，但如果村民没有相应的法律素养，也不能保证合同的履行，可能会造成恶性循环。

第二，民主意识不强。根源在于村民缺乏公民意识。公民意识"是个体对

① 《农村留守儿童现状：犯罪率居高，心理问题突出》，载腾讯网，https://cd.qq.com/a/20170614/057217.htm。

② 中共中央文献研究室：《习近平关于全面依法治国论述摘编》，中央文献出版社2015年版，第91页。

自己在国家和社会中所处政治地位的现实感受和应有的认识,它代表人类对国家与社会关系的理性的、定型的、系统的认知。"①现在,村民仍然受到农村"礼制"观念的影响,缺乏公民意识。一旦遇到纠纷,攀亲附戚,"找关系"往往成了一些村民的首选。一方面,宗族长辈的调解限于个人阅历,走不出"卖面子,讲情分"的格局,最终结果的公平性难以保证。另一方面,限于约定俗成,即便族长调解结果不尽如人意,多数人也惧怕失去认同而不愿意引入公力救济,这样就导致法律途径难以进入农村社会。再加上基层自治的难以全面实现,村民始终处于宗族成员的身份。因此,在思想意识上,需要继续实现村民从宗族成员到村民的转变,进而实现从村民到公民的转化。

从宗族成员到村民的转变,重点问题在于村民选举。选举权是我国《宪法》赋予每个公民的权利。笔者在走访中发现,农村部分地区当前仍存在贿选的情况,发放大米、白面、食用油甚至直接发现金,就能够获得村民的选票,甚至有些地方的选举中还存在暴力与威胁。于是,有的村民干脆就放弃该项权利。导致村民民主意识不强的原因有很多方面,涉及传统思想、社会历史、制度操作等方方面面。村民本身对选举于自身的益处以及随意行使选举权的损害后果认识不到位,是导致民主机制运行不畅的关键因素,同时这也是村民法治意识不强的突出表现。

第三,不良习气有所抬头。当前,村民的生活水平有了较大的提高,但是,相应的精神文化生活并没有跟进,不少地区出现了村民精神空虚的现象,主要体现在以下几个方面。首先,迷信活动仍然存在。很多村民遇到问题,不相信科学,而是首选占卜算命,如治病找"神医"、盖房修坟看风水等。其次,攀比现象严重。村民婚丧嫁娶大操大办,浪费严重。有的年轻人比车比房,甚至把"家电下乡""汽车下乡"等惠民政策作为攀比的"正当"理由。再次,有些地区赌博成风。尤其是一些进城务工人员,过年返乡回家后,把赌博作为一种最大的消遣娱乐或炫富方式,有的甚至把辛辛苦苦一年挣的钱用在赌博上。这些都体现出农村人口的精神生活贫乏,缺乏精神支柱与文化生活。复次,"村霸"宗族势力横行。有的地区,"村霸"或宗族势力充当本村的"土皇帝",他们以强凌弱,甚至操纵基层选举,严重破坏农村的安宁与治安。最后,诚信缺失。在法治与契

① 魏健馨:《论公民、公民意识与法治国家》,载《政治与法律》2014 年第 1 期。

约为特征的市场经济中,诚信必不可少,但是由于有的村民素质有限,诚信意识不强,有约不守现象频出,不利于农村市场的健康发展与进一步扩展壮大。

(三)物质生活水平较低

根据马斯洛的需求层次理论,“人的需求可以由低到高分为五个层次:生理需求、安全需求、社交需求、尊重需求和自我实现需求。当人从生理需要的控制下解放出来时,才可能出现更高级的、社会化程度更高的需要。”[①]也有调查显示,“人均收入在200—2000美元之间,公民所需要的仅仅是以经济利益为主的经济权利;当人均收入达到2000美元以上时,则他们所要求实现的不仅仅是经济权利而是政治权利。”[②]正可谓“仓廪实而知礼节,衣食足而知荣辱”。这正是“经济基础决定上层建筑”的突出表现。因此,只有村民的基本生活得到满足,才有可能寻求更高层次的需求。笔者在走访中发现,收入越高的村民,法律需求越大,法律素质也相对较高。一方面,收入较高的村民,可能文化素质较高或接受新事物的能力较强;另一方面,对社会接触面相对较广,从而导致法律需求增多。落后的物质文化生活对农村的普法工作也产生了一定的阻碍。

当前,我国农村正处于由自然经济向市场经济转变、从传统农业向现代农业的转变过程中,在乡村振兴战略实施的道路上,农村整体生产力水平较低,基础设施较差,法治基础薄弱。农村人口对普法的需求与素质也由经济基础决定。

第一,物质生活水平决定着村民接触法律的机会。在经济比较落后的农村地区,村民普遍忙于生计,根本无暇顾及权利的争取、权利的行使、权利的维护,接触法律的机会的概率偏低。同时,经济的落后也制约村民对法律的认知与信任。甚至受传统观念影响,有的村民认为只要不杀不抢,就不会与法律产生交集,即便村民真的遇到纠纷,面对高额的诉讼费用和陌生的法律流程,也会望而却步。

第二,物质生活水平限制着法律带给村民的利益。物质条件的限制导致村民接触法律的机会少,再加上村民本身对法律的认知有限,法律手段往往被边

① 刘烨:《马斯洛的人本哲学》,内蒙古文化出版社2008年版,第56页。

② 郝铁川:《论中国社会转型时期的依法治国》,载《中国法学》2000年第2期。

缘化。这就进一步限制了法律带给村民受法律保护及其相关经济利益获得的机会。如果村民能够从法律活动中获得更多利益,一定会增加村民的成就感与满足感,鼓励其运用法律手段保护并争取自己的权益。从经济法学角度分析,按照理性人的假设,个体在进行选择时,会权衡成本与收益的关系,确保自身利益的最大化,奉行"趋利避害"的原则。由于诉讼成本高,村民收入相对偏低,法律手段除了本身诉讼费用、误工费用等经济成本高之外,还涉及时间成本,对法律名词、认定等交流的交易成本,对后果无法预期的心理成本等,由此,"成本相对低,收益相对高"的非法律途径成为村民的首选。

第三,物质生活水平影响着村民接触法律的主动性。经济越是落后,村民接触法律的机会就越少,从法律中获得利益的可能性就越低,就越是不会主动接触法律,与此同时,法治环境也会相对落后。相反,当村民从法律中获得更多利益,更重要的是这个利益是法律保障的,就会不断鼓励并激发村民进一步运用法律手段,并且适用正当法律程序进行社会活动,以此形成良性循环。

四、普法机制原因

(一)农村普法教育内容不够完备

虽然农村普法教育的内容经历了由单一到多元,由单纯的法律常识到与法律意识、用法能力的并举,但在内容的整体构建上,还存在一些突出的问题。因为普法规划虽然在整体上会列明主要的普法法律名称或类别,但是在具体实施上,各个地区普及哪些法律,在于各地普法部门的设计。在农村地区,普法教育内容最突出的问题是内容不完备,往往重视某一方面或某几方面的普法内容,轻视甚至忽视其他方面的内容,主要表现在以下几种情况:

第一,重视政策宣传轻视法律普及。时至今日,我国仍然存在大量的政策并发挥重要作用,这很容易导致村民对政策与法律的关系分不清楚。在笔者的走访中,多数村民都认为法律与政策差不多。在涉农问题上,村民关注的往往是"红头文件"等政策信息,认为法律与自己关系不大。这是因为,政策与法律在很多时候界线不分明,一般来说,法律体系结构严密,适用具有长期性和反复性,而政策针对性强,变动快。在普法宣传上,往往不注重区分法律与政策,涉农的法律与政策往往同时进行,这种做法反而强化政策在农村的治理作用。当然,要纠正法律与政策不分的观念,单靠普法还是远远不够的,还取决于法律融入农村生活的程度,涉及越深越广,划分越深刻越明朗。

第二,重视实体法教育轻视程序法教育。由于我国的法律体系更加接近大陆法系,“重实体轻程序”的观念根深蒂固。在农村,受“熟人社会”“人治思想”的残留影响,部分村民对法律程序不但不重视,反而认为其增加了纠纷解决的成本。此外,有很多普法教育的内容只是针对具体的权利义务,使村民知道会“得到什么权益”,但真的遇上问题,却不知道“如何得到,如何使用或如何保护权益”。笔者在走访中发现,普遍存在村民只知道法律名称和部分内容,但不知道如何使用;只知道诉讼可以解决问题,但不知道打官司的程序;只知道打官司要花钱,但不知道钱都花到哪去。村民知法而不知如何用法,法律实际运用能力不强。

第三,重视权利教育轻视义务教育或是重视义务教育轻视权利教育。有的农村地区在普法教育中,加大普及村民的义务教育,突出违反义务之后的具体法律后果。这导致一提到法律,村民就认为只是指的刑法,有的人认为法律就是惩治犯罪,从而产生反感或恐惧情绪。有的农村地区为了迎合村民实用主义的观念,突出权利的宣传,对相对应的义务一带而过甚至不予介绍。以上都是权利义务教育整体观的偏差导致的。只强调权利教育,会导致村民履行义务意识不强;只强调义务教育,会出现村民维权意识不足。比如,很多村民只是知道要保护自己的生产、销售农产品的相关权利,但忽视了应承担的环保、农产品质量等方面的义务。

第四,重视知识教育轻视理念教育。普及宣传法律知识相对比较简单,只要把法律规定告诉村民,再对个别地方进行解释或者佐以案例分析即可。但是,纯粹的知识教育还不足以满足当前村民用法的需求,知识背后的法律理念性内容诸如法律意识、法律理念、法律信仰等需要在漫长且有序的教育中逐层深入,这也是农村普法教育存在的普遍问题之一。长此以往会导致村民理解相关法律知识不够到位,法律意识不足,用法能力不够。比如,受传统法律观念的影响,“重刑轻民”的思想在部分农村地区根深蒂固,很多村民一提到法律想的就是刑法,一提到合同,想到的就是计划性合同,没有彻底理解法律的基本理念,很容易损害自身合法利益。另外,长期的城乡二元结构也造成有些村民有“被命令、要服从”的观念。从自给自足的传统农业向开放性的现代农业转变过程中,农村逐步与外界发生各种各样的联系,民商法领域的“平等观念”就显得尤为重要，平等观念的深入人心与实践运用亦显得格外重要。

（二）农村普法教育实施机制不够合理

农村普法教育实效的取得，除了要科学地制定普法规划，还要注意规划的合理实施。目前，农村普法教育在实施方面存在的主要问题如下：

第一，普法实施机制过于统一。以往，绝大多数村民都是单纯地从事务农活动，共性问题比较多，因此，普法的内容、方式等实施机制比较单纯统一。当前，农村群体日趋复杂，村民从事不同的职业，如村务工作、外出务工、经商等；有的职业专业性非常强，如电商、家庭农场、农民专业合作社等。务农已经不再是所有村民的主要工作，而且当今的务农也不再是单纯的“耕田种地”，而是需要更多知识和技能的新型职业农民或家庭农场主等新型农业经营主体。不同群体的价值取向和利益来源大相径庭，由此引发的对普法的需求的内容和侧重也各不相同。原有的“整齐划一”式普法显然不能满足农村各类群体的需求，硬是宣讲，只会导致普法效果不佳。在激励机制上，我国法律激励模式大致分为三种类型：一是权利、义务、责任分配方面的激励；二是成本、收益配置方面的激励；三是资格、待遇、荣誉方面的激励。① 就历次普法规划与实施情况而言，我国普法教育的激励方式比较单一，多为个人和集体的荣誉型激励，缺乏完备的激励机制。

第二，传输方向不互通。当前的农村普法教育多是自上而下的政府主导普法，普法施教者宣传教育，普法受教者倾听学习，大都是单向传输方向。这种方式容易走向“法律条文主义”和“法律工具主义”。一方面，“送法下乡”容易导致“法律条文主义”倾向。有些农村地区把大批的普法材料向村民发放，不加解释，使村民只知其表不知内涵，由此陷入“法律条文主义”。另一方面，有些农村地区强调义务性规范的学习，村民被告知哪些不能做，如果做了会承担什么样的后果，虽然一时起到了村民守法的意识和作用，也体现了法律的权威性，但一味强调义务规范不利于村民树立正确的法律意识，可能会陷入“法律工具主义”。这种自上而下的单一的传输方式虽然可以很好地维持社会秩序，完成普法工作任务，但也存在诸多弊端，比如，被动的教学使村民降低了学习的积极

① 胡元聪：《我国法律激励的类型化研究》，载《法商研究》2013 年第 4 期。

性;简单地宣讲条文,缺乏趣味;单向传播很难把握受众群体的实际需求,普法教育效果很难保证。总之,忽视农村人口的文化水平、思维方式和实际需求,最终吻合了农村流传的顺口溜,“县市作报告,乡镇听摘要,村里喊口号,群众不知道”。[①] 施教者与受教者的出发点不同,二者又都认为自己的观点正确无误,导致施教者与受教者沟通不足,普法效果有限也在情理之中。因此,采用创新形式,加强施教者与受教者沟通交流是提升普法效果的有效途径。

法治“始终是高高地超越农村日常生活水平的、表面上的东西。所以大部分纠纷是通过法律以外的调停以及根据旧风俗和地方上的意见来解决的”[②]。农村作为天然的共同体,本身对外来事物就有本能的排斥,再加上法律产生于城市,一些规定对于村民来说不好接受,因此,农村普法要解决的重要难题在于法律如何超越本土认识去获得村民的认同与认可,真正走入法律世界。自上而下的传输途径并不能很好地解决该问题,因此需要转换思路,使村民由被动变主动,实现普法教育传输途径的“上下通达”。

第三,普法主体不够多元。“全民普法教育是一场以政府推动为主导力量的法律文化传播运动,政府作为这场运动的发起者组织者,目的是在比较短的时间里面凭借政府的资源迅速地在全社会传播法律知识,改善群众由于历史原因遗留下来的对法律知识法律常识欠缺的状况。”[③]虽然以政府为推动力的自上而下的普法工作思路极大地推动了农村普法工作,但不可否认,这种模式存在种种弊端:首先,一般政府主导在普法教育的目标制定和最后的验收中,既当运动员又当裁判员,难免造成普法相关部门对该工作懈怠,难以激发执行力和创造力。其次,在实现法治政府的道路上,仍然存在政府人员贪腐和懒政等现象,该问题在部分农村地区比较突出,直接影响村民对于政府推进的普法工作的效果。最后,由于资源有限,政府不可能完全均衡地分配有限的普法教育资源,更不可能有精力对普法的过程乃至普法工作的验收全程追踪。本书建议可以吸纳更多的普法主体加入农村普法队伍中,为农村的普法宣传教育注入更多活力。

---

① 李楯:《法律社会学》,中国政法大学出版社 1999 年版,第 476 – 477 页。

② [美]费正清:《美国与中国》,张理京译,商务印书馆 1987 年版,第 28 页。

③ 李一宁:《全民普法——一个知识/权力的视角》,南京师范大学 2007 年硕士学位论文。

(三)农村普法教育保障机制不够完善

任何一项工作任务都离不开保障措施,农村普法教育作为农村基层的长期性、艰巨性和复杂性工作,其保障性配套制度存在一些薄弱环节。

第一,预案保障。普法工作往往重视设定长效机制,轻视临时预案。普法工作作为一项长期性基础工作,长效机制比较健全,从中央到基层,都有一整套较全面的工作方案。但是,就临时性突发事件却缺乏应对措施。以2019年年底爆发的新冠肺炎疫情为例,在农村地区,特别是在疫情防控初期,发生了农村私自封路、随意限制村民人身自由、村民假冒医疗人员或村干部行骗等违法行为,由此产生了不少矛盾纠纷。这些现象暴露了一些问题,一是村民法律意识相对淡薄,特别是一些村干部应对突发事件,容易急躁武断,缺乏依法应对的知识和能力。二是临时预案设置不足。比如,武汉于2020年1月23日开始封城,全国普法办于同年2月27日印发《防控疫情专项法治宣传行动工作方案》,农业农村部随后启动开展"防控疫情、法治同行"专项法治宣传行动。虽然面临疫情考验,政府部门多将大量行政资源投入疫情防控中,既情有可原也在情理之中,但能够在很大程度上反映出在普法教育工作方案中,对临时预案设置不足,即使发布了普法工作预案,落实到农村,也需要相对较长的时间,这更容易在慌乱之中诱发违法行为,造成农村社会秩序更加混乱。三是普法效果有待提高。受疫情封控影响,防控疫情专项法治宣传多为线上传播,相对城市,农村的网络普及率和使用率相对偏低,村民接受疫情防控专项普法教育的效果差强人意,普法行政执法人员和普法工作者对疫情相关法律法规了解不全面,也是造成疫情防控普法效果不佳的重要原因之一。

第二,经费保障。在实际工作中,资金的匮乏往往是制约普法教育,尤其是制约农村普法教育的桎梏。司法局的职能相对较弱,领导管理整个区域内的普法教育工作,严重缺乏动力难以完成其普法教育工作任务,势必也会影响普法的效果。① 最突出的问题是资金不到位和挪作他用现象严重。有报道介绍,"三五"普法规划期间,全国各地年人均经费在5分至2角不等。② "五五"普法规划

① 李牧原:《我国全民普法教育问题与对策研究》,载《法制与社会》2021年第1期。

② 方宏伟:《农村普法所面临的系统性矛盾》,载《行政与法》2007年第6期。

期间,国家要求普法经费的财政预算按每人年均0.3元至0.5元的标准。① 然而,这一标准距离普法工作的实际投入明显不够,即便如此,有些地区的投入还达不到这个标准。与城市相比,农村地区的普法经费更为有限。党政机关主导的普法模式所提供的公共法治宣传产品有限,而经费短缺又进一步限制了国家机关的普法产品供给能力,难以满足全面推进依法治国背景下人民群众丰富多样的法治需求。②

第三,人员保障。主要体现在人员配备、法律素质与基本待遇问题上。首先,在人员配置问题上,公安派出所、法院派出法庭、检察院派驻检察室、司法所共同构成我国基层乡镇政法体系。其中,司法所作为基层政法组织机构之一,被誉为"中国司法行政机关的神经末梢"。③ 目前,很多地区的普法领导小组办事机构与司法所是"一套人马,两块牌子",普遍存在乡镇干部兼司法助理员,这样就造成编制少、任务重的问题。司法所人力不足是比较普遍的现象,即便如此,司法所人员还常常成为镇上抽调下派的对象,其普法工作效果难以保证。2015年,中共中央办公厅、国务院办公厅印发了《关于深入推进农村社区建设试点工作的指导意见》,提出了在农村创建司法行政工作室。该机构在司法所和村委会的领导下,主要承担法治宣传、法律服务、人民调解、法律援助、法治建设等职能,目的是解决农村群众"最后一公里"法律服务工作。在实际工作中,该机构与已有的调委会、治保会职责有冲突,存在人员素质不够高、"一人多职"、经费不到位等问题。虽然有一些农村地区实施效果良好,但司法行政工作室的运行还缺乏经验,没有在全国各地普遍推行。其次,在法律素质上,乡镇司法助理和基层干部是接触村民最多的主体,如果他们严格按照法律规范自己平时的言行,村民就会潜移默化地受到法治的熏陶;如果他们肆意妄为,村民就可能对法律产生误解。在笔者的走访中,一些村民反映有些村干部不依法办事。同时,部分村民对于基层普法工作者的法律素质不够满意,对他们解决问题的能力和水平存有疑虑。最后,在基本待遇问题上,"七五"普法规划强调解决普法队伍人员配备、基本待遇、工作条件等实际问题,而这些问题在农村普法宣传队

---

① 李莉:《新生代农民工普法教育研究——以郑州市为例》,四川农业大学2012年硕士学位论文。

② 陈甦、刘小妹:《以创新精神推进普法提质增效》,载《人民论坛》2019年第18期。

③ 苏力:《送法下乡——中国基层司法制度研究》,北京大学出版社2011年版,第224页。

伍中确实普遍存在。农村生活条件和基本待遇较差，农村的法律讲师在数量和素质上都存在很大问题，具有相应法律素质的专业讲师对于农村的广大市场来说供不应求。

第四，评估保障。在普法教育规划之初，我国一般规定每个规划的第五年为普法成果年，当前很多地区都是“一年小考核，五年大验收”。“五五”普法规划以来，农业农村部统一下发普法检查验收指导标准，省级农业农村部门结合本地实际情况，制定具体检查标准或考核评估办法。另外，还会组织诸如竞赛、考试、调研、总结、评奖等活动。上述工作对于总结农村地区本轮普法教育的经验教训，推进下一轮普法教育深入开展起到重要作用。但在评估环节仍存在一些问题，一是在定性指标表述上，“法律素质明显提升”“依法办事能力加强”“法治化水平提高”等成为常用语言。在量化总结上，不外乎参加法律咨询的人数、主办讲座的数量、发放宣传资料的份数等，这些指标往往流于表面，过于宏观概括，甚至有夸大功劳之嫌。二是有些地区的农村还存在补全学习记录、会议记录甚至请人“代考”，找人“补考”，临时抱佛脚、弄虚作假的现象。考试成了一种形式，没有人担心考试成绩不合格，普法考试成了一场心照不宣的“表演”，这很难推动普法教育的实际作用。

第五章　新时代加强农村普法教育的建议

我们要清醒地认识到，全面建设社会主义现代化国家，实现中华民族伟大复兴，最艰巨最繁重的任务依然在农村，最广泛最深厚的基础依然在农村；全面推进乡村振兴，广度、深度、难度和时间长度，一点也不亚于脱贫攻坚。① 面临目前农村普法教育存在的问题，如何解决这些问题，尽快补上这块“短板”，使之适应中国特色社会主义新时代依法治国和实施乡村振兴战略新要求？应在习近平新时代中国特色社会主义思想的指导下，汲取四十余年全民普法和农村普法教育的基本经验，结合新时代农村的实际状况，实现理论和实践创新。

第一节　新时代加强农村普法教育的必要性

在新时代加强农村普法教育，是国家现代化战略部署的需要，是从“法制教育”到“法治教育”的结果，是实施乡村振兴战略的基础性保障。

一、落实国家现代化战略部署的需要

党的十九大对我国社会主义现代化建设作出了战略安排，法治建设包括普法教育的目标和任务被同步纳入，明确了法治建设的时间表。从党的十九大到2020年，是全面建成小康社会的决胜期，其中包括“法治小康”的重要目标。在此基础上，从2020年到21世纪中叶，分成两个阶段：第一阶段从2020年到2035年，“基本实现社会主义现代化”，“人民平等参与、平等发展权利得到充分保障，

① 参见《栗战书：在乡村振兴促进法实施座谈会上的讲话》，载中国共产党网，https://www.12371.cn/2021/09/18/ARTI1631948353199163.shtml。

法治国家、法治政府、法治社会基本建成，各方面制度更加完善，国家治理体系和治理能力现代化基本实现”，“现代社会治理格局基本形成，社会充满活力又和谐有序”。[①]“国家治理体系和治理能力”的现代化主要的标志就是要全面贯彻落实依法治国基本方略。[②] 第二阶段从2035年到21世纪中叶“把我国建成富强民主文明和谐美丽的社会主义现代化强国”，“物质文明、政治文明、精神文明、社会文明、生态文明全面提升，实现国家治理体系和治理能力现代化”。[③] 当前，我们已经全面建成小康社会，实现第一个百年奋斗目标，又要乘势而上，向第二个百年奋斗目标进军。其中，坚持全面依法治国是党的十八大以来以习近平同志为核心的党中央“四个全面”战略布局之一。党的十九大报告指出，“全面依法治国是国家治理的一场深刻变革，必须坚持厉行法治，推进科学立法、严格执法、公正司法、全民守法”[④]，为新时代社会主义法治提供了总纲领和行动指南。因此，当前的农村普法教育要面向新时代，朝向新发展，既要关注当下，也要放眼未来。

二、实现“法制教育”到“法治教育”的结果

从“法制教育”到“法治教育”是随着国家依法治国水平的提高，对普法工作方向不断调整，对普法教育规律认识的增强的必然结果。纵观历次普法规划，“一五”“二五”普法是我国普法的开端，教育内容主要涉及基本常识；“三五”普法阶段，依法治国方略确立，首次要求理论与实践相结合，鼓励人民从学法向用法转变；“四五”普法由提高全民法律意识向提高全民法律素质的转变；“五五”普法深入扎实地推进法制宣传教育和法治实践，进一步提高全民法律意识和法律素质；“六五”普法进一步加强法律意识和法律精神的培养，在此期间，党的十八大报告提出要“深入开展法制宣传教育，弘扬社会主义法治精神，树立社会主

① 参见习近平：《决胜全面建成小康社会　夺取新时代中国特色社会主义伟大胜利——在中国共产党第十九次全国代表大会上的报告》，人民出版社2017年版，第28页。

② 参见莫纪宏：《论“国家治理体系和治理能力现代化”的“法治精神”》，载《新疆师范大学学报（哲学社会科学版）》2014年第3期。

③ 参见习近平：《决胜全面建成小康社会　夺取新时代中国特色社会主义伟大胜利——在中国共产党第十九次全国代表大会上的报告》，人民出版社2017年版，第29页。

④ 参见习近平：《决胜全面建成小康社会　夺取新时代中国特色社会主义伟大胜利——在中国共产党第十九次全国代表大会上的报告》，人民出版社2017年版，第38页。

义法治理念，增强全社会学法尊法守法用法意识”①。2014年，党的十八届四中全会正式提出“法治教育”这一概念，至此，我国的普法教育完成了从“法制教育”到“法治教育”的转变。在“七五”普法规划中，实现了“法治教育”从名称到内容的修改，提出具体目标，使“法治教育”的目标具体化。在2018年对《宪法》的第五次修改中，将“健全社会主义法制”改为“健全社会主义法治”，是对多年法治建设工作的经验总结，引领新时代依法治国的高度。相应地，从“法制教育”到“法治教育”的意义对于我国农村普法教育理念的重大影响在于，促使普法规划者、科研人员和普法工作者转变思维，去除以往法制教育的旧观念，树立符合新时代要求的法治教育观念，提升全民族法治素养，加强依法治理的大局意识。“八五”普法规划延续“法治教育”的表述，是落实习近平法治思想的必然要求，是服务保障“十四五”时期高质量发展的必要保障，也是深化全面依法治国实践的重要动力。

三、符合农村普法教育转型升级的要求

党的十九大报告指出：“我国社会主要矛盾已经转化为人民日益增长的美好生活需要和不平衡不充分的发展之间的矛盾。”②其中，“最大的发展不平衡是城乡发展不平衡；最大的发展不充分是农村发展不充分。”③这包含着村民日益增长的普法需求与普法教育供给、普法服务不平衡不充分的矛盾。主要表现是普法内容不能满足村民需要，村民对普法形式不满意，普法效果不够理想，各地农村普法发展不均衡等。造成上述矛盾和现象的主要原因是，农村地区普法教育在总体上未突破普法机构“唱独角戏”的局限，影响了普法效果；农村地区普法教育未能满足新时代村民对法律大量化、多元化、差异化需求；一些地方司法不公，执法不严，严重损害了农村法治环境。步入新时代，要落实“谁执法谁普法、谁服务谁普法”普法责任制，破除城乡隔离的藩篱，搭建城乡互动、城乡各部门和各单位齐抓共管、全社会共同参与的广阔平台。这无疑为农村普法教育实

① 参见胡锦涛：《坚定不移沿着中国特色社会主义道路前进　为全面建成小康社会而奋斗——在中国共产党第十八次全国代表大会上的报告》，人民出版社2012年版，第28页。

② 参见习近平：《决胜全面建成小康社会　夺取新时代中国特色社会主义伟大胜利——在中国共产党第十九次全国代表大会上的报告》，人民出版社2017年版，第11页。

③ 参见韩长赋：《大力实施乡村振兴战略》，载《党的十九大报告辅导读本》，人民出版社2017年版，第210页。

现转型升级,改变农村普法教育长期相对落后的状况,促进全面普法教育的均衡发展,推进建设法治强国进程提供强大助力。

四、实施乡村振兴战略的保障

习近平总书记在党的十九大报告中提出的实施乡村振兴战略,为今后的“三农”工作提出了更高更新的要求,体现了党中央把“三农”问题作为全党工作的重中之重的态度。2021 年,党中央、国务院发布的《关于全面推进乡村振兴加快农业农村现代化的意见》为该项工作进行了具体的部署。2021 年 6 月 1 日生效的《乡村振兴促进法》为实施全面推进乡村振兴战略提供了法律依据和支持。这必然会为我国农业农村的发展注入动力,同时,打破了原有农村普法教育的思路局限,将普法工作提到为乡村振兴战略服务的高度,这就要求提升农村普法教育的格局。

乡村振兴战略的总要求是“产业兴旺,生态宜居,乡风文明,治理有效,生活富裕”,这是对 2005 年开始的新农村建设目标“生产发展,村容整洁,管理民主,生活宽裕”的升华,是新时代乡村社会内在需求的科学表述,是中央对“三农”工作的新定位。首先,这一要求反映了我国当前的经济由高速增长转向高质量发展的阶段特征,需要从传统农业彻底转变为现代农业。其次,这一要求体现了“创新、协调、绿色、开放、共享”的新发展理念,农村的发展不仅需要金山银山,也需要绿水青山。最后,这一要求契合了新时代社会主要矛盾的变化。人民日益增长的美好生活需要不仅体现在物质上,更体现在民主、法治、公平、正义、安全、环境等方面,彰显了党对乡村人民诉求的预见与认同。若要实现上述目标,离不开相关法律法规的制度保证,而法律的实施与效果,在很大程度上就要靠农村普法教育工作的推进。

其中,“治理有效”在诸因素之中起着重要的作用,“治理”是指在中国共产党领导下,遵循人民民主专政的国体规定性,基于党和人民根本利益一致性,在社会主义市场经济发展和社会变化的新的历史条件下,按照科学、民主、依法和有效性来优化和创新领导方式与执政方式,优化和创新执政体制机制和国家管理体制机制,优化和提升执政能力,实现民主与法治的共融、国家与社会的共通、政府与公民的共治，由此达成国家与社会的和谐发展和长治久安。[①] 有效治理、良法善治会保障乡村稳定有序的社会秩序，从而推动产业发展、纯化乡风、优化环境、提高村民收入。这是加快推进乡村治理体系和治理能力现代化，实现乡村振兴的必由之路。治理主体的多元化，要求治理主体法律素养的提升，要求农村法治环境的优化，这些都需要加强农村普法教育，创新普法模式，构建新时代农村普法教育“大格局”。

第二节　构建新时代农村普法教育“大格局”

新时代加强农村普法教育，要构建农村普法教育“大格局”，这是作为新时代应对普法教育新要求的新构想，在宏观层面，除了阐述其基本内涵和特点之外，还应当瞄准其基本定位，确定其总体目标，明确其基本原则。

一、农村普法教育“大格局”的内涵与特点

农村普法教育“大格局”的构想来源于当前的现有实践与理论总结。要站在中国特色社会主义新时代高度，以依法治国长期基础性工作、农村的公共法律服务、村民终身教育一部分的定位，以满足新时代农村对法律和法治新需求，提升村民法治素养，建立自治、法治和德治相结合的乡村治理体系，优化农村法治环境为总体目标，实现“自治教育、法治教育、德治教育”的“三教融合”模式创新，实行多种形式“精准普法”的方式方法创新的“大格局”。

（一）农村普法教育“大格局”构想的来源

鉴于原来普法主体单一，仅依靠普法机构少数专门人员“包打天下”的传统旧格局，“四五”普法特别是“六五”普法以来，北京市、江苏省、海南省和哈尔滨市等地区先后进行了构建“大普法”格局的实践探索，一些学者对这些探索作了

① 参见王浦劬：《全面准确深入把握全面深化改革的总目标》，载《中国高校社会科学》2014 年第 1 期。

理论上的初步概括和总结。[①] 2016年4月，时任司法部副部长刘振宇在“七五”普法规划的新闻发布会上回答记者，法治宣传教育就是全社会的共同责任……就是形成一个法治宣传教育的“大格局”。[②] “八五”普法规划在加强制度建设部分，表明要形成大普法工作格局。综合这些论述，这种普法“大格局”应当在党委领导下，政府统一主导，普法主管部门宏观规划和指导，人大实施监督，各部门各行业组织实施，各方面分工负责，各司其职，齐抓共管，发动全社会共同参与的普法工作新局面，从而整合社会资源，打破原由普法主管部门“独唱”的小格局，形成普法工作由各部门“合唱”的“大格局”。这种普法“大格局”，具有普法工作主体多元化、普法工作内容专业化、普法工作方式协同化和普法工作效益最大化的特点。[③]

各省市对构建普法“大格局”的实践与理论探索，对推动全民普法开创新局面具有重要意义。正如有人指出的，“构建‘大普法’格局，是普法工作发展的方向”[④]。当然，在党的十九大召开后的今天来看，这些实践和研究需提升到中国特色社会主义新时代的高度。而且，这些成果重点是针对全民普法教育总体和城市，而对具有很大特殊性的农村普法教育的针对性不强。因而，构建新时代农村普法教育“大格局”仍是学界需要探讨的问题。

（二）农村普法教育“大格局”的内涵

“格局”，“格”为对认知范围内事物认知的程度；“局”为认知范围内所做事情以及事情的结果，二者合起来称为格局。按这种解释，“大格局”应是对认知范围内事物的高认知度和认知范围内所做事情结果的最佳效果。

据此解释，并汲取前述普法“大格局”的基本内涵，且根据党的十九大的新要求，本书认为，应将新时代农村普法教育“大格局”的内涵界定为：站在中国特色社会主义新时代高度，立足现阶段农村实际，把农村普法教育纳入新时代依

---

① 参见齐佳民：《整合社会资源构建“大普法”工作格局》，载《中国司法》2008年第6期；陈志新：《建立社会化大普法格局》，载《特区理论与实践》2003年第11期；参见杨伟东：《落实“谁执法谁普法”，推动普法转型升级》，载《人民论坛》2017年第17期。

② 参见《司法部副部长：新一轮普法要继续加大检查监督力度》，载人大新闻网，http://npc.people.com.cn/n1/2016/0428/c14576-28312690.html。

③ 参见陈志新：《建立社会化大普法格局》，载《特区理论与实践》2003年第11期。

④ 参见冯静：《构建“大普法”格局势在必行》，载《中国司法》2002年第6期。

法治国大视野和全民普法教育总体布局当中，以实现新时代对农村普法要求为目标，充分整合城乡资源，充分利用农村资源，形成党委领导、人大监督、政府实施、各部门分工负责、齐抓共管，全社会尤其广大农村居民积极参与，全面创新普法内容和形式，充分满足新时代农村对法治建设需求的新格局。

（三）农村普法教育"大格局"的特点

第一，主体多元化，队伍扩大化。农村普法主体除了基层党和政府，切实落实"谁执法谁普法"的普法责任制，加强各级人大监督职责，还要积极发动相关宣传、文化、教育等部门，各个社会团体、科研院所、法律服务单位等相关社会组织，充分吸纳法律工作者、教师、志愿者、大学生、乡贤等个人，尽可能地吸纳更多的主体加入农村普法队伍中，形成联动格局。

第二，内容丰富化，"三教"融合化。内容丰富化，是指普法内容应在共有框架内，进行分类指导。不限于法律制度的宣传，应加大法律精神、法律规则、用法能力的培养。不仅要关注"授人以鱼"，更要"授人以渔"。"三教"融合化，是指适应农村法治、自治和德治相结合要求，实行普法教育、自治教育和道德教育"三教融合"，相互结合，相互促进。

第三，方式多样化，实施精准化。除了传统的手段外，充分发挥当下新媒体、新科技的作用，根据农村不同职业、不同人群的特点，落实习近平总书记在中央全面依法治国工作会议上强调的"普法工作要紧跟时代，在针对性和实效性上下功夫"，有针对性地开展普法工作，满足不同群体村民对法律的需求。

二、农村普法教育"大格局"的基本定位

有了准确的定位，才可能制定出切实可行的规划，才可能取得预期的实际效果，才能实现预定的目标。农村普法教育"大格局"主要有三大基本定位。

第一，农村普法教育是依法治国的一项长期基础性工作。党的十八届四中全会提出，"坚持把全民普法和守法作为依法治国的长期基础性工作，深入开展法治宣传教育，引导全民自觉守法、遇事找法、解决问题靠法"①。习近平提出

① 参见《中共中央关于全面推进依法治国若干重大问题的决定》，人民出版社 2014 年版，第 26 页。

“坚持把全民普法和守法作为依法治国的长期基础性工作，采取有力措施加强法制宣传教育”①。这种长期性不仅包括在自改革开放以来已长达四十余年的农村普法教育，更重要的是面向未来，仍然要继续进行长期坚持不懈的普法教育；这种基础性不仅体现了普法是依法治国其中的一个环节，更重要的是表明普法会对依法治国的其他环节起到有力的推动作用。

第二，农村普法教育是一种公共法律服务。司法部王晓光同志在解读十九大报告时指出，“新时代的全民普法是一项公共法律服务。”这一定位还可以通过自1986年开始的五年为一轮、至今已经进行八轮的普法教育规划可以看出。2019年7月，中共中央办公厅、国务院办公厅印发《关于加快推进公共法律服务体系建设的意见》，明确到2022年基本形成覆盖城乡、便捷高效、均等普惠的现代公共法律服务体系目标。法治宣传教育不仅是公共法律服务体系的重要组成部分，还服务或辅助该体系的其他事项。这表明农村普法教育不再是之前的自上而下的生硬地宣传普及，而是转变为一种服务，由此将普法对象作为服务的主体，将对象的需求作为服务的出发点，实现了农村普法角色的华丽转身。

第三，农村普法教育贯穿于由义务教育、基础教育、高等教育、职业教育和成人教育组成的国民教育体系，且不限于国民教育，应贯穿于公民的一生，因此属于终身教育。党的十八届四中全会提到，“把法治教育纳入国民教育体系，从青少年抓起，在中小学设立法治知识课程”②。根据法国保罗·朗格朗的《终身教育引论》和联合国教科文组织国际教育发展委员会编著的《学会创新生存：教育世界的今天和明天》的相关理论，终身教育理论告诉我们，世界处于不断变化之中，知识也在不断地创新发展，只有不断地加强学习，才能够应对日新月异的新问题。因此，在时间上，要树立起贯穿一生的学习理念；在空间上，要将学习的场所拓宽到整个社会。我国的普法教育，每一个周期的重点和内容都围绕党和国家在不同历史时期的中心工作任务而侧重不同。这恰恰体现了教育的规划是适应社会变化的。农村普法教育将格局变大，拓宽教育的场所，增加教育的主体，遍及教育的对象，这正是终身教育理论的践行。

这三大定位，明确了农村普法教育在国家法治现代化建设中的地位，明确

① 参见习近平：《加快建设社会主义法治国家》，载《求是》2015年第1期。

② 参见《中共中央关于全面推进依法治国若干重大问题的决定》，人民出版社2014年版，第26页。

了其属于国家公共政策的根本性质，明确了村民对普法教育的义务承担及其对自身发展的意义。这不仅符合宪法精神，符合十八大以来党对法治教育的要求，还是支撑农村普法教育大格局的基石。

三、农村普法教育“大格局”的总体目标

具体而言，农村普法教育“大格局”的总目标是提升村民法治素养，建成自治、法治、德治相结合的乡村治理体系，优化农村法治环境。

第一，提升村民法治素养。根据党的十九大报告提出的提高全民族法治素养的要求，村民应在普法教育中提升法治素养，不仅使村民能够尊法、学法、守法和用法，而且使村民具有对我国法律规范、制度及其价值的认识、理解和运用能力，具有立法、执法、司法监督的参与能力。① 具体而言，就是通过训练和实践不仅树立法律意识获取法律知识，还要习得用法能力和技巧。在横向上，首先，树立正确的法律意识。摒弃落后的与现实相背离的传统负面法律观念，树立正确的主体意识、权利义务意识、正当程序意识等。其次，加强相关法律规则教育。通过学习具体的法律规定，知悉法律后果，明确村民行为的“可为”与“不可为”，规范村民的行为。最后，强化用法能力的锻炼。这就需要将村民的普法教育纳入法治实践中，不仅要让法治入脑入心，更要入行动。在纵向上，还涉及在立法、执法、司法等法治环节。锻炼参与立法的能力，能够将自身作为立法活动的参与者，积极投入与自身利益密切相关的立法活动中；提高对执法、司法的监督能力，严格规范、公正文明的执法离不开人民群众的监督，村民参与到执法监督中，本身就是体现平等的法律观念、村民参与法治实践的具体表现。

第二，建成自治、法治、德治相结合的乡村治理体系。党的十九大报告提出的健全自治、法治、德治相结合的乡村治理体系，不仅是乡村振兴战略的内在要求，也是农村普法教育“大格局”的基本目标。在全面建成小康社会的决胜期，在努力实现国家治理体系和治理能力的现代化过程中，农村是关键更是“短板”。近些年来，基于乡村社会的特点和新变化，很多地区取得了许多成功经验。“三治合一”思想的提出，正是建立在对优秀经验的总结和理论提升基础之

---

① 李昌祖、赵玉林：《公民法治素养概念、评估指标体系及特点分析》，载《浙江工业大学学报（社会科学版）》2015 年第 3 期。

上,有着坚实的社会实践来源,为今后农村的普法教育开阔了思路,明确了方向。

“三治合一”借鉴了中华人民共和国成立以来人民当家作主的群众自治实践、市场经济国家的法治实践的有益经验、我国历史上的德治实践,充分体现了以人为本、依法治理、以德治国的理念,三者作用各有侧重,缺一不可。首先,实现乡村自治是规范性与乡土性的结合、传统性与现代化的交融。坚持因地制宜,发挥地方优势,顺民意、和民心、用民智、借民力,将顶层设计与地方创造相结合,是发挥地方自主性的创新发展思路。其次,法治具有规范与保障作用。乡村的依法治理、村民自治权的形式,同样要依靠法律途径来实现。为自治和德治提供法律支持和社会认同,加强乡村治理的效果。最后,“德治是一种溶于广大群众日常生活的社会秩序的生产和维系方式,是与共同体的道德评价、社会舆论和风俗习惯等特殊生活方式密切联系的,因而各个共同体的德治内容不尽相同,存在的方式是多元的、弹性的、自律的”①。尤其是在当下农村的转型期,矛盾问题升级,但人情社会和熟人社会的特点没有根本变化。针对这一情况实现德治,利用村民的内心情感约束行为,形成并维护社会秩序,传承乡村传统文化。

“三治合一”必须相互融合,发挥整合功效。其中,自治是核心,法治提供外部规范引领作用,德治发挥内在感情教化约束,法治与德治形成两翼。同时,在自治中实现法治、践行德治,在德治中促进法治,最终实现民意、法律和道德的相辅相成,“三治”相得益彰,最终实现乡村治理的善治。

第三,优化农村法治环境。农村的法治环境是普法的土壤,是依法治国的重要组成部分。农业兴则基础牢,农村稳则天下安,农民富则国家盛。我国“三农”问题的解决离不开农村本土的大环境,而最优的大环境就是法治环境。对于法治环境的评价标准主要有两个:一是权力是否受到制约;二是公民的权利是否得到确认和保护。良好的农村法治环境是农村社会管理走向文明的必然要求,这对村民法律素养的提升、“三治合一”的实现,起到巨大的推动作用。因此,要力求在农村科学立法、严格执法、公正司法、全民守法,健全纠纷解决机制,营造法治文化氛围。

---

① 戴木才:《现代政治视域中的“法治”与“德治”》,山东人民出版社 2007 年版,第 18 页。

四、农村普法教育“大格局”的基本原则

农村普法的目的已经不是单纯地让村民知法守法，而是让其融入大的法治环境，依法办事，依法维权，实现党的十八届四中全会的决议提出的“必须使人民认识到法律既是保障自身权利的有力武器，也是必须遵守的行为规范，增强全社会学法尊法守法用法意识，使法律为人民所掌握、所遵守、所运用”①。

（一）以村民为中心

“民者，万世之本也”，民本思想是中华民族的优秀传统。坚持以人民为中心是马克思主义中国化大众化的本质和真谛。毛主席在《论联合政府》一文中指出：“人民，只有人民，才是创造世界历史的动力。”②胡锦涛说：“社会管理，说到底是对人的管理和服务。要坚持思想上尊重群众、感情上贴近群众、工作上依靠群众，把群众满意不满意作为加强和创新社会管理的出发点和落脚点。要以人民群众利益为重、以人民群众期盼为念，着力解决好人民最关心最直接最现实的利益问题，始终保持党同人民群众的血肉联系。”③习近平总书记在党的十九大报告中强调：“中国共产党人的初心和使命，就是为中国人民谋幸福，为中华民族谋复兴。”④“以人民为中心”是新时代坚持和发展中国特色社会主义的重要内容，是习近平法治思想的核心要义和理论精髓之一，坚持以人民为中心，全面依法治国最广泛、最深厚的基础是人民，推进全面依法治国根本目的是依法保障人民权益。要努力让人民群众在每一项法律制度、每一个执法决定、每一宗司法案件中都感受到公平正义。

坚持以人民为中心是建设中国特色社会主义事业的一项基本原则和重要方针，体现在中国特色社会主义事业的各个环节各个领域各个方面。正如2018年1月5日习近平在新进中央委员会的委员、候补委员和省部级主要领导干部学习贯彻习近平新时代中国特色社会主义思想和党的十九大精神研讨班的开

① 《中共中央关于全面推进依法治国若干重大问题的决定》，人民出版社2014年版，第6页。

② 《毛泽东选集》（第3卷），人民出版社1991年版，第1031页。

③ 胡锦涛：《扎扎实实提高社会管理科学化水平建设中国特色社会主义社会管理体系》，载中国人大网，http://www.npc.gov.cn/zgrdw/npc/xinwen/syxw/2011-02/20/content_1621269.htm。

④ 习近平：《决胜全面建成小康社会夺取新时代中国特色社会主义伟大胜利——在中国共产党第十九次全国代表大会上的报告》，人民出版社2017年版，第1页。

班式上提出的:“时代是出卷人,我们是答卷人,人民是阅卷人。”[①]普法领域也不例外。农村的普法教育作为中国特色社会主义的重要事业,一直秉持“以村民为中心”的宗旨,构建农村普法教育“大格局”,贯彻“以人民为中心”的理念,是党的十九大精神和习近平新时代中国特色社会主义思想在普法工作中的体现。在人民群众需要法律的时候,能够及时有效地得到法律服务,让人民群众在普法宣传和法治实践中切实体会到法治的温暖与力量,从而使法治成为社会共识。这就要求加强农村普法教育各个环节的村民因素。

第一,要始终坚持村民的主体地位。坚持“从群众中来,到群众中去”,相信群众,深入群众,保证决策的制定和执行符合最广大人民群众的根本利益。在农村普法工作中,要从政府主导转变为以教育对象为中心,村民不仅是普法对象,更是普法主体。从灌输法律知识转向为受教育者服务,从宣传法律是约束人们行为的准则等法律工具主义思想,转变为法律是公民权利保障的马克思主义法治观念。这就要求政府转变职能,定位成服务型政府,从受众需求出发,充分准确挖掘村民对法律的需求,改变过去的“讲什么学什么”,彻底变为“需要什么,讲什么,学什么”。

第二,把村民的利益放在最高位置。法治的核心价值意义在于:“确信法律能够提供可靠的手段来保障每个公民自由地合法地享有属于自己的权利。”“权为民所用,利为民所谋,情为民所系”,要实现最广大人民群众的利益,使人民共享改革发展的成果。农村普法教育的目的和出发点是保障村民的利益,如何实现村民的利益是农村普法的根本目的,就要按照村民需要的内容、喜欢的方式或途径进行普法,这就要千方百计地为村民提供多种普法选择,提供多种法律服务途径,为村民利益的实现做好保证。

第三,将村民的评判作为衡量工作得失的根本。农村普法教育的考核评判以往多为各个政府部门的工作,通过定性定量分析进行评判。“以村民为中心”就是要在农村普法中,将村民的评判作为考核的主要指标,将“村民拥不拥护、赞不赞成、高不高兴、答不答应”作为评判标准,以村民的满意度为普法工作各项考核的主要指标。

---

① 人民日报评论员:《一以贯之坚持和发展中国特色社会主义——论学习贯彻习近平总书记“1.5”重要讲话》,载《人民日报》2018年1月6日,第1版。

（二）创新与实效相结合

党的十九大报告提出，“要加快建设创新型国家，创新是引领发展的第一动力，是建设现代化经济体系的战略支撑”①。以往的农村普法教育工作中的突出问题就是形式与效果“两张皮”现象普遍。今后要把改革创新贯穿于法治宣传教育工作全过程，与时俱进，不断创新方式方法，坚定不移地贯彻创新、协调、绿色、开放、共享的新发展理念，用创新的思维、勇气、智慧来谋划和推进法治宣传教育工作，用创新凝聚思想共识，用创新引领工作方向，用创新来确保法治宣传教育的实效。在构建农村普法“大格局”中，以实效为目标，就要求在具体工作中，要关注工作大局、关注村民需求、关注法治实践，追求切实实际效果，不断创新。

（三）精准普法

所谓精准普法，指的是以需求为导向，以科学理论为指导，通过大量的研究论证，针对不同的对象、不同的地域，实施精准调研、精准供给、精准评估、精准管理的精细化、准确化、高效化普法教育。新时代对农村普法工作提出了精准普法的要求。首先，村民的法律需求更加精细。随着农村社会分工的细化，农村整体经济社会文化的全面进步，村民的诉求更加多元，从以往的“无讼”变为“求讼”。其次，我国的法律体系更加精准。我国法律体系的完备为普法提出了更加精细的要求。最后，先进的传播手段改变了原有的普法方式，督促其加速信息化、智能化的转变。这些都要求农村普法从以往的“一刀切”转变为“精准化”。农村普法精准化有以下要求：

第一，精准分类普法对象。我国普法教育的对象是一切有接受教育能力的公民。精准普法就是要根据不同地区的特点、部门的特性、行业的特色、人群的个性，分门别类地进行指导，提高普法的有效性与针对性。在农村，随着分工的细化，可以主要分为两委干部和乡镇干部、新型农业经营主体、农民工、青少年等，这些主体虽然都生活于农村，但是由于职业的分化，对法律的需求各有不

---

① 习近平：《决胜全面建成小康社会夺取新时代中国特色社会主义伟大胜利——在中国共产党第十九次全国代表大会上的报告》，人民出版社 2017 年版，第 31 页。

同,应当依据其特点实施分类指导。

第二,精准明确普法内容。普法教育内容可以分为法律精神、法律规则、用法能力。精准普法就要求针对不同的普法对象选取不同的具体的法律内容。这就涉及如何选和选什么的问题。要把握“以村民为中心”理念,通过大量的实际调研,精准选取村民最需要的法律内容。

第三,精准设计普法方式。方式为内容服务,好的方式有利于内容的普及。这就需要按照普法对象、普法地区、热点问题等因素,选择有效的方式提高普法的效果。习近平总书记强调:“要通过群众喜闻乐见的形式宣传普及宪法法律,发挥市民公约、乡规民约等基层规范在社会治理中的作用,培育社区居民遵守法律、依法办事的意识和习惯。”①在农村地区,要结合农村的社会历史背景,兼顾农村地区传统文化,根据农村的环境和法治发展水平,结合不同职业村民的自身素质,选择其喜闻乐见、易于被接受的普法方式。

第四,精准完备保障措施。普法教育是一项系统工程,需要方方面面的支持与保障,这就需要各项保障制度化、长效化、细致化、全面化、实用化。在农村的普法教育中,需要在调研、立法、服务、机制、经费、监督和评价体系等方面做出科学细致的部署。

(四)“三教融合”

“三教融合”就是在农村普法教育中,把普法教育与村民自治教育和村民道德教育相互结合,使三者融为一体。自“一五”普法教育以来,我国普法教育始终要求把普法教育和思想道德教育紧密结合。“六五”普法规划又提出大力宣传自治制度。但在实际工作中,这些要求并没有落细落实。党的十九大为切实实现三者结合提出了要求,提供了保障。党的十九大报告不仅重申进一步加强法治宣传教育,而且第一次确立了农村“法治、自治和德治”相结合方针。“八五”普法规划明确健全党组织领导的自治、法治、德治相结合的城乡基层治理体系。显然,法治、自治、德治三治的结合,必然要求以法治教育、自治教育和德治教育的“三教”结合为基础和保障。因而,“三教融合”成为新时代对农村普法教

① 中共中央文献研究室:《习近平关于全面依法治国论述摘编》,中央文献出版社 2015 年版,第 91 页。

育新要求,也成为其基本原则。

实现“三教融合”主要途径是以普法教育为依托,把村民自治教育和村民道德教育融入其中。这是因为普法教育与自治教育和德治教育具有最佳结合点和一致性。

前者与后两者的结合点,是指普法教育内容与自治教育和德治教育存在交集性。所谓村民自治教育就是对广大村民直接行使民主权利,实行自我管理、自我教育、自我服务,实现民主选举、民主决策、民主管理、民主监督的教育。有关村民自治的教育内容的文件渊源,除了我国现有的《村民委员会组织法》外,更多的是村委会自己制定的自治性章程规范。因此,农村自治教育的内容的相当部分涉及法律;所谓村民德治教育,是指培养村民德治意识,引导村民德治行为,培育社会公德、职业道德、家庭美德、个人品德,提高民族思想道德水平。德国法学家鲁道夫·冯·耶林在《法的目的》一书中曾说过,“法律是最低限度的道德”。这句话描述了法律与道德的关系,法律与最低限度的道德是同一的,法既是实现道德的手段,也是衡量道德的标准。

前者与后两者的一致性,是指普法教育的形式也适用于自治教育和德治教育。普法教育的形式多样,无论是传统的说教宣传,还是现在的新颖便捷的形式,都可以将自治教育和德治教育内容附加其中。当前的很多普法形式也是这样做的,比如,普法宣传的案例中基层矛盾的化解,并不单纯只用法律知识,同时包含夹杂着道德指引。村委会在宣传村民自治权行使的时候,不仅要普及法律,还要将自治制度与规则纳入其中。

第三节　实施新时代农村普法教育“大格局”的主要路径

实施农村普法教育“大格局”,需要在基本定位的引导下,依照基本原则,通过具体的方法和途径,设计具体路径,即加强组织建设,强化普法领导;完备内容体系,提高普法水平;创新实施机制,增强普法实效;完善保障机制,顺畅普法运行;提升法治水平,优化普法环境。

一、加强组织建设，强化普法领导

经历了多年的普法教育摸索，我国逐渐固定的组织领导机制从“四五”普法规划开始明确表述为“完善党委领导、政府实施、人大监督、全社会参与的运作机制”。党的领导是推进全面依法治国的根本保证。党的领导是我国社会主义法治之魂，社会主义法治必须坚持党的领导，但该机制在某些方面还不够完善，特别是面临新时代的新情况更要求进一步完善和加强。

第一，进一步加强党的领导地位。党的十九大报告提出，农村基层党组织要建设成为宣传党的主张、贯彻党的决定、领导基层治理、团结动员群众、推动改革发展的战斗堡垒。针对农村普法教育工作，首先，将党的领导法定化。依照党章党规和宪法法律的规定，各地农村地区实施的普法规划、计划，或是本村普法计划，都要将党的领导核心地位在其中加以明确和突出。其次，将党的领导具体化。增强党组织领导地位的具体指向性和可操作性。对于农村普法的计划、实施、验收、反馈等各个环节的具体领导详细地加以规定。最后，将党的领导制度化。把基层党组织在农村普法工作中的议事规则、决策程序等用制度化规则明确下来，确保组织领导地位落实。

第二，进一步提升农村基层党组织的领导效能。首先，加强农村党组织领导干部的教育。要不断加强学习、贯彻并落实马克思列宁主义、毛泽东思想、邓小平理论、“三个代表”重要思想、科学发展观、习近平新时代中国特色社会主义思想，深入持久地开展对党员干部的法治教育、思想政治教育、群众路线教育、宗旨意识教育等，加强和锻炼领导干部自身带头尊法学法守法用法的意识和能力，带头处理好“自治”“法治”和“德治”的关系。2020 年 11 月 16 日至 17 日，党的历史上首次召开的中央全面依法治国工作会议，将习近平法治思想明确为全面依法治国的指导思想，习近平总书记在这次会议重要讲话中精辟概括的“十一个坚持”既是重大工作部署，又是重大战略思想，[①]贯彻和落实“十一个坚持”是提升农村基层党组织的领导效能关键。其次，创新农村党组织的普法工作方式。党的十九大报告指出，“协商民主是实现党的领导的重要方式，是我国

① 《习近平法治思想引领法治中国建设》，载央广网 2020 年 11 月 21 日，https://baijiahao.baidu.com/s? id = 1683971897344410727&wfr = spider&for = pc。

社会主义民主政治的特有形式和独特优势”。[①] 农村基层党组织既要总揽全局，又要协调各方，要用创新的机制和方法，加强与相关部门、单位的资源共享、协调统筹，保持与村民的血肉联系，增强与村民的感情，保证村民对农村普法教育工作的积极参与。再次，强化农村党组织领导干部的建设。继续深入落实中央八项规定，继续加强整治“四风”问题，落实监察体制改革，实现对基层公职人员监察的全覆盖。积极贯彻落实《关于建立健全村务监督委员会的指导意见》，从源头上遏制村民身边的不正之风和贪腐行为。习近平总书记在中共中央政治局第二十四次集体学习时强调：“要强化法规制度意识，在全党开展法规制度宣传教育，引导广大党员、干部牢固树立法治意识、制度意识、纪律意识，形成尊崇制度、遵守制度、捍卫制度的良好氛围，坚持法规制度面前人人平等、遵守法规制度没有特权、执行法规制度没有例外。”最后，积极扩大农村党组织队伍。积极培养并发展青年农民、致富能手、科技带头人、普法积极分子等加入党组织队伍中，优化基层党组织的年龄、知识、能力结构，增强组织的活力和创造力，引导广大党员发挥尊法、学法、用法模范带头作用。

第三，进一步明确政府的主导地位。建立从国家司法部普法与依法治理局、省级司法厅普法与依法治理处、市级司法局的普法与依法治理处、县级司法局普法与依法治理科、乡镇司法所、村司法行政工作室自上而下的普法工作垂直管理体系。健全各级普法依法治理领导小组，建立并完善领导小组会议制度、听取汇报制度以及督查检查制度。我国多年来的农村普法一直实施的是自上而下的普法机制。即便实施了农村普法“大格局”，仍应当明确政府的主导地位。主要包括：首先，从普法教育的规划角度，我国普法规划伊始就明确了政府的普法领导地位，并逐渐形成了“党委领导、人大监督、政府实施的领导体制”。其次，从社会资源的调配角度，农村普法教育“大格局”的构建需要越来越多的施教者加入农村普法教育中，对于诸多普法资源，只有政府能够对社会各项事务进行协调管理，吸纳更多资源，整合各类主体，提高农村普法的效率。最后，从受教者的心理认知角度，长期的普法历史以及村民对政府特有的依赖心理，决定了政府是增强村民信任感和接受度的最合适主体。

---

① 习近平：《决胜全面建成小康社会夺取新时代中国特色社会主义伟大胜利——在中国共产党第十九次全国代表大会上的报告》，人民出版社2017年版，第38页。

第四，进一步增强人大的监督职责。对于农村普法教育的监督工作，比较集中在县、乡两级人大部门。吸收当前一些地区的现有做法，强化农村普法工作的监督，可以从纵横两个纬度，通过构建制度化、常态化机制进行有效监督。在纵向的农村普法教育环节上，针对农村普法需求调研阶段、计划制订阶段、计划实施阶段、总结汇报阶段、追踪反馈阶段，进行全程的监督。在横向的监督对象上，既要针对农村的各个具体普法工作的领导主体，也要对农村普法教育工作的实施组织主体进行全面监督。具体可以通过列席会议、组织人大代表、委员对普法工作情况报告进行审议、跟踪检查、问卷调查、走访座谈等形式进行监督。

第五，进一步强化协调各部门关系力度。虽然实行国家机关"谁执法谁普法"的普法责任制，国家各个基层机关本身也具有普法职责，但为了避免资源的浪费，应在立法的时候对各部门的协调关系进行宏观规定。比如，公安、民政、人力资源和社会保障等行政部门应当开展对流动人口和进城务工人员的法治宣传教育。共青团、妇联、残联等组织应当开展对农村青少年、妇女和残疾人的法治宣传教育。同时，构建常态化、定期性的各级普法责任制的联席会议制度。

第六，完善司法行政工作室制度。2015 年，中共中央办公厅、国务院办公厅发布《关于深入推进农村社区建设试点工作的指导意见》，提出要加强农村社区司法行政工作室等法治机构建设。村司法行政工作室作为公共法律服务向基层延伸的重要载体，要设置集人民调解、法律顾问、法律援助、法律咨询、社区矫正等职能于一体，制度标准化、程序统一化的工作制度。另外，在人员配置上，安排 1 名至 2 名司法所工作人员对各村司法行政工作室进行业务指导和对接，并指派 2 名至 3 名村两委成员、1 名村调解员每周轮流值班，安排 1 名至 2 名法律顾问每月至少一次定期进村开展法律服务，以便更好地实现将矛盾化解在基层，做到小事不出村、大事不出镇，进一步提高基层社会治理水平和效果。

二、完备内容体系，提高普法水平

一般情况下，公民的法律素养明显提高，至少具备四个条件：一是公民认同并信任法律，自觉将法律规范内化成为自己的行为规范，并且信任法律途径会给自己一个公道。二是公民了解与自己相关的基本法律常识。明确什么可为，什么不可为。三是公民能够运用法律，在遇到纠纷的时候，知道运用法律大概的流程。四是公民讲法律作为一种信仰，法治理念内化于心，外化于行。具体而言，在正确的法治思想引领下，相对应的分别是法律意识、法律规则、用法能力、法律信仰。这恰恰符合习近平总书记所言："要坚持把全民普法和全民守法作为依法治国的基础性工作，使全体人民成为社会主义法治的忠实崇尚者、自觉遵守者、坚定捍卫者。"①符合"八五"普法规划提出的目标：公民对法律法规的知晓度、法治精神的认同度、法治实践的参与度显著提高，全社会尊法学法守法用法的自觉性和主动性显著增强。要深入开展法治宣传教育，弘扬社会主义法治精神，引导群众遇事找法、解决问题靠法，逐步改变社会上那种遇事不是找法而是找人的现象。当然，这需要一个过程，关键是要以实际行动让老百姓相信法不容情、法不阿贵，只要是合理合法的诉求，就能通过法律程序得到合理合法的结果。②

法治素养的提升，要在正确思想的引导下，即在中国共产党领导下，在马克思列宁主义、毛泽东思想、邓小平理论、"三个代表"重要思想、科学发展观、习近平新时代中国特色社会主义思想指引下进行。习近平法治思想是习近平新时代中国特色社会主义思想的重要组成部分，是全面依法治国的根本遵循和行动指南。其思想内涵丰富、论述深刻、逻辑严密、系统完备，从历史和现实相贯通、国际和国内相关联、理论和实际相结合上深刻回答了新时代为什么实行全面依法治国、怎样实行全面依法治国等一系列重大问题。习近平法治思想在伟大实践中全面发展，在时代进程中成熟完善，在应对风险挑战中指引法治中国建设开创新局面，也必将引领全面依法治国实践在新发展阶段实现更大发展，不断迈向新的更高境界。③"八五"普法规划明确指出，必须用习近平法治思想武装头脑、指导实践，推动普法工作守正创新、提质增效、全面发展。全国普法办印发的《2021 年全国普法依法治理工作要点》明确指出，把深入学习宣传贯彻习近平法治思想作为全民普法工作的头等大事，把握正确政治方向和舆论导向。

---

① 《习近平谈治国理政》(第 2 卷)，外文出版社 2017 年版，第 135 页。

② 中共中央文献研究室：《习近平关于全面依法治国论述摘编》，中央文献出版社 2015 年版，第 89 页。

③ 胡明：《深刻认识习近平法治思想的重大意义》，载新华网，http://www. xinhuanet. com/politics/2020 – 12/15/c_1126861880. htm。

（一）法治精神教育

“八五”普法规划明确的主要目标：公民对法律法规的知晓度、法治精神的认同度、法治实践的参与度显著提高，全社会尊法学法守法用法的自觉性和主动性显著增强。2005 年 2 月 19 日，胡锦涛同志在中央党校省部级主要领导干部研讨班上指出，“加强法制宣传教育，传播法律知识，弘扬法治精神……”学术界也重视对法治精神进行研究。当前，对于法治精神的性质，主要有三种学说：客观价值说，认为法治精神是蕴含在法治内部的基本价值或原则；主观价值说，认为法治精神是人们的一种主观认知；主客观统一说。[①] 笔者赞同第三种观点，法治精神是法治的思想内核，是法的价值的体现，是法治思考凝聚而成的思想精华，是法治实践必须奉行的基本原则。[②] 古人所说“国皆有法，而无使法必行之法”，讲的就是这个道理。其实，使法必行之法就是法治精神。[③] 一方面，精神与物质相对应，体现了主观性。另一方面，从党中央的文件来看，常用“弘扬社会主义法治精神”或“弘扬法治精神”，既然用“弘扬”这一动词，可以理解为对法治认识的正确认知，又体现了客观性。采取主客观统一观点，有助于提炼社会主义法治的根本内在核心，具有高度概括性，有助于推动社会主义法治建设。

法治精神具体体现在法律意识。辩证唯物主义认为，意识是人脑对大脑内外表象的觉察。法律意识是指“直接来源于法律这一特殊的社会现象，是法的内容、法的形式和法的精神在人们头脑中的反映或映象”。[④] 马克思主义法律观是社会主义社会占统治地位的法律意识。在我国，占统治地位的法律意识是统治阶级即以工人阶级为领导的广大人民群众的法律意识。这种法律意识能够增强人民的主人翁意识，树立正确的权利义务观念，切实维护和保护自身的合法权益。占统治地位的正确的法律意识，不仅渗透在立法与执法中，还作用到法的实施，使人们的行为与法律规范相适应。村民通过对法律制度背后法律理念和精神的把握，更好地理解现行法律制度，从而提升其懂法、用法的能力。法

① 江必新：《法治精神的属性、内涵与弘扬》，载《法学家》2013 年第 4 期。

② 卓泽渊：《法治精神应体现法的价值并指导法治实践》，载《法制日报》2007 年 8 月 31 日，第 3 版。

③ 习近平：《弘扬法治精神，形成法治风尚》，载宣讲家网，http://www.71.cn/2013/0725/723853.shtml。

④ 李步云、刘士平：《论法与法律意识》，载《法学研究》2003 年第 3 期。

治理念以人类的共同善诠释法律的本质，以法律的权威品格作为实现人类共同善的条件与方式，利于缝合与法实证主义关于法律本质内容的间隙。①

正如习近平总书记所言：从客观上说，法治也并不体现于普通民众对法律条文有多么深透的了解，而在于努力把法治精神、法治意识、法治观念熔铸到人们的头脑之中，体现于人们的日常行为之中。② 因此，农村的法律意识教育的第一层目的是由朴素的法律心理转化为法律意识。

第二层目的是教育村民对法律意识的外在观点转化为内在观点。英国法学家哈特“按照守法动机不同分类，法律意识分为内在观点和外在观点，前者指人们遵守法律出于自愿守法，接受法律规则的指引。后者指人们被迫服从法律，因为通过外部的观察发现如不遵守法律就会受到惩罚”③。在我国，法律意识教育目的就是将人们对法律意识的外在观点转化为内在观点，最终达到法律的社会内化。正如苏力教授在《法律如何被信仰》一文中指出的，“对法律的信仰并不是一种言辞上的表白，一种决心，而必须是一种身心的投入，而且由于法律是一种社会的全民的事业，因此对法律的信仰甚至也不是某个或某些个体的心灵活动，而是整个社会的实践显示出的对法律的尊重和倚重”。④

法律意识作为社会意识的一种形式，是可以改变的。社会意识本身也具有能动的独立性，也就是说，社会意识虽然被社会存在决定，并反映社会存在，但其自身也有能动性和特有的发展规律，科学的社会意识促进社会存在发展，反之，则阻碍社会存在的发展。法律意识作为社会意识的一种，正确而科学地塑造并适用法律意识必然推动社会存在的发展。在农村社会，如果要想让农村法治环境尽快尽好发展，就必须要大力提升村民的法律意识。

对村民进行法律意识教育，要建立科学的理念，注重“显性教育与隐性教育”相结合。1968 年，美国教育社会学家杰克逊在《教育生活》一书中首次提出“隐性课程”这一概念，即学生在教育中获得的态度、动机、价值观和其他心理的

---

① 罗时贵、郑玉双：《法律的本质：基于法实证主义与自然法之间展开》，载《广西社会科学》2017 年第 2 期。

② 习近平：《弘扬法治精神，形成法治风尚》，载宣讲家网，http://www.71.cn/2013/0725/723853.shtml。

③ 沈宗灵：《法理学》，高等教育出版社 2001 年版，第 238 页。

④ 朱苏力：《法律如何被信仰》，载《四川大学法律评论》（第 1 卷），东方出版社 1996 年版，第 72 页。

发展，这些内容潜移默化或是间接地传递给学生。这类似于我国古代老子所提出的“不言之教”，实现自然而然的教化。与之相对应，有人提出了“显性教育”，就是有计划地直接灌输给学生的内容。我国农村的普法教育应当注重“显性教育与隐性教育”，既要注重“显性教育”的内容、方式、方法，同时，注意渗透相关法律意识的“隐性教育”。

关于社会主义法治精神的内容，学界也有不同看法。李步云认为包括主权在民、人权保障、权力制约、法律平等、程序正当、法律至上六个方面。[①] 郝耀武、孙长春认为，法治精神的核心为维护法律尊严、保障公民权利、维护社会公正。[②]笔者认为，针对农村，弘扬法治精神，应当特别注重以下法律意识的建立。

第一，法律主体意识。“法治中国的现实使命就是要进行主体的角色建构与意识内化，使法治从一种客观存在变为人的潜在素质的不可或缺的细胞。”[③]这就要求村民把自己当作法律的主人，能够通过法律享有获得感。伯尔曼认为，“除非人们觉得，那是他们的法律，否则，他们就不会尊重法律。但是，只有在法律通过其仪式与传统权威与普遍性触发并唤起他们对人生的全部内容的意识，对终极目的和神圣事物的意识的时候，人们才会产生这样的感觉。”[④]多年来的普法逻辑总是遵循一种村民为法律的局外人甚至是“法盲”的假设前提下进行的，尽管经过了多轮普法教育，村民已经开始建立主体意识并且积极加入法治进程中，如苏力教授所言，“过去的十几年来，中国最重要的、最成功的制度和法律变革在很大程度上是由中国人民，特别是农民兴起的……法学家和法律家直至目前所做的工作也许仅仅是这一变革巨著中的一个小小的注”。[⑤] 但是，并不是多数村民都具有法律主体意识。

村民要建立主体意识，不是靠外力的强迫，而是让村民自己感觉自己就是法律的主人，法律不但不会对自己的生活造成妨碍，反而通过法律能够为自己维护权益，谋求福利，把法律当成生活中的必需品。让村民感觉自己不仅是普法教育的受教者，也是法律的传播者。

---

① 李步云：《推进依法治国需深化对法治精神的理解》，载《法制日报》2007 年 8 月 31 日。

② 郝耀武、孙长春：《论现代法治精神》，载《行政与法》2009 年第 9 期。

③ 汪习根：《论法治中国的科学含义》，载《中国法学》2014 年第 2 期。

④ ［美］伯尔曼：《法律与宗教》，梁治平译，生活 · 读书 · 新知三联书店 1991 年版，第 60 页。

⑤ 苏力：《法治及其本土资源》，中国政法大学出版社 1997 年版，第 33 页。

第二,法律权威意识。美国学者伯尔曼说过:“法律必须被信仰,否则它形同虚设。”①事实表明,公民对法律的遵守,并非取决于法律知识的占有及其量度,而是取决于对法律的信任感的确立。② 这一结论可以用瑞士心理学家皮亚杰的认知心理结构论来论证。该理论认为,人的心理结构是一个连续不断构成的过程,其中,“同化”与“顺应”是个体适应社会规范的两种基本机制。③ 法律普及的过程也是一个“同化”与“顺应”的过程。普法的过程中,外部灌输和内部选择是决定普法教育效果的关键因素。当把法律意识、规则等信息灌输到受教者的大脑中,受教者会以自身原有的心理基础为标准,对该信息进行过滤和筛选,再经过加工成为自身的知识构造,即完成了“同化”的程序,当受教者能够遵循法律规范的时候,便实现了“顺应”,由此产生普法教育的实际效果和最佳目的。在整个过程中,“灌输”的作用非常重要,而受教者本身的心理判断标准却更为重要,这决定着受教者是否接受法律规范以及接受之后能否外化于行动。

在内部选择上,是否选择“同化”与“顺应”取决于对法律是否信任,或者说是否认可法律的权威地位,这是普法教育取得实效的关键。由此可见,法律权威意识是普法教育中的关键内容。这一教育内容的重要性在农村普法工作中体现更为明显,这是因为农村地区受传统“人治”思想的影响,依靠政府、依靠能人、依靠长辈的观念根深蒂固,遇到问题法律往往不是首选,由此法律权威意识教育的重要性就凸现出来。要加强村民的法律权威意识教育,除了农村法治环境本身的优化,使村民切身感受到法治优于人治之外,还要通过实践活动增加村民接触法律的机会。

第三,权利义务观念。法律的本位是指法律的中心观念或是立足点。从法律发展的角度来看,法律分为义务本位、权利本位和社会本位。古代社会个人是家族的构成分子,没有独立的地位,家族内部等级森严,个人尽特定身份上应尽的义务,这就是所谓的义务本位。随着社会的进步,公民平等意识加强,法律的基本任务由使人尽其义务转向保护其权利。权利意识是现代法律意识的核心意识。所谓权利意识,“指特定社会成员对自我利益和自由的认知、主张和要

① [美]伯尔曼:《法律与宗教》,梁治平译,生活·读书·新知三联书店 1991 年版,第 28 页。

② 汪太贤:《从“受体”的立场与视角看“普法”的限度》,载《探索》2006 年第 1 期。

③ [瑞士]让·皮亚杰:《儿童心理学》,傅统先译,文化教育出版社 1980 年版,第 58 页。

求,以及对他人这样认知、主张和要求的社会评价”。① 社会本位是以社会利益为出发点,限制个人权利。受中国传统文化和伦理社会特点的影响,村民的“义务本位”观念深刻,有学者曾用“木桶理论”分析中国法制木桶上最短的一块板,其中十分重要的原因就是延续传统法律的思想,我国普法教育是义务教育而不是权利教育。② 因此,非常有必要增强村民的权利意识,建立权利义务观念。

权利义务机制是对社会利益和资源分配的重要手段,是引导人们的行为、调节社会关系的重要方式。因此,在法律意识教育中进行权利义务观念的教育,对于村民积极参与社会主义市场经济活动,增强政治参与能力,维护自身权益具有重要意义。增强村民的权利义务观念,应帮助村民搞清楚以下几个方面的问题:

首先,何谓权利义务。这组概念在现实生活中极易混淆。权力是指特定主体因某种优势或地位而拥有的对社会或他人的强制力量和支配力量。法律上的“权力”在法律中往往用于公法领域,体现了一种地位的不平等,一种管理与被管理的关系,行使的主体往往是国家机关或其工作人员,体现的是公共利益,奉行“法无规定不可为”原则。法律上的“权利”是指“法律所允许的权利人为了满足自己的利益而采取的、由其他人的法律义务所保证的法律手段”。③ “权利”在法律中往往用于私法领域,体现了一种平等与自治关系,行使的主体是自然人、法人与其他组织,体现的是个人利益,奉行“法无禁止即可为”原则。法律上的“义务”是指“法律所规定的义务人应该按照权利人要求从事一定的行为或步行为、以满足权利人的利益的法律手段”。④

其次,权利会带来什么。从实用角度来说,权利能够为权利主体带来利益。所谓权利就是利益与法律保障力的结合。1946 年《世界人权宣言》提出的基本人权包括:“劳动权、同工同酬权、社会保障权、工会权、休息权、教育权、维持本人及其家庭健康和福利所需的生活水准的权利、自由参加社会文化生活的权利。”村民作为国家公民,在平时出现频率比较高的权利包括生命权、健康权、姓名权、肖像权、受教育权、就业权、就医权、人身财产安全权、知情权、参与权等。

① 马箭、李斌:《农民工权利意识与社会阶层关系的和谐》,载《求索》2007 年第 2 期。

② 舒扬:《中国法学 30 年》,中山大学出版社 2009 年版,第 308 页。

③ 沈宗灵:《法理学》,高等教育出版社 2001 年版,第 387 页。

④ 沈宗灵:《法理学》,高等教育出版社 2001 年版,第 387 页。

以上权利意味着，一旦村民享有权利，即得到了法律所允许的，能够满足自己的利益的，由其他义务人保证的法律手段。① 正如洛克在其《政府论》中曾说的："法律按其真正的含义而言，与其说是限制，不如说是指导一个自由而有智慧的人去追求他的正当利益。"②马克思曾精辟地指出："人们奋斗所争取的一切，都同他们的利益有关。"英国法理学家边沁也认为：人们一切行为的准则取决于是增进幸福抑或减少幸福的倾向。③ 当村民理解了权利是通过法律保障能给自己带来看得见、摸得着的实实在在的利益时，村民必然会靠近法律、尊重法律。

再次，如何行使和保护权利。依据苏力教授的观点，信仰法律并不是下定决心就能实现的，而是需要一系列社会生活的经验感受才能达到。村民要树立真正的法律信仰，单纯的敬畏感是不够的，还需要村民从中得到利益。在行使权利的时候，主要遵循的原则是禁止权利滥用，该原则最早出现于古罗马法，定于《法国人权宣言》，《拿破仑法典》将其吸收并成为举世公认的权利行使原则。我国《宪法》也规定了该原则，这就要求公民在行使权利的同时，不得滥用权利，否则，公民本身享有的权利不但会归于消灭，而且要依据对他人造成的损害，承担相应的民事、行政或刑事责任。《民法典》也规定了民事主体不得滥用民事权利损害国家利益、社会公共利益或者他人合法权益。

当自己的权利被侵害的时候，权利人可以通过合法的自力救济、仲裁、诉讼等手段主张维护自己的利益。如果利益受损，同样可以通过法律手段要求对方承担损害赔偿责任。正如法学家田成友所说："我们不一定要每个农民懂得法律的具体规则、规定是什么，但一定要让农民懂得法律赋予每个公民的基本权利是什么，权利受到侵犯后，救济的办法和保障在哪里，法律的权威和地位有多高。"④

最后，权利与义务的关系是什么。马克思在 1864 年起草《国际工人协会共同章程》时用"没有无义务的权利，也没有无权利的义务"概括了权利义务的对立统一关系。一般来说，二者是相互依存的，义务以权利的存在为条件，反过

① 参见《法理学》编写组：《法理学》，人民出版社、高等教育出版社 2010 年版，第 120 页。

② [英]约翰·洛克：《政府论》(下)，叶启芳、翟菊农译，商务印书馆 1964 年版，第 35 页。

③ [英]边沁：《道德与立法原理导论》，时殷弘译，商务印书馆 2011 年版，第 59 页。

④ 田成有：《国家法在乡土社会中取得成功的条件与保证》，载《江苏行政学院学报》2001 年第 3 期。

来,权利以义务的存在为条件,只有义务没有权利,义务就是无本之木。只有权利没有义务,权利就无从实现。二者还可以互相转化,权利人可能在一定的情况下要承担义务,义务人在一定的情况下享有权利。所以说,权利义务观念是一个整体,要进行权利义务对等、整体教育。然而,之前的普法教育往往侧重义务教育,如人文学者余定宇所言:恕我直言,目前这种普法仍基本上停留在"你不准干什么什么,否则,法律便会对你如何如何"的公民体悟宣传的初级层面,而对广大公民"你有权干什么什么,如果谁侵犯了你的权利,那么你依法可对他如何如何"的"权利普法",仍乏善可陈。[①] 因此,应当整体推动"权利义务"教育,尤其在当前,我国农业的生态问题、环保问题、农产品安全问题较突出,加强村民"权利义务"观念的教育,有利于这些问题的解决。

第四,正当程序意识。通说认为,1215 年《英国大宪章》是"正当程序"原则的源头,是英美法系中的最高原则之一。法律程序是由时间和空间两大因素组成的立体概念。时间要素包括先后的顺序和用时的长短。空间要素包括主体的相互关系和行为形式。正当的法律程序通过"中立性"的出发点进行角色划分、权利分配,实现当事人主体思维的限制,防止恣意妄为,达到直观的公正。正如美国大法官道格拉斯说的,"正当程序决定了法治和恣意的人治之间的区别"。[②] 同时,这一套"中立性"的方式使角色双方能够公平地进行沟通并达成意见一致,更有效地解决矛盾纠纷。因此,正当程序是真正实现权利平等的前提,是真正能够达到权力制约的途径,是法律权威的根本保障。由此,对村民的正当程序意识教育不能仅停留在如何走程序上,更要加强程序的内涵和意义教育,提高实践的参与度。

(二)法律规制教育

韦伯认为,规则"为人们的行动提供一种导向,引导人们选择某一类行为方式。规制与个人主观意志之间存在某种相互渗透的关系:规则中体现着一般化

---

① 张念:《"权利普法"一直乏善可陈》,载《南风窗》2004 年第 4 期(下)。

② 季卫东:《法律程序的意义——对中国法制建设的另一种思考》,载《中国社会科学》1993 年第 1 期。

的社会心理，而个人领域中也存在一些内化的规范性因素”。[1] 具体的法律规则就是为人们提供的一种具体的行为指引，并通过这种规范化或强制性指引优化个人领域的行为。时至今日，社会的每个领域基本都有相应的具体的法律规定。我国已经形成了以宪法为统帅的中国特色社会主义法律体系和以党章为核心的党内法规体系。2021 年 3 月 4 日，十三届全国人大四次会议举行首场新闻发布会，大会发言人张业遂就记者提问回答，我国拥有现行有效法律 275 件，行政法规 600 多件，地方性法规 12000 多件。2021 年 10 月 26 日，全国人大网公布，截至 2021 年 10 月 23 日，我国现行有效法律 288 件。国家和社会各方面实现了有法可依，法治国家、法治政府、法治社会一体建设取得历史性成就。在法律规则的宣传教育中，完备的法律体系为普法教育提供了充实的规则来源，应当兼顾义务性规范和授权性规范。

特别是十四五规划提出，发展县域经济，推动农村一、二、三产业融合发展，丰富乡村经济业态，拓展农民增收空间。这也是当前农村创新创业势头强劲态势的总结与规划。2017 年 11 月在苏州召开的首届中国农村创业创新论坛上，时任农业部部长韩长赋说，当前各类返乡下乡双创人员达 700 万人，覆盖特色种养、加工流通、休闲旅游、电子商务等多领域。农业的跨域发展，引起了更大数量和更多类型法律规则的需求。以农业采摘业为例，这一典型的一、二、三产业融合类型，首先农民要生产出优质的农业产品，然后设计采摘方案，或是售票或是称重，最后通过顾客的采摘活动将农产品销售出去。这是农业生产与农产品服务的有机结合。同时，这一销售方式当前还有很多延伸与创新，如出租土地给顾客种菜、领树种植、采摘园周边的农家乐、禽畜园等。这中间除了基本的农业法律知识外，合同、环境保护、旅游等法律常识的难度与广度并不亚于城市里的纯商业经营，为农村普法提出了更高的要求。

一般来说，农村普法教育涉及的法律知识主要包括以下几个部分：

第一，与农业和农村有关的法律法规。主要涉及乡村振兴、基层自治、耕地、宅基地、农业生产、农业技术传播、农产品销售、农村生态环保等，包括《乡村振兴促进法》《农业法》《农业技术推广法》《村民委员会组织法》《农药管理条

---

[1] 郑戈：《韦伯论西方法律的独特性》，载李猛主编：《韦伯：法律与价值》，上海人民出版社 2001 年版。

例》《土地管理法》《农村土地承包法》《清洁生产促进法》《促进科技成果转化法》《农业保险条例》《农民专业合作社法》《水法》《森林法》《草原法》《种子法》《乡镇企业法》《渔业法》《自然保护区条例》《野生动物保护法》《动物防疫法》《环境保护法》《广告法》等。

第二,与村民实际生活有关的法律法规。主要涉及教育、婚姻关系、继承问题、赡养问题等,包括《民法典》《传染病防治法》《突发公共卫生事件应急条例》《突发事件应对法》《义务教育法》《教育法》《未成年人保护法》《老年人权益保障法》《妇女权益保障法》《人口与计划生育法》《反家庭暴力法》等。

第三,与村民交往有关的法律法规。主要涉及合同、侵权领域、借贷关系、劳资纠纷等,包括《民法典》《刑法》《治安管理处罚法》《消费者权益保护法》《劳动法》《劳动合同法》《工伤保险条例》等。

第四,与程序有关的法律。主要涉及民事、刑事、行政等诉讼程序,包括《民事诉讼法》《刑事诉讼法》《行政诉讼法》《仲裁法》等。

第五,党内法规。截至 2021 年 7 月 1 日,全党现行有效党内法规共 3615 部。在农村地区常用到的党内法规包括:《中国共产党章程》《中国共产党农村基层组织工作条例》《中国共产党支部工作条例(试行)》《党政机关厉行节约反对浪费条例》《中国共产党纪律处分条例》《中国共产党问责条例》《中国共产党党内监督条例》《中国共产党政法工作条例》《中国共产党农村工作条例》《党组讨论和决定党员处分事项工作程序规定(试行)》《中国共产党纪律检查机关监督执纪工作规则》《中国共产党发展党员工作细则》。

值得关注的是,《民法典》自 2021 年 1 月 1 日起施行。我国民法典时代由此开启。这部中华人民共和国历史上首部以“法典”命名的法律,被称为“社会生活的百科全书”,是一部固根本、稳预期、利长远的基础性法律,加强民法典重大意义的宣传教育,将其作为“十四五”时期普法工作的重点来抓。① 这不仅开创了我国法典编纂立法的先河,而且对普法教育包括农村普法教育提出了新的要求。2021 年 5 月,中共中央宣传部等九部门发布了《“美好生活 · 民法典相伴”主题宣传方案》,为民法典普及融入民法典实施全过程,让民法典走到群众身

① 习近平:《充分认识颁布实施民法典重大意义依法更好保障人民合法权益》,载《求是》2020 年第 12 期。

边、走进群众心里，提供了基本遵循。农村地区应当按照通知要求，在每年5月开展民法典宣传月活动，制作高质量的与村民生活息息相关的民法典宣传品，推进民法典与农村基层治理有机结合，将民法典的学习宣传纳入民主法治示范村创建，与农村的相关工作如农村“法律明白人”培养、村居法律顾问制度等一体化推进，提升村民及基层干部运用民法典化解矛盾纠纷的水平和能力。

（三）用法能力教育

“奉法者强，则国强；奉法者弱，则国弱。”①法律要实施和适用，否则如一纸空文。村民树立了法律意识、掌握了法律规则是远远不够的，普法的最终目的是要帮助村民运用法律来参与社会实践，维护自身权益。习近平总书记指出：“要充分调动人民群众投身依法治国实践的积极性和主动性，使全体人民都成为社会主义法治的忠实崇尚者、自觉遵守者、坚定捍卫者，使尊法、信法、守法、用法、护法成为全体人民的共同追求。”②

村民法律素养的形成要有两个阶段：第一阶段是通过教育，使村民接受法律的规范作用及相关规定，即“受”与“知”。第二阶段是将该认知转化为行动，由“知”到“行”。正如聂长建所言：“法治的本旨在于实践性而非理论性，法治是直观的生活方式而非抽象的玄思妙想，每一个具有直观生活感受的民众都可以成为实践法治的主体。”③“法律的接受源于对法律的信任，对法律信任感并不衍生于法律知识的储备之中，而是衍生于人们对法律的感知和体验之中，或者说形成于人们的法律经验之中。”④苏联生理学家、心理学家巴甫洛夫通过心理学条件反射实验证明，“一种仪式的习得或者一种行为习惯的养成，需要一定时间的操作强化才有可能实现”。普法工作的切实推进也是如此，单纯地灌输法律意识，输入法律规则，难以深入人心。只有加强实际操作，增加切身体会，法治理念才能真正地内化于心，外化于行，法治思想才能成为农村地区的行为准则和价值标准，依法治理才能成为农村常态化运行模式。对村民的用法能力教育，重在加强对村民的引导。

---

① 《韩非子·有度》。
② 习近平：《加快建设社会主义法治国家》，载《求是》2015年第1期。
③ 聂长建、李国强：《实践法治优于理论法治》，载《法制日报》2013年6月19日，第10版。
④ 汪太贤：《从“受体”的立场与视角看“普法”的限度》，载《探索》2006年第1期。

第一,引导村民加强对法律诉求的表达能力。引导村民加强法律概念、用语的理解,训练准确表达法益诉求的能力,引导村民主动参与到立法或修法过程中,一方面有利于能够加强立法的科学性和合理性,另一方面有利于达成全民法律的共识,内化于村民的行为规范,从而实现立法、守法、用法的良性互动。

第二,引导村民积极参与民主选举、民主管理、民主监督活动。公民作为政治概念,最早产生于古希腊城邦制度,公民不仅仅意味着“城邦的人”,还要参与城邦公共事务的管理,并守卫城邦。在现代社会,权利意识、平等精神和社会责任是公民精神的主要体现。受中国传统“服从”意识、义务本位的影响,村民的公民意识有待进一步加强。引导村民对违反村民自治的行为坚决说“不”,并充分保护村民的人身安全和财产安全,使村民后顾无忧地参与村民自治。要实现这一目标,首先,要让村民有效地参与到村民自治活动中。实践证明,只有有效地参与村民选举等村民自治活动,其合理建议能够得到接受并加以实现,村民的政治参与能力才会真正地提升。其次,对有关村务工作的知识进行普及和咨询。为了保证村民参与到村务管理,先要让村民知道什么是村务管理,哪些事务自治,如何实现自治。这就需要村干部积极组织,加大宣传力度,这不仅能提高村民的管理积极性,而且能够快速有效地提升村民的政治参与能力。最后,完善村民组织制度,该制度越完善,村民就越能有效地参与其中,越能锻炼民主参与能力,民主意识和参与意识也就越强。当然,村民自治的完善是个系统工程,涉及选举制度、村务公开、民主监督、民主管理等环节,这些工作必须实实在在而不是流于形式。正如政治思想学家约翰·密尔所言:“一个绝对不能参与政治事务的人,不能成为公民。”

第三,引导村民形成正确的法律观。以法律为标准规范自己的行为,合理行使自己的权利,养成积极的尊法学法用法守法习惯;引导村民在纠纷矛盾中用法律手段解决,避免“以暴制暴”的思维方式,用法律理念引导行为,发挥主观能动性,积极主动地用法律摆事实讲道理;引导村民主动寻求法律服务,在法律咨询、援助中锻炼用法能力。

第四,引导村民积极参与法治实践。《关于加强社会主义法治文化建设的意见》明确提出,“在法治实践中持续提升公民法治素养”,“促进人民群众广泛参与法治”。

当前,人民群众包括村民参与法治实践的方式有很多。党的十九大报告提出:“推进科学立法、民主立法、依法立法,以良法促进发展、保障善治。”开门立法能够实现我国制定和运行法律具有广泛群众基础,吸收群众的经验和智慧,有效提高立法质量,为法律法规的顺畅运行,创造坚实的群众基础。公民在参与立法的整个过程中,其法治素养也有效提升。以《民法典》起草为例,根据全国人大常委会法工委的数据,从 2019 年 12 月 28 日至 2020 年 1 月 26 日收到 1 万余名网民提出的 11 万多条意见,充分体现了人民参与,汇集民智;依法行政是人民感知法治最近距离的环节,因为老百姓往往是执法的对象,而我国多数法律、法规和全部政府规章都是由政府来执行的。政府执法是否严格直接影响着人民群众对政府的信任感、法律的权威感。因此,应加强从部门规章制定、依法行政过程、执法评价等一系列环节的公民参与互动制度。这一点,在 2021 年修订的《行政处罚法》中有所体现,该法新增的执法公示制度、执法记录制度以及重大决定、法制审核制度都保证了公民执法的知情权与监督权;公正司法是公民感知法治权威最有影响力和说服力的环节。法院审判的案件是发生在人民群众身边活生生的“法治教科书”。特别是随着信息技术的发展,最高人民法院建设的中国裁判文书网、中国庭审公开网等网站为民众创造了近距离接触法律的平台与途径。庭审是审判的中心环节,最能够体现当事人的各项诉讼权利和人民法院审判权力,判决是一个案件法律评价的权威表达,这些环节的公开透明能让公民更好地了解、参与和监督司法,是有效的普法宣传教育途径。

(四)法律信仰教育

自从 20 世纪 90 年代伯尔曼的著作《法律与宗教》在我国翻译并出版发行后,“法律必须被信仰,否则形同虚设”[①]的名言广为流传,从而产生“法律能够被信仰”这一观点。诚然,知法可能会产生守法,但不必定会信法。只有法律真正成为一种信仰,才能将法治真正内化于心,外化于行,根植于社会。2014 年 1 月,习近平总书记在中央政法工作会议上说,“要深入开展法制宣传教育,弘扬社会主义法治精神,引导群众遇事找法、解决问题靠法,逐步改变社会上那种遇事不是找法而是找人的现象”。[②] 法律要发挥作用,需要全社会信仰法律。2015

① [美]伯尔曼:《法律与宗教》,梁治平译,商务印书馆 2012 年版,第 7 页。

② 习近平:《严格执法 公正司法》,载中共中央文献研究室:《十八大以来重要文献选编》(上),中央文献出版社 2011 年版,第 721 页。

年2月,习近平总书记在省部级主要领导干部学习贯彻党的十八届四中全会精神全面推进依法治国专题研讨班曾经说过,“之前,我们通常提的是学法尊法守法用法,在准备这次讲话时,我反复考虑,觉得应该把尊法放在第一位。只有内心尊崇法治,才能行为遵守法律。只有铭刻在人们心中的法治,才是真正牢不可破的法治。”如卢梭所言:“一切法律中最重要的法律,既不是刻在大理石上,也不是刻在铜表上,而是铭刻在公民的内心里。”

我国之前之所以进行的是“法制教育”而不是“法治教育”,重要原因是我国还没有形成优质的法治土壤,法律至上的观念没有完全养成。在当前全面推进依法治国成效显著的今天,进一步培养公民法律信仰成了必然选择。党的十八届四中全会报告指出:“法律的权威源自人民的内心拥护和真诚信仰。”[①]“法治教育”不仅向村民传授满足其真正需要的法律知识,消除村民对法律的距离感,帮助村民树立正确的法律意识,形成法律主体意识、法律权威意识、权利义务观念等法律理念,还要培养村民的用法能力,使之能够知晓如何运用法律武器维护自己的权益并且付诸实践,逐渐引导村民树立法律信仰。

三、创新实施机制,增强普法实效

村民的需求决定了对法律的接受度和参与度。人具有多重社会需求,不同的人法律需求也不同,即便同一个人,法律需求也会因时因地存在差异。如果所学法律知识与其自身的利益相联系,村民就会选择接受,积极参与,否则,村民就会疏远、无视甚至远离法律。因此,在新时代,农村地区普法教育在受教者上,要从“整齐划一”转变为“分类指导”;在普法方式上,要从“传统方式”转变为“全方位立体化”;在施教者上,要从“政府主导为主”转变为“全社会的总动员。”

(一)构建“分类指导,因人制宜”的施教机制

2020年11月,习近平总书记在中央全面依法治国工作会议上强调,“普法工作要紧跟时代,在针对性和实效性上下功夫”。[②] 因此,村民阶层分化决定要

① 《中共中央关于全面推进依法治国若干重大问题的决定》,人民出版社2014年版,第26页。

② 习近平:《坚定不移走中国特色社会主义法治道路 为全面建设社会主义现代化国家提供有力法治保障》,载《中国民政》2021年第6期。

采取“分类指导,因人制宜”的施教机制。从某种意义上来说,普法实效取决于所普及的法律与广大村民的紧密程度,以及普及法律知识的目的、形式或手段。① 党的十九大报告提出,乡村振兴战略要培养造就一支懂农业、爱农村、爱农民的“三农”工作队伍。② 由此可见,乡村振兴的内在动力就是“人”,培养一批适应现代农业发展的“三农”工作队伍,通过各项保障制度调动他们的积极性和创造性,是实现乡村振兴战略的关键,其中,提升村民法律素养是重要一环。

普法工作应该以人为本,从实际出发,经过基层的调研统计,了解农村地区不同职业人群的实际情况,摸清不同职业分类的普法对象在干什么,存在哪些问题,什么问题可以通过法律来解决,需要哪些法律解决以及如何通过法律解决等问题。如同撒网似地向所有村民统一普法是不合理的,是低效的。国家下发的普法规划具有统领性和全局性,各地应当根据实际情况,针对不同的对象规划制订不同的普法计划,本着“各取所需,因人制宜”的原则,制定针对性、可行性、可操作性强的措施,切实有效地规划、细致方案。

1. 农村“两委”干部、乡镇干部。自从1980年广西宜山、罗城两县农民自发组成准政权性质的群众自治组织即村民委员会之后,人民公社化以来的生产大队的管理体制开始解体。由此,农村就形成了“乡政村治”的基层格局,即乡政管理与村民自治二元管理并存,一个是自上而下的“国家权力—乡镇政府”,另一个是自下而上的“村民自治权—村委会”。为了实现农村地区的有效治理,乡镇政府与村委会很多行为是联动的,在某种程度上,二者是利益共同体。

首先,对于农村“两委”干部。村委会的权力来自村民的授权,村党支部的权力来自人民的授权。1999年中共中央颁布的《中国共产党农村基层组织工作条例》规定,基层党组织与基层自治组织之间是领导与被领导关系。《村民委员会组织法》规定,发挥中国共产党的领导核心作用,领导和支持村民委员会行使职权,支持和保障村民开展自治活动、直接行使民主权利。对于村委会主任和村党支部书记的关系现状,被描述为“两头小、中间大”,所谓“两头小”就是两位关系特别紧张或特别好的两类,比重很小,大概在5% –10%,所谓“中间大”就是多数关系处于一般状况,现实中仍存在个别村党支部书记操纵选举、村委会

① 李昌麒:《中国农村法治发展研究》,人民出版社2006年版,第44页。

② 习近平:《决胜全面建成小康社会 夺取新时代中国特色社会主义伟大胜利——在中国共产党第十九次全国代表大会上的报告》,人民出版社2017年版,第32页。

主任摆脱党组织领导等现象。因此,“两委”干部要职责明确,注意权力界限,提升法治素养。

“两委”干部来源于村民,具有村民的一般特征,但又不同于普通的村民,比普通村民整体素质高、组织能力强,相对来说,要面临更多的法律问题,需要的法律素质也更高。一是“两委”干部要明白自己的职责是为村民服务,要以村民需求为前提;要经常到村民中去了解他们的生活情况,上门入户地了解村民的具体问题。对于难点热点问题,“两委”干部要发挥集体智慧的结晶,想办法,拓思路,列明切实可行的计划。二是“两委”干部要率先提升自己的法律素质,起到模范带头作用,“村看村,户看户,群众看干部”。只有村干部带头尊法、学法、用法,村民才会更为自觉地守法、学法。这就要强化“两委”干部的法律培训,加强公正廉洁、依法执法等教育,加强《村民委员会组织法》的宣传教育,引导“两委”干部提高依法调解,依法管理的能力。加强《监察法》的宣传普及。《监察法》实施之前,村民自治组织中从事管理的人员与群众联系密切,依附性强,“两委”干部贪腐呈隐蔽性和多样性特点,不易查处。特别是对于非党员农村干部,不属于行政监察的对象,纪检机关等部门对其监管“无法可依”。《监察法》的颁布施行,赋予了纪检监察机关权限,有效破解了该难题。三是“两委”干部要严格依法办事,用法律调解纠纷、化解矛盾,引导村民通过法律途径和手段解决问题,充分发挥法的作用,树立法律权威,村民才会真正意识到解决问题的正确手段是法律,便会自觉地学习法律、遵守法律、运用法律。激发“两委”干部的创新精神,转变照搬照抄上级指示的落后工作方式,主动研究新途径,采用新手段。

其次,对于乡镇干部。基层干部管理基层工作,对学法用法起带头作用,这也是为何历次普法规划都把干部作为普法重点的原因。2011 年 2 月,习近平同志在省部级主要领导干部社会管理及其创新专题研讨班结业式上强调,“党的基层组织和基层干部是加强和创新社会管理、做好群众工作最基本、最直接、最有效的力量,是我们党执政为民最为重要的组织基础”。

对农村基层干部法治宣传教育的工作关键是转变两个观念,即转变重视农村经济建设而轻视农村法治建设的观念,转变处理农村问题时单纯依靠政策不善于运用法律手段的观念。[①] 在今后针对基层干部的普法教育中,一是要继续

---

① 李昌麒:《中国农村法治发展研究》,人民出版社 2006 年版,第 427 页。

进行法治讲座、法律知识培训等法治教育。在这方面，有一些国外经验可以借鉴。比如，韩国特别重视农村领导对农村进步的作用，1990年成立了“新村运动中央协议会中央研修院”，主要针对农村骨干或基层干部，通过讲座、案例、交流等形式，偏重思想观念的培养，取得了良好的效果。这种对基层干部的培训教育制度化、体系化、系统化的经验，非常有利于基层干部的执法综合能力的有效提升，值得我国借鉴。二是要坚持普法考试制度，但不能再像有的农村地区那样走形式，而应当用制度加以规制，如将考试置于人民代表大会或社会普法组织的监督之下，考试成绩直接与干部升迁、任职挂钩；严格评分标准和考试合格线，连续两次或三次不合格的取消升迁或评优资格，从根本上将普法教育与基层干部的直接利益相联系。三是要加大法治政府考核。2009年12月，国务院办公厅发布的《关于推行法治政府建设指标体系的指导意见》将法治政府建设的目标分解、量化，建立了8项一级指标，50个二级指标，187项三级指标。其中在主观指标中，社会公众对法治政府建设、依法行政评价的指标分值不得低于总分值的20%。近些年，一些省市就法治政府的考核不断完善。比如，2022年1月，河南省委省政府印发《法治河南（法治政府）建设考核方案》，对考什么、怎么考、如何用做出明确部署，创新提出“1+1+N”考核模式，第一个“1”即加强党的领导，第二个“1”即共同职责，这两部分是所有考核对象必考内容；“N”即分类职责，将结合每个考核对象职责分别确定加考内容，避免“一刀切”。乡镇政府是农村法治建设的具体实施者，科学严格的考核体系，能够起到风向标、指挥棒的作用。

最后，在“两委”干部和乡镇干部的关系问题上。村级治理一直存在两种治理思维。一种是“圈养”思维，即党的领导就是党包办一切。另一种是“放羊”思维，即完全尊重村民自治，党组织放弃领导权。① 当前，村委会“附属行政化”问题突出，即乡镇政府将村委会当作自己的下属行政单位，对其行使工作人员的任免权、调动权，干涉村委会的工作，也就是“圈养”思维倾向。现实中，完成工作任务和应对检查评价耗费了村委会的大量时间和精力，以至于无法更好地推进自治工作。长此以往，村委会变得向政府负责而不是向群众负责，乡镇政府

① 贾锡萍、涂明君、乔贵平：《从“能人治村”走向“依法治村”——基于天津市村两委干部法律素养问题的调查》，载《天津行政学院学报》2016年第5期。

对村委会的指导变为领导关系,"附属行政化"由此产生。这一问题严重阻碍村集体实现真正的村民自治。这主要是因为村委会在历史上往往是由行政手段建立,而且承担大量的政府行政事务。

《村民委员会组织法》第5条规定了乡级人民政府对村民委员会工作是指导、支持和帮助关系,村委会对乡级人民政府是协助关系。因此,村委会杜绝"附属行政化"现象是有法可依的。一方面,要让基层干部清楚为与不为的行为界限,用制度规范治理,真正理解何为村民自治,不再干涉村民自治中的自治权行使而是充分维护其自治权。另一方面,明确"两委"干部的职责,《村民委员会组织法》第2条列明了村民委员会主要职能。"两委"干部作为村民的代理人,接受乡镇政府的指导,上传意见和建议,同时,作为乡镇政府的代理人,向村民下达政策法令,调解民间纠纷。由此可见,村委会起到承上启下、上传下达的重要桥梁纽带作用。

2. 新型农业经营主体。人民公社是采取工农结合由集体统一经营管理的基层单位,在中华人民共和国成立初期农业显著落后的情况下,为农业的发展特别是为农田水利基础设施建设等方面打下了良好的基础,但该制度的最大弊端在于平均主义难以调动农民的生产积极性。1978年,安徽省凤阳县小岗村实施大包干,即"保证国家的,留足集体的,剩下的归自己",极大地调动了农民的积极性,拉开了农村改革的序幕。1982年1月1日,中国共产党第一个关于农村工作的一号文件即《全国农村工作会议纪要》正式出台,明确指出包产到户、包干到户都是社会主义集体经济的生产责任制。① 1991年11月,党的十三届八中全会通过了《中共中央关于进一步加强农业和农村工作的决定》,提出把以家庭联产承包为主的责任制、统分结合的双层经营体制作为我国乡村集体经济组织的一项基本制度长期稳定下来,并不断充实完善。② 这一制度使中国农民摘掉了贫困的帽子,走上了富裕道路,中国也因此创造了用世界上7%的土地养活世界上22%人口的奇迹。

时至今日,在传统农业向现代农业转型的时代下,一家一户的小规模生产造成生产成本高、不便于农业科技迅速推广与创新等问题,已经不适应现代农

---

① 孙泽学:《1978—1984年农村改革之中央、地方、农民的互动关系研究——以包产到户、包干到户为中心》,载《中国经济史研究》2006年第1期。

② 王义、周雪逵:《重建农民集体农用地权利制度新探》,载《法治研究》2011年第10期。

业大规模的需要。同时,城镇化深入推进和农村劳动力的转移,造成土地荒置、经营粗放等问题。大规模的农业生产首先要解决的是土地问题。2013 年 7 月,习近平总书记明确提出,“深化农村改革,完善农村基本经营制度,要好好研究农村土地所有权、承包权、经营权三者之间的关系”。[①] 2016 年 11 月,中共中央办公厅、国务院办公厅印发了《关于完善农村土地所有权承包权经营权分置办法的意见》。在党的十九大报告中,习近平总书记宣布第二轮土地承包到期后再延长三十年。[②] 这给了亿万农民一颗“定心丸”,也给了农村土地改革一颗“活络丹”,让农民放心大胆地加大土地投入,让外出农民解除后顾之忧,让返乡创业者稳定增收渠道。这样的历史背景、现实需求与发展趋势极大促进了新型农业经营主体的发展壮大。

我国新型农业经营主体包括新型职业农民、农业大户、农民合作社等。截至 2021 年 11 月底,全国依法登记的农民合作社超过 221.9 万家,辐射带动近一半农户。全国脱贫地区培育发展农民合作社 72 万家,吸纳带动脱贫户 630 万家。纳入全国家庭农场名录系统的家庭农场超过 390 万个,经营土地达 4.7 亿亩。[③] 2021 年 2 月 23 日,中共中央办公厅、国务院办公厅印发的《关于加快推进乡村人才振兴的意见》强调指出加快培养农业生产经营人才。一是新型职业农民。其出现是为了解决城市化、城镇化,导致了“耕地无人种”的现象。党的十六届五中全会将其界定为“有文化、懂技术、会经营的新型农民”。主要包括生产型、加工型、销售型、服务型。二是农业大户。目前,对农业大户的认定,国家没有规定统一的标准。各地的认定标准都是根据本地实际来制定的,一般地区认定标准是 50 亩以上。三是农民合作社。农民合作社的生产资料与劳动所得都归成员所有,实行统一指导、生产、销售等,解决了农民、农场和市场的矛盾,能够避免市场风险,保护村民利益。我国可以借鉴韩国对农民的培训分成层次模式,韩国相关法律法规规定,从业 2 年以上、未满 40 岁的青年可申报农业后继者;从业 3 年以上、未满 55 岁、具备农机设施且符合专业农户经营规模的农民可

① 刘婉婷:《坚持所有权　稳定承包权　放活经营权　为现代农业发展奠定制度基础》,载《农民日报》2016 年 11 月 4 日,第 1 版。

② 习近平:《决胜全面建成小康社会　夺取新时代中国特色社会主义伟大胜利——在中国共产党第十九次全国代表大会上的报告》,人民出版社 2017 年版,第 32 页。

③ 农业农村部农村合作经济指导司:《农民合作社和家庭农场的发展情况》,载《中国农民合作社》2022 年第 1 期。

申报专业农户。我国可以根据实际情况分成不同的类型，分类施教，当然，也要注重其共性教育。

上述新型农业经营主体主业仍为农业。农业是利用动植物的生理机能、生长规律，通过人工培育来获得产品的产业部门，与其他行业最大的区别是利用动植物自然的生长规律，因而，对自然环境的依赖性大，可能遇到的风险也大。农业发展经历了传统和现代两个阶段。传统农业以经验为主，技术含量较低。现代农业则在生产、管理上讲求技术和方法，在销售上以市场为导向，力求创新突破。我国正在由传统农业向现代农业转变，从事农业的村民不仅需要掌握农业技术知识，还需要掌握市场知识，具有保护自己权益、按照法治经济操作的能力。2018 年中央一号文件也提到了这个问题，“农民适应生产力发展和市场竞争的能力不足，新型职业农民队伍建设亟须加强”，这就需要加强村民在现代农业中法律知识的学习。同时，对于一些利好的政策，也应当加大宣传。

首先，加强市场经济有关的法律知识的学习。现代农业是根植于市场经济的农业，新型农业经营主体已经不能像以往那样“面朝黄土背朝天”地埋头苦干，而是需要更多的专业知识。当前，从事新产业新业态的发展势头强劲，5.4 万家农民合作社开展电子商务，1.6 万家农民合作社进军休闲农业和乡村旅游，越来越多的家庭农场在夯实种养基础的同时，探索一、二、三产业融合发展。① 虽然现代农业科技水平的提高使农业生产效率和产出大大提升，但如果新型农业经营主体知识结构不完整，也可能导致农民经济受损。比如，某年风调雨顺，粮食产量大增，当农民满心欢喜准备收钱时，发现收入反而低于往年。这就是经济学上著名的“丰收悖论”，即粮食收成好从而供给增加，但导致价格降低，农民收益下降。美国经济学泰斗保罗·萨缪尔森用“需求弹性”分析了产生这一矛盾现象的原因，他认为，所谓的“需求弹性”指的就是物品的需求量对价格变动的反应。正是因为诸如小麦、玉米这种基本粮食作物缺乏需求弹性，也就是说，价格变动反应迟钝，当收成好时，粮食供给增加导致价格降低，但并没有刺激更大的需求，从而导致农民总收益不升反降。该事例说明了两个问题：一是基于农产品的特殊性和市场经济的价值规律，仅具有科学技术知识是远远不够

---

① 农业农村部农村合作经济指导司：《农民合作社和家庭农场的发展情况》，载《中国农民合作社刊》2022 年第 1 期。

的,人文社会知识才是把握生产方向的关键,二者是“头脑”与“工具”的关系。二是既然市场规律不能抗拒,市场风险难以预测和把控,那么,设计并运用相关制度可以有效地降低农业生产的风险和增加农民收入,如保险制度、订购合同制度等,这些都需要法律知识的运用。

其次,加强生态环保有关的法律知识的学习。我国早在大禹时期就有了生态环保的思想。《逸周书·大聚解》中写道:“禹之禁,春三月,山林不登斧,以成草木之长;夏三月,川泽不入网罟,以成鱼鳖之长。”①大禹曾下令,春天的 3 个月,不能采伐山林;夏季的 3 个月,不能捕鱼鳖。体现了我国自古就有的“天人合一”“顺应天时”的生态思想。在农业技术培训或是生态环保培训中,强调保护生态不仅是道德义务,更是法律义务,如《民法典》规定,“民事主体从事民事活动,应当有利于节约资源、保护生态环境”。《清洁生产促进法》提出,“农业生产者应当科学地使用化肥、农药、农用薄膜和饲料添加剂……防止农业环境污染”。尽量减少农药、化肥对土壤的污染,改变落后的粗放型生产模式,因地制宜改良土壤保护耕地,实现农业的可持续发展。

最后,加强尚未立法但对农业利好的政策宣传。一是关于农业社会化服务的政策。这一点,其他国家或地区的一些先进经验值得借鉴,如日本、我国台湾地区等地的农业部门通过农会或农协等为村民提供生产指导,集中进行农资购买技术推广、产品销售等运作。2015 年,中共中央、国务院印发了《关于深化供销合作社综合改革的决定》,强调供销合作社要把为农服务放在首位,在农资供应、农产品流通、农村服务等重点领域和环节为村民提供便利实惠、安全优质的服务。由此可见,党中央将供销合作社作为为村民提供社会化服务的重要平台。二是关于农业技术推广的政策。2012 年,中共中央、国务院印发了《关于加快推进农业科技创新持续增强农产品供给保障能力的若干意见》,对农业技术在农村的推广进行了具体部署。当前,我国农业技术很多已经走到世界前列,最典型的是袁隆平的杂交水稻。但是,当前有一些农业技术难以有效推广到村民的实际生产中去,这是我国农业技术的“最后一公里”难题。当前有些地区的先进做法值得推广,比如,山东安丘市是我国第一大农产品出口地,为了符合进口国标准,他们严格制定标准,设计选种、种植、施肥、农药、采摘、包装、销售等环

① 《逸周书·大聚解》。

节。三是有关农村金融支持的政策。农村的金融需求主体已经从原来的单一农户转变为各类新型农业经营主体等多元主体。融资难的问题直接影响到农村经济对金融资源的利用效率。2013 年 12 月，习近平总书记在中央农村工作会议上指出，“农村金融仍然是个老大难问题，解决这个问题关键是要在体制机制顶层设计上下功夫，鼓励开展村民合作金融试点，建立适合农业农村特点的金融体系”。因此，应增强金融在农村社会的作用，推进开发性金融、政策性金融，推进农村信用社改革，增强省级联社服务功能。积极发展村镇银行等多形式，完善农业保险制度，稳步扩大“保险 + 期货”试点，吸引更多的金融资源和社会资本流向农村。

3. 农民工。“任何一个国家，从传统社会向现代社会的转型过程中，必然经历一个产业结构和城乡结构的转换过程，与此相联系，也经历着由农业人口向非农业人口、农村人口向城市人口、农民向工人的转化过程。”①农村实行家庭联产承包责任制后，土地资源有限，但技术进步提高了劳动生产率，由此产生了剩余劳动力。有的农民从土地上解放出来，而此时，城市的就业由之前的封闭变得开放，由此使一些农民开始大量涌入城市务工。但由于我国城乡二元经济结构、户籍制度等原因，进城务工的农民并没有成为完全的工人，而是肩负“农民”和“工人”的双重任务，被形象地称为“农民工”。“关于‘农民工’这个词汇，最早是由张玉林教授等社会学者在 20 世纪 80 年代初期提出的，是对‘民工潮’社会现象进行思考、归纳、总结的结果。”②农民工主要是指家乡在农村，有承包的土地，进入城市务工和在当地从事非农业劳动 6 个月及以上的人群。2017 年，我国农民工总量已达 2.87 亿。农民工按照工作地点可以分为外出农民工和本地农民工，外出农民工即在户籍所在地以外务工的农民工。本地农民工即在户籍所在地务工，住在家里，白天到家庭周边务工的农民。农民工按照出生时间可以分为第一代农民工和新生代农民工。新生代农民工也称第二代农民工。这一说法源自 2010 年 1 月国务院发布的 2010 年中央一号文件，首次使用了“第二代农民工”的提法，主要指“80 后”和“90 后”的农村劳动力。当前第二代农民工约有 1 亿人口，占农民工总数的 60%，逐渐成为外出务工的主力。

---

① 谢建社：《新产业工人阶层——社会转型中的“农民工”》，社会科学文献出版社 2005 年版，第 6 页。

② 张跃进：《中国农民工问题解读》，光明日报出版社 2007 年版，第 29 页。

农民工是城市的弱势群体。农民工有复杂的生存维度，主要体现在以下四个方面：第一，从职业上看，农民工从事的是非农职业，涉及诸如建筑业、制造业、服务业等行业。也就是说，农民工虽然有承包的土地，但不从事农业生产。第二，从身份上看，农民工的户籍仍然在农村，在身份上仍属于农民，也就是说，农民工虽然生活在城市，却不能获得城市的社保。第三，从工作关系上看，农民工与单位往往属于雇佣关系，现实中不签劳动合同的情况比比皆是。也就是说，农民工虽然是工人，但并不一定能够得到工人的待遇。第四，从地点上看，农民工家在农村，却生活在城市，涉及至少两个不同的地域。也就是说，异常复杂的生存环境导致农民工面对方方面面的法律问题，既面对法治相对进步的城市生活，合法权益容易受到侵害，又要处理农村老家的各种事务，既涉及农民，又涉及工人；既涉及农村，又涉及城市。农民工所需要的法律知识较单纯的农村生活人群涉及面要广得多，但农民工往往工作时间长、工作流动性大、居住分散，对其进行普法教育不仅是一个重点，也是一个难点。

农民工在城市工作生活最突出的问题就是其与用工单位之间的关系。有的用工单位重视经济效益，轻视依法管理，要求农民工加班加点成了“家常便饭”。有的单位领导虽然也重视法治教育，但是，一些人在认识上存在偏差，认为普法教育的目的就是让务工人员更“听话”，因此，会断章取义，强调工人的义务和责任；一些单位担心农民工掌握的法律知识多了会不利于单位管理，因此，对权利的介绍敷衍了事，导致农民工的法律知识构成不完备。2014 年 9 月，国务院出台《关于进一步做好为农民工服务工作的意见》，提出加强对农民工的法律援助和法律服务工作，不断提高农民工及用人单位的法治意识和法律素质，引导农民工合法理性维权。之后各地纷纷响应，取得了良好的效果。以四川省为例，截至 2014 年年底，四川现有农民工 2400 余万人，农民工总量占全国总量约 10%，全省累计投入经费超过 7000 万元，同时聘请专职工会维权律师 921 名，该省工会已为川籍农民工维权 385 余件（次），追讨被拖欠工资、工伤、工亡及经济补偿金 1.5 亿余元。①

对于农民工的普法教育，除了应当注重掌握《劳动法》《劳动合同法》《工伤

① 李娜、高杜：《四川工会“普治结合”提升农民工维权意识》，载《工人日报》2015 年 8 月 20 日，第 6 版。

保险条例》等实体法，也包括各地区的相关地方性法规，如某省实施的进城务工人员权益保护办法等。按照《关于进一步做好为农民工服务工作的意见》提出的“鼓励和解、强化调解、依法仲裁、衔接诉讼”要求，及时公正处理涉及农民工的劳动争议。本书认为，应当重点宣传和培养农民工的以下知识和能力。

首先，举证知识和能力。宣传“谁主张，谁举证”的一般举证原则，能够掌握基本的证据保留知识和能力。主要包括：合同，要在上工之前与用人单位签订劳动合同，特别注意是与用工单位或劳务单位签订，而不是与单位老板或工头签订，这样能够避免找不到诉讼对象或老板跑路无法求偿的后果；各类单证，比如工作服、工作牌等能够证明确实在某单位工作，押金条、工资条等能够证明钱款的往来，考勤表、打卡记录等能够证明出勤情况，医药费用单据用以证明赔偿的具体数额等。

其次，熟悉纠纷解决程序。先找本单位工会，与单位进行充分协商。协商不成，再找到用人单位所在地的劳动争议仲裁委员会，这是我国的劳动争议仲裁前置程序。对仲裁结果不服，向法院提起诉讼。主要涉及《劳动争议调解仲裁法》《民事诉讼法》等。

最后，知悉时效制度。我国《工伤保险条例》规定，提起工伤认定的时间，工伤职工或其近亲属、工会应在事故发生之日或被诊断为职业病之日起一年内，向用人单位所在地社保部门提出工伤认定，这就要避免与单位协议“私了”而耽误了认定时间。另外，劳动争议申请仲裁的时效为 1 年，从当事人知道或应当知道其权利被侵害之日起计算；法院解决民事纠纷时效为 3 年，自权利人知道或者应当知道权利受到损害以及义务人之日起计算。

4. 农村青少年。梁启超在《少年中国说》讲道：“少年智则国智，少年富则国富，少年强则国强，少年独立则国独立，少年自由则国自由，少年进步则国进步……”加强对青少年的普法教育非常重要。习近平说：要坚持法治教育从娃娃抓起，把法治教育纳入国民教育体系和精神文明创建内容，由易到难、循序渐进，不断增强青少年的规则意识。①

首先，有利于预防青少年犯罪。预防青少年犯罪一直是个世界性难题。据

① 中共中央文献研究室：《习近平关于全面依法治国论述摘编》，中央文献出版社 2015 年版，第 91 页。

最高人民检察院的统计，近年来全国青少年首次触犯法律的平均年龄提前了2岁。中国青少年犯罪研究会统计，青少年犯罪总数占全国刑事犯罪总数的70%以上。中国政法大学教授王敬波对2834名未成年犯做过调研，在回答犯罪原因时，有占65%的未成年人选择“不懂法”。青少年正处于学习文化、树立世界观和价值观的阶段，缺乏社会经验。因此，法治教育对农村地区青少年人生观、价值观和世界观的正确树立意义重大。

其次，有利于保护青少年的合法权益。青少年作为弱势群体，要加强对其权益的保护。尤其是近些年来的典型社会事件，如当前校园欺凌已经成为社会关注的焦点社会问题，2016年4月国务院专门下发《关于开展校园欺凌专项治理的通知》，将该行为定义为“发生在学生之间蓄意或恶意通过肢体、语言及网络等手段，实施欺负侮辱造成伤害的行为”。2016年11月，教育部联合九部门发布了《关于预防中小学生欺凌和暴力的指导意见》，李克强总理多次作出指示，要求教育部会同相关方面多措并举，特别要完善法律法规，加强对学生的法治教育。

最后，有利于增加农村普法途径。青少年作为学校与家庭的“联络员”，可以利用家庭成员之间的亲密关系，甚至亲属之间的紧密联系，由青少年作为普法的“传播员”，利用农村“熟人社会”的特点，将法治观念和法律常识带到千家万户。[①] 比如，皖北农村地区的“小手牵大手”活动，中小学生把在学校学习的法律知识带回家，向家长宣传。这些方式拓宽了农村普法途径，获得了预期的良好效果。

马克思在《资本论》第一卷序言中曾经说过：“一个国家应该而且可以向其他国家学习。一个社会即使探索到了本身运动的自然规律，它还是既不能跳过也不能用法令取消自然的发展阶段。但是它能缩短和减轻分娩的痛苦。”[②]国外也很重视青少年的普法教育，有可资借鉴的经验。比如，英国的中小学并不单独开设法治教育课程，而是将其纳入公民教育课程之中，对其采取“轻触式”教学方法，给予学校高度的自由选择教学模式；美国对青少年德育教育的总体目标是“培养美国公民”，在教育方法上，采取体谅模式、价值澄清模式、道德认知

---

① 李育全、马雁：《农民法治观念的误区及其引导》，载《中国农业大学学报（社会科学版）》2002年第2期。

② 《资本论》（第1卷），人民出版社1975年版，第11页。

发展模式等，利用近三分之一的学时组织学生进行律所、法庭、警察局等机构的亲身体验；法国开设公民意识教育课程并覆盖基础教育的全阶段。由此可见，国外的青少年普法教育往往都置于公民教育的背景和目标之下，值得我国借鉴，这恰恰符合新时代构建农村普法教育“大格局”的基本定位。

“当代西方公民教育的核心在于尊重人的主体性，注重个人参与国家政治和社会生活能力的培养，倡导个人价值与社会价值并重。”①2016年7月，教育部、司法部、全国普法办印发了《青少年法治教育大纲》，也提出了培养社会主义合格公民的目标。所谓“公民教育”，有代表性的观点包括：严复提出的“鼓民力，开民智，新民德”的主张；梁启超认为，新民的人格特质包括国家意识、权责意识、政治意识、社会公德、自由理念、自治、合群、民气、毅力等。在西方，比较具有代表性的公民教育理论观点主要有四种，即自由主义的公民教育观、公民共和主义的公民教育观、社群主义的公民教育观和多元文化主义的公民教育观。本书认为，公民教育应当作为公民终身教育的重要组成部分，其目标是培养公民主体意识和提升公民素养，将公民的政治意识、法律意识、道德意识等作为主要教育内容。我国也在不断加强该方面的教育，党的十七大报告指出，加强公民意识教育，树立社会主义民主法治、自由平等、公平正义理念。“三农”发展一直是我国重中之重的问题，提升农村民众的法律素养，特别是作为农村未来的青少年，对村民公民意识教育影响重大。

“要坚持法治教育从娃娃抓起，把法治教育纳入国民教育体系和精神文明创建内容，由易到难、循序渐进不断增强青少年的规则意识。”②加强农村青少年的普法教育，按照教育部2016年7月印发的《全国教育系统开展法治宣传教育的第七个五年规划（2016—2020年）》，将法治教育纳入国民教育体系，形成学校、家庭、社会“三位一体”的青少年法治教育格局。

首先，学校创新形式，开展生动活泼的法治教育。党的十八届四中全会提到，要把法治教育纳入国民教育体系，从青少年抓起，在中小学设立法治知识课程。③《青少年法治教育大纲》对每个阶段的青少年法治教育提出了具体要求。对农村地区的中小学，要结合实际情况，将法治教育与德育课程紧密结合，修订

---

① 王文岚：《当代西方公民教育理论探微》，载《兰州大学学报（社会科学版）》2005年第6期。

② 习近平：《加快建设社会主义法治国家》，载《求是》2015年第1期。

③ 《中共中央关于全面推进依法治国若干重大问题的决定》，人民出版社2014年版，第26页。

中小学德育课程标准。加大投入力度，采用多种教学方法，如情境教学、法庭模拟、案例分析等教学方法，深入挖掘其他课程的法治因素，开展丰富多彩的主题教育和校园法治文化建设。

其次，社会群策群力，协助农村青少年进行普法教育。2016 年 9 月，教育部等七部门联合下发《关于加强青少年法治教育实践基地建设的意见》，特别是在农村地区，存在法治教育实践基地重要性强但落实难度大的问题。应在司法机关、政府部门、法律服务组织等单位或组织建立专项的法治教育基地或定期派人到学校进行法治讲座，通过典型案例或实践经验对青少年进行“以案说法”。高校法学专业师生也可以定期下乡普法或是结成帮扶对子。另外，利用社会组织提前对农村青少年的职业进行培养，在 20 世纪 20 年代，美国就建立了“未来农民联合会”，作为中学生学习农业课的组织，目前已经超过 500 万人。我国也可以借鉴这些经验，对农村地区青少年建立相关组织，提前进行农业农村发展及其规则教育。

最后，完善家校合作制度，强化家庭对青少年正确的法律导向。大力宣传家庭教育的成功典型，特别是有关法治教育的优秀代表，为农村普法教育树立典型参照；编纂家长普法教育手册，为家长的自身法治素养和对子女普法教育的知识和能力提升提供参考；建议加大监护人的法律责任，除了现有规定的赔偿责任外，可以借鉴别处的经验，增加法律责任的形式，在具体的监护制度中，加大监护人的监护责任。比如，在我国台湾地区，强制性亲职教育责任是监护人失职的法律责任之一，即孩子犯罪，如果父母有教育问题，要接受 8 – 50 个小时的培训。

在农村地区，需要特别注意以下三类特殊的青少年群体：

第一类是辍学的青少年，受办学条件、地理环境、家庭经济状况和思想观念等多种因素影响，我国一些地区特别是老少边穷岛地区仍不同程度存在失学辍学现象，初中学生辍学、流动和留守儿童失学辍学问题仍然较为突出，造成一批青少年早早地离开学校，在家务农或是外出打工。国务院办公厅于 2017 年印发《关于进一步加强控辍保学提高义务教育巩固水平的通知》，指导各地完善控辍保学工作机制，多措并举提高义务教育巩固水平，教育部也启动了学籍系统与国家人口库的比对机制建设工作，完善辍学学生行政督促复学机制。此外，还应推动各地把帮扶等相关政策“精准化”，因地、因家、因人施策，村委会应当予以思想上的正确引领与帮扶。重点通过提升农村学校教育质量、因地制宜促进农村初中普职教育融合、建立健全学习困难学生帮扶制度等措施，解决好学生厌学的问题，落实诸如助学贷款、奖学金等经济支持的途径。

第二类是留守儿童。2016 年 2 月 4 日，国务院印发《关于加强农村留守儿童关爱保护工作的意见》，强调乡镇人民政府和村民委员会要加强对监护人的法治宣传、监护监督和指导，督促其履行监护责任，提高监护能力。对留守儿童做好法治宣传和安全教育，帮助儿童增强防范不法侵害的意识。同时提出了从源头上减少儿童留守的途径，如为农民工家庭落户城市提供房屋、教育等方面的保障，通过各种优惠、减免政策，引导和扶持农民工返乡创业。

第三类是流动儿童。根据人口统计部门的定义，流动儿童是指人户分离超过半年、18 周岁以下的流动人口。他们主要是随外出务工的父母来到城市学习和生活。很多城市为了控制人口数量，对非本地户籍人口入学条件严格限制，入学难度大，学龄孩子只能上收费的民办学校，如"打工子弟"学校，这类学校很少得到政府的支持，主要靠家长交的学费维持，有的学校为了降低运营成本，教学质量堪忧。虽然我国为解决这一问题，将财政对教育的支付标准由依户籍改为依学籍，在很大程度上缓解了外来务工人员子女教育经费紧张的问题，但多数进城务工人员子女进不了公办学校，也享受不了国家的补贴和优质的教育资源。因此，近年来又引发了"回流学生"的现象，就是从"流动儿童"回到家乡学习变回了"留守儿童"，对此，应建立相关制度保证流动儿童的教育。建议将流动儿童教育纳入公共服务体系，并制定相关规范，加以保证实施和监督管理。①

（二）打造"送迎结合"的施教体系

毛泽东曾说过："我们不但要提出任务，而且要解决完成任务的方法问题。我们的任务是过河，但是没有桥或没有船就不能过。不解决桥或船的问题，过河就是一句空话。不解决方法问题，任务也只是瞎说一顿。"②中国共产党历来注重工作方法，任何一项任务的实现都离不开合理恰当的方式方法。受历史、观念、文化、经济等多重因素的影响与制约，农村普法的方式方法不同于城市普

① 《魏佳羽：政府亟须从"精英优配"向"弱势补偿"转变》，载《民主与法制时报》2017 年 4 月 23 日，第 7 版。

② 《毛泽东选集》（第 1 卷），人民出版社 1991 年版，第 139 页。

法。回顾农村普法教育四十余年，整体来说，体现了主体由单一到多元、方式由灌输式到浸润式的发展，打造“送迎结合”的施教体系。

大体框架上，应构建“送迎结合”的基本思路，即“送法下乡”与“迎法下乡”相结合。其中，“送法下乡”最大的特点是村民被动接受普法教育，由施教者选取普法内容，选择普法方式。我国对自上而下的普法教育能够集中力量办大事，积累了大量的经验，获得了良好的效果。“迎法下乡”最大的特点是村民主动接受普法教育，由受教者选取普法内容，选择普法方式。其产生的原因是，“社会变迁使得传统的地方性规范和内生权威力量式微，根本无法应对新出现的混乱状态，乡村社会内生出了对国家力量和法律的需求”。[①] 当前，应当面对新形势，发扬并继续实施效果良好的普法途径，创新方式方法，集中思想，为普法注入新的活力。总体来说，我国的农村普法教育走向上呈现“迎法下乡”的趋势，最好的途径就是将二者的优势结合，实现“送迎结合”的基本思路。

按照上述框架，构建普法的模块化。我国以往的农村普法教育重视法的指引和规范作用，由此形成了这样一种逻辑，就是村民因为不知法，所以不守法，更不会用法。所以要通过普法，增加村民的法律知识，使其懂得法律后果，并随着法律知识量的增加，具有更强的预知能力和获得更多的选择权，由此大大降低违法的可能性。在守法的过程中，村民通过法律维护了自己的权益，获得了利益，使普法的效果走向用法层次。但是事实证明，随着村民法律知识的增长，其对法律的认可和接受并没有逻辑设定的那样相应提升，甚至消减了他们的用法热情。这说明，单纯的灌输法律知识是不能提升村民的整体法律素养的，要科学设置普法教育内容，丰富普法方式。主要打造三大“送法下乡”普法模块。

1. 直接推广模块。即政府按照规划计划，通过法治教育材料的发放、标语的张贴等形式，进行的有组织有计划的直接教育宣传活动，重点解决村民的法律知识的积累，营造农村的法律氛围，打造农村法治文化。直接推广模块主要包括以下几种形式：

(1)创新传统普法形式。延续并创新传统方式，如普法条幅、法律电影、黑板报、普法演出等比较普遍，得到多数村民的认可。公众接受普法信息的渠道

① 董磊明、陈柏峰、聂良波：《结构混乱与迎法下乡——河南宋村法律实践的解读》，载《中国社会科学》2008年第5期。

正在发生根本性变化,传统普法传播渠道的影响力急剧衰减。[①] 各地纷纷创新形式,有的农村地区建设普法一条街,把村民喜闻乐见的方式综合到了一起,有图片、有文字,甚至还有现身说法等,集中展示法律知识,给村民提供一个绝好的学习环境。有的农村地区建设普法文化墙,比如在江苏沛县,全县90%以上的村居建成了普法歌谣文化墙,将村民认为冗长的不懂也不愿学的法条,改编为歌谣或快板的形式,朗朗上口。

(2)加强宣传阵地建设。目前,传统农村普法教育阵地通常是文化活动中心、村委会、图书馆等地点。20世纪70年代,韩国开启“新村运动”,旨在提高村民的思想认识、改变村民的精神状况与提升物质条件相结合,目的是把传统落后之乡,改变为现代进步的希望之乡。其中,“村民会馆”就是一项重要的对村民思想启蒙的阵地教育,会馆通过各种形式向村民输送正确的价值观,培养村民的集体荣誉感、主人翁的使命感以及积极勤俭的生活态度,如通过技术培训、交流会、查阅相关资料、本村发展计划、公共食堂等,提高了村民与政府之间的亲密度,增强了村民的团结力。韩国的上述做法有值得我们借鉴的内容:一是该阵地的长期化,使当前精神匮乏的中国村民,在这样的阵地里寻求一个精神家园。二是规划的民主化,使村民看到本村的发展与希望,能够提高其干劲和集体荣誉感。三是内容的亲民化。比如,韩国的“村民会馆”在农忙时节就办起了公共食堂,为村民解除后顾之忧。

近年来,我国农村地区普法教育阵地创新建设频出。浙江省打造全国首个法治农民画小镇,通过农民画的形式,串联全国民主法治示范村、小学等普法点,被评为浙江省法治宣传教育基地。温州市、丽水市合力打造“浙闽边界法治乡村走廊”。

其实,除此之外,阵地可以不用固定下来,“随时转移,农村普法处处是阵地”。在阵地建设中,可以与主题相结合,如在建筑工地,组织农民工维权或劳动合同专题普法;在农田,组织农产品质量安全或农业技术推广等法律的普及;在农户聚集区,组织婚姻继承法等法律知识的普及。

(3)利用固定时间集中普法。也就是将农村普法教育时期固定化。有的地区专门选择农闲时节。比如,韩国在对技术、经营和农政等方面的培训方式之

---

① 林凌,高雅雯:《新媒体环境下普法信息传播优化策略》,载《编辑学刊》2017年第3期。

一，就是冬季培训。我国也有类似的经验且效果非常明显，就是从抗日战争时期开始到中华人民共和国成立后的一段时间的“冬学”运动，所谓“冬学”就是农村利用冬季农闲时期，在党的领导下，对农民进行的教育，以提高其思想政治、文化、生产技术能力的群众运动。其方式丰富多彩，集中学习、讨论、编歌、演戏、报刊、广播、竞赛、小先生（以小学生为“老师”传播知识）。中华人民共和国成立前主要集中在思想政治和文化素质的提升。中华人民共和国成立后，一些地区开始组织普法教育，在北京市档案馆查到的 1951 年北京工农业余教育局下发的工作通知，特别指出民主政策、婚姻法是当年冬学运动的首要任务，并要求对其认真总结。总体来说，冬学运动唤起了农民的学习积极性和政治热情，提高了整体素质。现在很多农村地区一到农闲，很多不外出打工的村民就靠打麻将打发时光。所以，农村普法教育也可以利用冬季的农闲进行集中普法教育。另外，恰当利用特殊节日或期间，开展专题系列活动。比如，结合法律法规颁布、司法解释出台以及“3・15”消费者权益保护日、“5・1”劳动节、“5・15”国际家庭节、“9・3”农民丰收节、“12・4”国家宪法日等重要时间节点，集中开展专题普法，坚持日常普法与专题宣传相结合，为村民营造浓厚的学习氛围。

（4）依托扶贫及脱贫攻坚后的衔接工作加大普法力度。党的十八大以来，习近平总书记从人民利益出发，提出了“精准扶贫”的战略思想，在党的十九大上，习近平总书记再次强调脱贫攻坚战问题。古人云：“授之以鱼，三餐之需；授之以渔，终身之用。”扶贫帮扶不能只局限于送钱送物，要避免贫困户惰性求助，滋长不良之风。因此，可以打赢脱贫攻坚战为契机，贯彻“扶贫先扶志、扶智相结合”理念，将扶贫与普法相结合，实现“物质”“法治”的“脱真贫、真脱贫”。之前，我国已经有提一些地区采取这样的方法，如河北省衡水市司法局将精准扶贫与“送法进村”相结合，驻村工作队也是法治宣传队和法律服务队，在脱贫攻坚和法治帮扶中同时建设了法治文化，完善了公共法律服务。[①] 2021 年 3 月 23 日，中共中央、国务院印发的《关于实现巩固拓展脱贫攻坚成果同乡村振兴有效衔接的意见》公布，这份 8000 余字的文件对中国脱贫攻坚后的衔接工作进行了详尽的安排。脱贫摘帽不是终点，而是新的起点。在进行防止返贫、巩固“两不

---

① 周宵鹏：《河北精准施策提升普法服务大局实效　把普法融入法律服务全过程》，载《法制日报》2019 年 9 月 16 日，第 1 版。

愁三保障”成果及其他帮扶工作的同时,应依托上述工作,持续加强普法教育,这也是该意见指出的提升公共服务水平,做好人才智力支持政策衔接,接续推进脱贫地区发展和乡村全面振兴的有效措施。

2. 媒体宣传模块。即提高新媒体服务的实效。普法教育的新媒体服务主要是指以互联网为载体的新媒介,包括微博、微电影、微小说、微信、App、淘宝法律咨询网店等形式。也有人认为新媒体是继报纸、杂志、广播、电视四大传统意义上媒体之外的“第五媒体”。这些途径以不受空间限制、覆盖面大、价格低廉、形象生动、感染力强等优势,受到广大村民的普遍欢迎。这一模式的普法教育是一种参与式法治传播,Kalbfleisch 认为,参与式传播在理论上可以被理解为一种“通向理解的行动”。① 在这种参与式的传播中,普法传播者发出的信息不是施令或劝服,而是一种对话或信息交换,每个参与者在这种普法过程中都有具体的角色定位,发挥自己的独立作用,从而起到令普法接受者理解而不是接收的作用。

在农村新媒体的普及率很高,村民可以在家选择自己需要了解和学习的知识。尤其是“80 后”、“90 后”人群,手不离手机,特别钟情于网络,这就需要通过简便轻松的形式使村民潜移默化地受到教育。因此,要重点依托新媒体,打造普法教育网络。推行“移动学习”理念,运用互联网、大数据、移动终端等,实现“互联网 + ”普法模式。有的平台通过游戏、积分等形式,实现互动性趣味性的统一。另外,有关农村普法电影作品受到关注,比如 2016 年上映的村民为自己讨公道的电影《我不是潘金莲》,2017 年维护老人合法权益的现代豫剧电影《花喜鹊》在农村院线上映,都受到了村民的广泛关注。

这些媒介在普法工作中,不仅要注重与村民实际生活相联系,尽量选用真实案例,而且要注重把握媒体的客观报道。在联系实际生活方面,一些电视台的普法栏目效果显著,如中央电视台的《普法栏目剧》、河北农民频道的《非常帮助》等栏目,都引起了村民的共鸣,起到了很好教育作用,很多村民还积极参与节目。在 2021 年针对河北省普法需求的调研中,法制电视节目位居村民喜欢的普法形式首位。这说明村民特别是老年人对该形式需求不减。在充分利用网

---

① Kalbfleisch · Pamela J(ED), *Communication Yearbook 27*, Mahwah, Jand london: Lawrence Eelbaum Associates, 2003, p. 107.

络科技的同时,要充分关注运用智能技术困难人群,坚持传统服务方式与智能化服务创新并行。在加强媒体普法的自我约束方面,当前媒体单位众多,特别是自媒体盛行,每个人都能自由地发出声音,媒体应当充当客观、公正的"带头兵"。因此,要避免以下问题:首先,避免法律条文的刻板讲解,当前这种情况相对少见,多数媒体普法都是以案例为依托。其次,避免过度设置悬念。有的节目为了吸引观众注意力,设置过多悬念,直到几集之后才公布案情结局或判决结果,很容易超出村民的耐性,使之失去兴趣或是误认为法律太过高深奥秘。再次,避免犯罪细节展现过于详细,容易造成普法不成而"普犯罪"的后果,尤其是针对青少年,避免其效仿学习不良行为。最后,避免道德绑架。有的媒体在报道案情时,信息掌握不全面,甚至有的针对没有判决的热点案例予以"媒体审判",容易误导群众,影响法官裁判的公正性。因此,媒体要找到普法效果与媒体作用的平衡点,寻求媒体舆论与法律审判之间的持续良性互动,坚持适度报道、理性报道、科学报道。为此,中宣部、国家网信办等五部门印发的《加强新闻媒体和互联网公益普法宣传工作方案》,推动新闻媒体和互联网传播平台落实公益普法社会责任。

3. 实训模块。即通过模拟法庭、参与庭审等途径,让村民真正参与到法律的具体应用中,重点提高村民的用法能力,推动村民法治实践养成。普法教育实训建设,把村民的法治素养要求融入乡规民约、农村经济合作组织章程等,融入法治示范村、文明村镇等建设活动,从农村垃圾分类、节约粮食等日常生活抓起,提高和践行规则意识,养成在实践中守法的习惯。还可以通过观摩庭审的方式,先由村民旁听案件,增加司法程序的知识和感性认识,然后组织村民进行模拟法庭,让村民通过角色的扮演,切身感受法律程序的运行和法律的运作。另外,可以通过一些典型案例,组织村民交流、讨论,分享心得和经验,尤其是有过诉讼或仲裁经历的村民,以案说法,交流感受,不仅使本人的法律素质得到提升,而且这种普法方式更具说服力,从而逐渐纠正法不责众、滥用权利、讲"蛮"不讲法、遇事找关系等思想和行为。

同时,打造两块"迎法下乡"模块。一是解惑答疑模块。通过普法人员对村民具体问题的答疑解惑,有针对性地解答村民的具体法律问题,是一种"一对一"式的"单独辅导",重点在于综合提升村民的学法用法能力。比如典型的"法律顾问"或"法律服务站"。福建省积极创办"一村一法律顾问,一居一法律诊所”建设。武夷山市的法律诊所实施“日坐诊、周巡诊、月会诊”的“三坐诊”制度。中国法学会相关负责人在福建省法学会调研座谈会上指出,“通过设立‘法律诊所’‘法律服务站’等工作模式,有效整合基层法律工作者力量,在参与平安建设和法治建设中发挥应有的作用”。[①] 二是参与司法模块。一些村民主动加入司法程序,或是通过派出法庭,或是要求法律服务,或是参加人民调解等,这一过程本身就是普法教育的过程。在具体的程序中,司法工作人员会将法律用于实际问题的解决中,使村民切身体会到“法治的力量”,同时激发村民对相关问题的问询与兴趣,不仅解决了实际问题,还学习和锻炼了用法能力。这些能够排除乡村非司法纠纷解决途径,而诉诸法律手段的村民,往往都是法律素质相对较高、用法需求潜力巨大的村民,这恰是加强法治与村民互动的绝佳的普法平台,也是有针对性地塑造农村法律典型和加强其示范性与影响力的恰当结合点。2016 年 11 月 10 日,经最高人民法院党组研究决定,组建中国司法大数据研究院,旨在建立世界一流的司法大数据管理者、研究者和服务者,全面推进智慧法院建设。2017 年 11 月 30 日,中国司法大数据服务网正式上线,提供专题研究、司法知识服务、涉诉信息、类案推送、诉讼评估、司法数据分析六类服务。为群众诉讼、公众普法、优化司法资源配置等提供高水平的分析服务,满足国家和社会对司法数据共享的需求。这些服务为村民的普法教育提供了极大便利。

由此可以发现,无论是自上而下的“送法下乡”还是自下而上的“迎法下乡”,都有着诸如国家司法设置、普法主体设置等共同的内容,这就实现了普法途径的“互通性”。只是两种普法路径的传播方向不同,这又实现了普法的“互补性”,如果能将二者灵活使用、有机结合,就能达到相得益彰、互通互补的良好效果。

在上述方式的实施中,要注意一些共通的工作方法。2014 年 4 月,习近平总书记在听取司法部工作汇报时说:“法治宣传工作要创新宣传形式,注重宣传实效。”针对农村地区,要解决法律如何融入农村价值体系和文化认同,主要是做到以下几个方面:

(1)以需求为主题。将以往的“大水漫灌”转变为“精准滴灌”。只有掌握村民的需求,才能有针对性且高效地普法,如村民比较关注的医疗保障问题、子

① 任文岱:《创新工作机制 服务基层群众》,载《民主与法制时报》2017 年 5 月 21 日,第 2 版。

女教育问题、土地问题等。另外，从村民的实际需求出发，把抽象的法律条文变为通俗的日常语言，把文本的法律条款变为丰富的法律活动，有效地将法理、法律知识、案例相结合，用鲜活的例子，与他们生活相似的情景、相近的案情，能使村民体会相同的情感体验。这种感同身受的故事可以帮助他们找到共鸣，在思考上实现共情。通过村民喜闻乐见的形式，增强普法活动的吸引力，提高普法教育的趣味性，激发村民学习的积极性，使法律既入心又入脑。

（2）以创新求实效。充分利用民间资源，如编排话剧、戏曲、小品、相声等，让村民在自编自演中创作法治作品，展现法律精神；改变传统艺术形式，比如山歌、灯谜等；举行比赛类活动，通过法律知识竞赛、法律小品大赛等，颁发奖状或物质奖励，调动村民的积极性；将普法活动项目化，以政务采购的方式向社会广招策划，择优录用；将普法品牌化，善用社会组织的智慧，打造普法文化品牌。

（3）以传承为导向。吸收古代法治教育经验。我国自古就有法律宣传教育的历史与传统。中国历史上第一次公布成文法活动是在春秋战国时期，郑国的执政子产将本国的法律条文铸在象征诸侯权位的金属鼎上，向全社会公布，史称“铸刑书”。[①] 晋国的赵鞅、荀寅把范宣子制作的成文法铸在铁鼎上，被称作为中国历史上第二次公布成文法活动。《韩非子》中记载“法者，编著之图籍，设之于官府，而布之于百姓者也”。[②] 当时由于媒介技术的局限，将成文法刻在象征权威的“鼎”上，就是一种权威发布，为民众所信服。现在，媒介途径多样且先进，从之前的传统纸媒到今天的网媒，在权威性载体的公布同样也都得到大家的认可。在公众的心中，诸如“人民日报”“全国人大网”等媒体发布的法律或文件，也是能让人认可和信服的。可见，这种“权威性载体”观念延续至今。

（4）以激励为助推。在明代，朱元璋推行的《明大诰》普及相当广泛，基本上每家一本，如果家中保存有大诰，罪犯减轻一等处罚。虽然在法的价值上，知法反而成了减轻刑罚的理由，不大合适。但是在法治教育角度，给予一定的利益，有利于提高普法受众的积极性，这种激励机制用在农村普法教育中可以灵活运用。比如，对法律素养高的村民授予一定的荣誉，以此享有在涉农或涉商方面的优惠政策，通过激励机制，鼓励村民主动学法。

---

① 《左传·昭公六年》。

② 《韩非子·难三》。

无论采取何种方式的普法宣教，都应当注意以下几个问题：一是法律用语的准确性。一些宣传材料特别是之前的，[①]存在个别不准确，或者不明确，或者片面、随意的地方。如把“受庇护权”写为“庇护权”，“权利”写成“权力”，“法治”写成“法制”等。二是条文适用的正确性。一些农村的法律纠纷，案情复杂，涉及的法律条文较多。有的普法材料选取的法条可能出现不准确、不全面、层级低等问题。特别是网络上一些咨询答复，文不对题的回复内容不在少数，很多内容都是粘贴复制，既不能解决问题，还浪费了网络资源，甚至对咨询法律问题的用户造成误导的不良后果。三是文字表达的通俗性。毕竟普法宣传教育面向的是非法律专业人员，特别是村民，专业性太强容易导致村民更不接受普法学习。因此，普法宣传应表达通俗易懂，内容深入浅出，案例生动形象，整体简单扼要。四是正面宣传的导向性。一些学者主张普法教育可以从正反两方面进行。本书建议侧重正面教育，虽然成人受教主体具有理解和明辨是非的能力，但是未成年人辨别能力差，正处于世界观、人生观、法治观形成的阶段，且当前信息传播媒介广泛，而青少年好奇心和猎奇心强，极易受到不良影响。因此，在普法宣传教育内容的选取上，还是要谨慎选择，不要出现过多反面教材。

（三）落实普法责任制

2014 年 10 月，党的十八届四中全会明确提出要实行国家机关“谁执法谁普法”的普法责任制。2016 年 12 月，中共中央办公厅、国务院办公厅印发了《党政主要负责人履行推进法治建设第一责任人职责规定》，明确列明党委和政府主要负责人的主要职责包括组织实施普法规划，推动落实“谁执法谁普法”责任制。2017 年 5 月，中共中央办公厅、国务院办公厅发布《关于实行国家机关“谁执法谁普法”普法责任制的意见》对该制度进行了全面具体部署。该意见的出台与实施，是对多年普法经验总结的结果。之前我国的普法教育主体主要是党委宣传部门或是司法行政部门，“四五”普法规划提到了“各地区、各部门、各行业要建立和实行法制宣传教育工作责任制”，“六五”普法规划提出了“谁执法谁普法”的原则，“七五”普法规划明确了国家机关“谁执法谁普法”机制，并将其作为一项工作措施。“八五”普法规划要求全面落实普法责任制，细化普法内容、

① 许崇德、段桂鉴：《普及法律常识读物的若干问题评述》，载《中国图书评论》1987 年第 1 期。

措施标准和责任，进一步发挥落实普法责任制联席会议的作用。逐步形成清单管理、跟踪提示、督促指导、评估反馈的管理模式，压实各责任单位普法责任。这一工作措施的提出与细化要求，是党和政府在全面推进依法治国的过程中，把握普法教育的规律，剖析新时代社会背景，既有利于依法行政，又有利于合理利用现有资源，提高普法效率的“多赢选择”。国家机关的普法责任制使我国普法的理念、方式、机制都发生了巨大变化，促进全民普法的“大格局”逐渐形成。

普法责任制也是社会的需求，特别是农村社会的需求。普法宣传部门不可能做到面面俱到，尤其是一些专业性较强的法律，就需要相应的执法部门在执法的同时落实普法教育工作。这一需求反映在一些典型案例中，据《河南法制报》报道，河南农民秦某在农田附近发现类似兰花的“野草”便采回家，回来被森林民警查获，原来秦某采伐的是国家重点保护物种蕙兰，被判有期徒刑 3 年，缓刑 3 年，并处罚金 3000 元。类似的案例不在少数，2017 年 11 月，四川省泸州市马潭区法院判决的一起非法猎杀胭脂鱼案件，两名贪图一时口腹之欲的男子被判入狱。这些案件发生的原因不能单纯地归结为当事人法律素养的高低，也有一部分原因是相关部门并没有到位地宣传过哪些属于《国家重点保护植物名录》中的植物，而村民的“植物采集”“动物猎杀”的行为并不存在主观恶意。假如在相关法律法规颁布之初，或是在执法过程中将相关知识进行宣传教育，可能类似的案件就会大大减少。

普法责任制拓展了普法主体和方式的格局，并通过制度安排，使普法工作成为分内职责，融合执法的行为规范和考核标准，将单纯的、静态的普法变为动态的、综合的普法。之后，各地积极响应落实，已经成为各地普法工作的重心。

综上，农村地区的普法责任制应做到“四个明确”+“四个转变”：

第一，“明确谁负责”，实现普法工作由司法行政机关向所有国家机关的转变。当前，对该问题的研究与探讨，实务经验偏多，理论研究相对较少。笔者认为，首先应界定普法责任制的主体。当前对于该制度的“国家机关”的界定意见不一，有的人认为对该制度只限于作出诸如行政处罚类的具体行政行为的机关，也有人认为应当包括立法、行政、司法、军事等部门机关，本书赞成后一观点。一方面，《最高人民检察院关于渎职侵权犯罪案件立案标准的规定附则》关于“国家机关工作人员”的解释是，包括国家权力机关、行政机关、司法机关和军事机关。另一方面,2017 年 10 月,时任司法部部长张军在第一次普法责任制部际联席会议中指出:“每一个具有执法权的国家机关都是普法主体,没有执法权但承担管理和服务职能的部门行业也担负着普法职责。”①因此,应尽可能地扩大普法责任制的主体。这就要求分条列举党委工作部门、人大常委会工作机构、政协机关机构、政府各部门、法院、检察院、妇联等主体应当承担的普法责任,尽量全面地涵盖普法责任制的主体,让这些主体清楚其职责,实现普法工作由司法行政机关向所有国家机关的转变。

第二,“明确做什么”,实现将普法工作由单位的“副业”向“主业”的转变。普法的对象应当包含两大部分,既有与该执法相关的人民群众,也有该国家机关的工作人员。一方面,对国家机关的内部工作人员要建立长效的学法制度,加强工作人员学法用法的考试考核制度,开展内部的法治建设。2014 年 3 月,习近平总书记在河南省兰考县委常委扩大会议上强调“正人必先正己,正己才能正人”。2015 年 12 月中共中央、国务院印发的《法治政府建设实施纲要(2015—2020 年)》对落实“谁执法谁普法”的普法责任制,提升执法人员法治素养明确提出了要求。同时,贯彻工作人员由管理型政府转变为服务型政府的思想,实现“在服务中实施管理,在管理中体现服务”的工作宗旨。这是因为只有服务型政府才是“一个以公共利益为目标,以民众客观需求为尺度,努力为全社会提供高质量的公共产品和公共服务的现代政府”②。另一方面,对于系统外的村民,应选取该普法主体常见的法律问题以及普法规划特别强调的法律专题,在以案释法的同时,开展有针对性的法律教育与法律服务活动,如通过民主立法,在立法的各个环节广泛征求村民意见,利用立法或司法解释起草制定过程开展普法工作;将矛盾纠纷化解与普法教育相结合,将普法贯穿于事前、事中、事后全过程。2021 年,农业农村部在第九次全国法治宣传教育工作会议上的书面交流材料显示,明确了 108 部涉农法律法规规章的普法责任分工,实现将普法工作由单位的“副业”向“主业”的转变。

第三,“明确怎么做”,实现从消极普法向积极普法的转变。落实普法教育供给侧改革的思路,从“用法端”出发,选择最能有效解决村民法律问题的法律

---

① 刘子阳:《落实普法责任制部际联席会议第一次全体会议召开》,载《法制日报》2017 年 10 月 10 日,第 3 版。

② 谢庆奎:《服务型政府建设的理论研究》,载《学习与探索》2005 年第 5 期。

常识,各单位制定好普法内容清单、责任清单、措施清单、标准清单、考核清单等。如2018年,上海市法宣办印发了《行政执法过程中精准普法的工作指引》,行政执法过程中精准普法成为执法机关的应尽之责、应有之义。同时,搭建普法教育媒体平台、以案释法平台、普法教育文艺创作平台、普法教育实践平台等。具体到以案释法制度上,针对法官、检察官,通过公开审理、在线直播、巡回法庭、公布判决等方式,围绕焦点充分解读法律,开展以案释法;司法行政机关引导和鼓励律师参与到农村矛盾纠纷的处理中,积极参加农村法律服务活动,踊跃担任农村法律顾问,同时,要强化律师在处理农村纠纷的教育培训;执法人员要结合案情,晓之以理动之以情地充分释法说理,并把具体的法律根据和救济方式告知相对人。比如,税务机关针对某一项税收,在列明自己的职能的同时,事先列明纳税人的权利义务、违反纳税义务的法律后果等法律知识,有针对性地进行普及教育。从而实现从消极普法向积极普法的转变。

第四,"明确如何保障",实现从单枪匹马普法向群策群力普法的转变。司法行政部门切实做好协调和保障工作,使普法工作能够更好地有机整合,产生集约效应;落实严格的考核体系,将普法责任制的落实情况纳入考核体系;建立上级国家机关监督检查下级机关制度,增加部门间的协调性,加强人员、经费、物质等保障;建立责任追究到位机制,真正给普法的负责人明确目标,防止"干好干坏一个样,干多干少一个样";建立并加强联席会议制度,定期进行联席会议讨论,防止普法工作各自为战,同时,建立各级的普法工作联席会议,从而使普法的"独唱"变为"大合唱",实现从单枪匹马普法向群策群力普法转变。

(四)建设规模化普法主体队伍

构建农村普法"大格局",要尽量扩大普法施教者的主体范围,吸收更多主体加入农村普法队伍中,最大程度地增加受教者接受普法教育的机会。除了"谁执法,谁普法"的各责任主体外,以下主体也可以吸纳到普法队伍中:

第一,"三支一扶"大学毕业生。自人事部2006年颁布并实施《关于组织开展高校毕业生到农村基层从事支教、支农、支医和扶贫工作的通知》以来十二年间每年招募3万名左右高校毕业生,已累计选派43.1万名高校毕业生到基层服务。[①] 高校毕业生素质高,法律知识比较扎实,了解基层工作,完全可以将其纳入农村普法主体的队伍。

第二,农村普法先进个人。在农村,有些人不仅自己对法律感兴趣,而且不计得失地自愿开展普法工作。据报道,江苏省连云港市赣榆区"普法鸳鸯"许家夫妇,被当地群众亲切称为普法战线的"轻骑兵";张福昌,从"一五"开始至今三十余载,带着简单的行头采用说唱形式,精心编排剧本,用家乡话配上面部表情,将重大案件、法律知识进行普法宣传,每年大大小小演出二百余场,不计报酬和名衔……这些普法典型实际已经加入了普法队伍。其实,在古代我国也有类似的历史经验,如清代的讲约制度,凡是基层单位,设立讲约处。每个月都有年长者宣读钦定律令,并负责讲解。由村民身边熟悉的人进行法治宣讲,可以使宣传教育更通俗易懂,也更方便与村民交流。时至今日,每轮普法从司法部到各地市,都会评选普法先进个人,司法行政部门可以此为契机,通过普法先进个人的宣讲,提高普法实效。

第三,乡贤。所谓乡贤,是品德、才学为乡人所推崇敬重的人。"作为农村有声望、有能力的长者、贤人,乡贤在农村社会治理中的地位依然重要,他们协调冲突、以身作则提供正能量的作用不可或缺。"[②]当下,乡贤主要分为两种:一种是身在农村的乡贤,另一种乡贤是虽然没有在农村生活,但其应影响力辐射至其农村家乡。我国自古就有"乡饮酒礼"的传统,所谓"乡饮酒礼"就是敬贤尊老之礼,在周朝时是基层行政管理的重要工作,在两汉、隋唐、两宋、元明清时期也均存在。[③] 在明朝,这项制度为法律的传播起到了重要的助推作用,体现了中国传统文化中的"德""礼""仪"三者的结合。在法治方面,乡村社会"熟人交往"的特点,决定了很多人在遇到纠纷的时候首选私了或是第三人调解。之所以选择"第三人",一是因为这些人往往选择村里或是德高望重或是有文化的人,这些人通情达理,说起话来大家认可或信服。二是因为这些人了解村民的

---

① 邱玥:《新一轮"三支一扶"计划启动实施　每年选派3.2万名高校毕业生到基层》,载中央人民政府网,http://www.gov.cn/xinwen/2021-06/04/content_5615426.htm。

② 张颐武:《重视现代乡贤》,载《人民日报》2015年9月30日,第7版。

③ 谢宝仪:《中国古代法律宣教制度的优势与当代借鉴——以基层普法为视角》,载《时代报告》2021年第4期。

基本情况，解决方式方法得当，掌握分寸恰到好处，处理结果以理服人，以情动人。乡贤自然成为最合适的“第三人”。因此，将这些人员吸收为普法宣传队伍成员，不仅可以更好地化解基层矛盾，维护农村社会的稳定，而且可以以身作则，恰当地把法律知识和法律意识有效地传播到村民之中。

第四，普法社会组织。村民习惯于“以家庭为单位”的生产生活模式和“村集体”的组织模式，近些年的农民合作社等集体经济组织，村民能从这些组织体中体会到主人翁的地位并取得经济利益。这种结社的方式，同样可以运用到普法教育中。“五五”普法规划中指出，“要鼓励和引导各类社会组织、广大公民开展和支持法制宣传教育活动”。其实，村民结社本身就是宪法赋予村民的基本权利，是表达自己利益诉求的需要，是村民“话语权”表达的重要途径。因此，还可以设立农业联合会、农业普法协会等组织。在近代，我国也有一些农业协会实践，比如，共产党领导下的苏维埃时期，在土地革命时期有“贫农团”，抗日战争时期有“农救会”，解放战争时期有“农民协会”等。① 国外也有一些做法值得借鉴。比如，法国的农业联合会就是农民利益的代表，不仅作为农民的代言人表达意见，而且向农民提供相关的职业培训。韩国法律规定，只要参加农业协作合同组织会成为会员，就可以免费参加培训。村民自己的组织，有利于实现村民的认同感和归属感，是加大普法力度、提高普法效率的有效手段。

第五，商业化运作主体。在市场经济体制下，有需求就有市场，就有发展动力。2021 年 12 月国务院印发的《“十四五”推进农业农村现代化规划》强调引导社会资本投向农业农村。发挥政府投入引领作用，引导和鼓励工商资本投入现代农业、乡村产业、生态治理、基础设施和公共服务建设。普法教育是一项高投入且长期性社会工作，长期以来的“自上而下”的工作体系，并没有达到满意的工作效果。因此，可以转变思路，将普法工作推向社会市场化运作，一方面，在运作上由相关的商业性机构负责策划、实施、评估；另一方面，吸收社会的赞助或捐资，甚至可以将其植入商业广告、商业文化或商业培训服务产业。增强普法教育的活力，探索一条政府“埋单”、市场“引导”、商业“赞助”的普法产业化发展的新途径。

---

① 李长健、李曦：《经济法视野下我国农民协会组织可行性研究》，载卢代富主编：《乡村振兴法治保障研究》，法律出版社 2020 年版。

第六,党支部、工会。在党员比较集中的地方建立流动党支部,将普法学习交流作为党小组的活动,充分发挥党员的模范带头作用。对于农民工,可以利用工会开展普法教育。《工会法》第 7 条规定了提高思想道德是工会的重要职能之一。工会是职工利益的代表,跟农民工属于一个利益共同体,工会进行的普法教育,农民工会觉得亲和度高、更加信赖,从而也更加有效。还可以由家乡的农民工会向该地派出机构,设立办事处或分工会,制定活动制度和章程,定期组织活动,从而创建农民工家乡与务工地相结合的联动机制。在这方面,河南省信阳市建立了农民工“会籍”制度,在村民外出打工之前,先在当地办理工会会员,外出之后接受务工地会员管理,享受会员权利。信阳市农民工会在长三角、珠三角等本市外出农民工较多的地区,建立了近 200 个农民工联合会,形成了农民工输出与农民工输入地工会联手双向维护农民工合法权益的机制。在这样的权利维护网络里,农民工有归属感和安全感,不但其权益能得到周全的保护,也能接受持续不断的普法教育,值得在全国推广。

第七,法治工作队伍。党的十八届四中全会提出加强法治工作队伍建设。其中,法治工作队伍作为一个新的概念引起了人们的关注。多数学者认为,法治工作队伍应当包括立法、执法、司法队伍人员,涉及律师、基层法律服务工作者、法律教育、法律研究工作者等,这些人至少有以下两个共性特征:一是都经过法学正规的通识教育,有着比较扎实的法律理论基础知识,且知识学科框架比较完整;二是经过长期化的专门工作经历,有解决实际问题的能力。随着我国法律体系的不断完备,司法解释、条例细则不断出台实施,在农村普法活动中准确、细致地普及法律知识,便成为专业人士的天然职责。

当前已经有一些先进经验可以借鉴。湖南省湘西州花垣县双龙镇十八洞村,随着 2003 年习近平考察时关注其农产品标识“十八洞村”被他人抢注,当地某律所帮助村民维护权利,该律所组建“湘江法务圈”,组织持续的湘西扶贫普法行;北京市门头沟自 2014 年启动村居公益法律服务,建立了由 29 名律师组成的村居法律顾问队伍,并采用包户的形式,形成了“一村一居一律师”的工作网络,并且村居公益法律服务协议实行的是一年一签,形成了制度化持续性服务。在考评上,律师携带《村居法律顾问工作宣传考评册》不仅记录工作,也是司法局考核律师的重要依据。另外,县级法学会是全国法学会系统的基层组织。2017 年 5 月,经中央全面深化改革领导小组批准同意,《中国法学会改革方案》

出台，明确创新开展法律宣传与法律服务，从各地实际出发开展“基层行”活动。当前县级法学会数量达到2216个，在全国县级行政区划中占到80%。[①] 法学会是党和政府联系和团结广大法学工作者、法律工作者的桥梁和纽带，是促进依法治国的重要力量。截至2020年6月，全国各类法律服务机构总数达85.3万个，近20万名律师担任村居法律顾问，为当地百姓提供丰富多样的法律服务。[②]

因此，应当加大法治工作队伍在农村普法教育中的作用。一是发挥专业服务作用，充分发挥其职业的专业优势，将法学专业知识和技能，通过法条释法、议案说法、法理分析等，运用于农村普法工作中。二是发挥协同配合作用，讲法律服务融于普法实践。比如，在人民调解工作中，引入法治工作者进行专业服务；在行政处罚、裁决等法律适用过程中，由法治工作者参与到法律服务中，既维护了村民的合法权益，有效地实施了普法教育，也有助于公共法律服务体系的完善和实施。三是发挥专业示范作用，塑造优良法治形象。法治工作队伍较非法律职业者，更应当以身作则，崇尚法治、恪守职业道德，带动更多的人践行法治精神。四是发挥开拓创新作用，法治工作者不仅有着丰富的普法经验，而且应当具有创新意识，使法治宣传具有更多的创新因素，提升普法实效。五是发挥桥梁纽带作用。法治工作者除了完成本职工作，积极投身农村普法之外，可以发挥其专业优势，与当地的立法、执法、司法等单位加强联系，通过建言献策、反馈民意等方式，将村民的意见合理表达，协助党委、政府科学决策。

第八，农村“两委”干部。农村“两委”干部作为普法工作的骨干，具有得天独厚的优势。首先，村干部具有权威优势。根据马克斯·韦伯的权威理论，社会中的权威分为三种：第一种是传统型权威，该种权威往往是通过继承而来的；第二种是魅力型权威，该种权威是个人通过为他人造福获得声望得来的，这种权威没有得到公权力的认定，因此，又叫“自然权威”；第三种是法理型权威，这种权威是经过合法程序被选举或被任命的官员，权力来自法律。[③] 在农村“熟人社会”特征依然明显，村干部由选举产生，很多村干部很可能具有“传统型权威”

① 丁小溪：《我国县级法学会已建成2216个智库作用进一步凸显》，载《毕节日报》2017年2月28日，第4版。

② 张璁：《维护群众利益　推进依法治理》，载《人民日报》2020年6月4日，第19版。

③ ［德］马克斯·韦伯：《论经济与社会中的法律》，张乃根译，中国大百科全书出版社1998年版，第336-337页。

特点;在村民特别重视经济利益的当下,被选出的村干部通常是能够带领村民致富的人,因此多属"魅力型权威";村干部是根据《村民委员会组织法》和本村《村民自治章程》选举产生,本身就具有"法理型权威"。其次,村干部具有职能优势。村委会是自治性群众组织,代表村民利益,又依法协助政府开展工作,是上通下达的"重要桥梁",对农村的依法治理起着关键性作用。《村民委员会组织法》第9条规定,村民委员会应当宣传宪法、法律、法规和国家的政策,教育和推动村民履行法律规定的义务、爱护公共财产,维护村民的合法权益。村干部站在农村法治信息的最前沿,能够成为村民权益的"发声筒"和"保护器"。最后,村干部具有知识优势。按照苏力教授的说法,村干部是"熟人社会中的一个成员""也许他/她没有许多得到社会承认的、那种上得台面的知识,但是他/她的独特生活环境确实使得他/她拥有许多可能令外来权力行使者想行使权力必须予以重视的具体知识。"①即便成为村干部,但其村民的本质是不会变的,对本村的非制度化的知识是任何外来人都无法比拟的。因此,应当强化村干部普法的职能,将其普法职责具体化、常态化,以此实现"权威治村 + 地方特色 + 依法治村"的三方共赢。加强普法工作是依法治村的关键环节。当前,也有一些制度化经验可以借鉴,山东省枣庄市实行的"两个一工程",就是一个村培养一名法律专业的至少是大专学历的村干部,一户培养一名法律明白人。据当地的调研表明,社会治安明显好转,群众的法律意识明显增强。

第九,志愿者。志愿者是自愿贡献个人时间和精力,在不计物质报酬的前提下,为推动人类发展、社会进步和社会福利事业而提供服务的人员。②《法治社会建设实施纲要(2020—2025年)》提出要"培育壮大普法志愿者队伍,形成人民群众广泛参与普法活动的实践格局",司法部、中国法学会等曾联合主办青年普法志愿者法治文化基层行活动,组织广大青年普法志愿者开展普法宣传、法律咨询等活动。早在2009年,司法部、团中央在就发起了"1 + 1"中国法律援助志愿者行动,每年组织一批律师志愿者等到中西部没有律师或是律师资源短缺的贫困县服务,已经连续8年向392个县派出1300余人次,办理援助案件5.4万多件,进行普法宣传和讲座1.8万多场,挽回经济损失达30亿元。当前,全国

① 苏力:《送法下乡——中国基层司法制度研究》,北京大学出版社2015年版,第34页。
② 徐柳:《我国志愿者组织发展的现状、问题与对策》,载《学术研究》2008年第5期。

已有50多万青年普法志愿者参与，普法受众近1.1亿人次也。① 对于农村普法志愿者，有学者提出熟人志愿者的概念，指选择与当地农村有渊源关系的志愿者（如当地农村培养出去的人及其同学、同事和朋友、与当地农民有某种亲属关系的人等）来开展普法教育活动，或通过建立一种持久的志愿服务关系使参与农村普法教育的志愿者成为当地农村的熟人志愿者。② 熟人志愿者不但符合农村地区“熟人社会”的特点，而且与村民建立或者已经建立关系的志愿者能够更设身处地地为村民提供服务，获得村民的信任和认可。

总体来看，我国的普法主体包括国家普法主体和社会普法主体。在农村地区，社会普法的效果要好于国家普法。这是因为，村民在国家普法过程中往往处于被动接受的位置，而社会普法中村民处于主动需求的地位；国家普法的形式比较单一，社会普法的形式丰富多彩，尤其是在当前网络传媒等科技的飞速发展形势下，社会普法的方式更加便捷高效。这就要求不断提升国家普法水准，同时重视社会普法。

（五）统筹普法资源

当前，我国农村普法教育已经积累了比较丰富的经验，形成了一些优质高效的普法教育资源，今后应对这些资源进行统筹规划，实现普法教育高效发展。以河北省为例，河北省位于京津冀地区的重要区位，有着非常丰富和高质的普法教育资源，应充分发挥河北省区位优势，加强三地司法行政机关交流，通过战略合作、人才互通、交流研讨等形式，在聚焦问题、统筹推进的基础上，充分利用京津优质法治资源，发挥各自优势，丰富合作内容，创新合作形式，不断推进区域普法教育协同、共赢发展。另外，就省内现有农村普法教育资源，也应当整合统筹规划。《关于加快推进公共法律服务体系建设的意见》明确，到2022年，河北省基本形成覆盖城乡、便捷高效、均等普惠的现代公共法律服务体系目标。普法教育不仅是公共法律服务体系的重要组成部分，还服务或辅助该体系的其他事项。当前，河北省普法教育城乡、区域、人群不均衡现象比较明显，应将普法教育作为推进公共法律服务体系的重要抓手，充分利用河北省内现有优质的

① 《王晨在“2020年青年普法志愿者法治文化基层行”电视电话会议上的讲话》，载中国新闻网，https://www.chinanews.com/gn/2020/05-12/9182654.shtml。

② 俞丹：《农村普法教育中的“熟人志愿者”队伍建设初探》，载《观察与思考》2012年第3期。

普法资源，将其统筹规划，加强规模化、规范化运行，有效加快河北省公共法律服务体系建设。

四、完善保障机制，顺畅普法运行

费孝通认为，送法下乡"在社会结构和思想观念上还得先有一番改革。如果在这些方面不加以改革，单把法律和法庭推行下乡，结果法治秩序的好处未得，而破坏礼治秩序的弊病却已先发生了"。[①] 因此，构建农村普法教育"大格局"，离不开有力的制度保证。

（一）构建科学调研制度，加强调研保障

在学界，教育发展史上关于究竟谁是教育的中心，一直有争论。例如，以德国教育家赫尔巴特为代表的"教师中心论"，以美国教育家杜威为代表的"学生中心论"，之后，教育研究界还出现了学生和教师同为主体的"二元主体论"[②]和学生、教师都不是主体的"无主体论"[③]。受西方教育思想的影响，当前，"学生中心论"为我国教育界的多数人认可，"一切为了学生，为了学生的一切""以学生为主体"等。在普法教育中，也应当贯彻"以人为本"的原则，坚持以村民的实际需求为导向，这就要注重普法前的调查研究。

1959 年，美籍以色列社会学家伊莱休·卡茨提出的"使用与满足"理论，将研究效果从传播者出发转向为受众，在大众传播研究史上产生过重要影响。该理论从受众角度出发，通过分析受众接触媒介的动机和受众接触媒介后获得的满足，考察传播在人们的心理和行为上具体产生何种效果，并将这一过程概括为"社会因素 + 心理因素—媒介期待—媒介接触—需求满足"的因果连锁过程。[④]

这一理论能够为农村普法教育的调研机制提供有力的理论支持和智慧支持。其实，普法就是在进行法律知识的传播，之前，我国的普法工作往往从施教

---

① 费孝通：《乡土中国》，生活·读书·新知三联书店 1985 年版，第 58 页。

② 喻昊：《一个新的教育理念：高等教育二元主体论》，载《社会科学论坛》2006 年第 7 期。

③ 陆克平：《"无主体"：主体论的最高境界》，载《现代教育科学》2007 年第 2 期。

④ 童淑娟：《"使用与满足"在高校校园网络舆论引导中的应用》，载《高等农业教育》2012 年第 4 期。

者角度出发，在实际效果上差强人意。近些年，普法工作开始向受教者转向，这一变化是符合“实用与满足”理论的。

在该因果链锁过程中，人们接触媒体的目的是满足自己的需要，这种需要与社会和心理因素有关。当前，村民之所以开始积极学习法律，很大原因在于社会的法治化程度提升，村民生活品质的提升需要法律的保护，很多权益需要法律手段去获取，因此，要深度分析受众所处的外在环境和自身特点，根据法律需求的不同，细分同质群体，提供个性化服务。媒体期待，人们选择并使用传媒无非在于接触的可能性，或是对媒介的印象，而这种印象取决于之前对媒体接触的经验。这在一定程度上为我国农村普法者的设置以及普法工作提出了更高的要求，不仅需要多而广地确定普法者，还要提高普法的效果；媒体接触，受众选择特定的媒介和内容，就要求村民接触普法媒介的机会增大，需要在物质和资金上予以支出；需求满足，接触媒体后无非会出现两种结果，或是满足需求或是没有满足，无论满足与否，都会对已有的媒体印象进行修正，并改变对今后媒体使用的期待与选择。每一次普法教育，村民都会更新以往的普法印象，并对下一次普法作出新的预期。这一过程表明，如果想要得到期待的预期，就要充分了解受众的社会和心理因素，充分把握其预期，这就体现出传播前期调查研究的重要性。

根据马克思主义哲学内外因结合的观点，我们在观察事物、分析问题时，既要看到内因，也要看到外因，坚持内外因相结合，并注重内因的决定性作用。国家的普法教育工作推行是“外因”，农村的社会发展对法律的需求是“内因”，不同职业村民的法律需求需要预先进行精准研判，准确把握“内因”。为此，要积极探索大数据基础上的研判机制。

第一，全面搜集需求信息，确定普法宏观内容。通过精心设计调查问卷，利用微信、官网、微博等途径，进行大规模的调查，全面掌握村民的法律需求；通过实地走访，与村民深入交谈法律需求，掌握村民法律问题或法律疑问的核心，为更有效地答疑解惑提供依据；通过组织交流座谈，在特定场合激发村民的热情，能够更进一步地发现深层次的普法问题。同时，建立普法需求调研的协同机制，把矛盾纠纷化解与村民法治需求调研有机结合，协同基层法院和检察院、司法所、信访办、村级调解员、村“两委”等多元化矛盾纠纷化解主体，合力精准把握村民普法需求，着力提升普法的精细化和针对性。调研不仅要广泛搜集需求内容，还要对村民对法律的认知、态度以及法治环境等情景进行考察，为设计合理的普法方案搜集素材。

第二，开展科学综合论证，细化普法微观细节。根据汇总的信息数据，结合当前最新立法以及普法规划的任务，关注社会热点难点，针对不同的主体列明普法内容和形式。同时，进行成本预算和效果预期。召集由普法成员为主、法律专家、执法人员、村民代表等相关人员参加会议，进一步细化村民的各类需求，进行综合论证。

第三，进行客观反馈检验，对普法计划查漏补缺。普法计划制订完成之后，要广泛征求村民意见，将不同主体的意见和建议真实全面地反馈给相关代表，进一步修订完善，尽量完善细化内容，尽量确保村民满意。

上述步骤在时间的适用上可以采取两种途径：一种途径是固定化，需要某一区域指定时间表，如某县将一年的普法规划分为两个阶段，每一个阶段开始之前的充裕时间着手进行需求调研。另一种途径是动态化，可以将这种调研形成常态化，实时收集，掌握村民法律需求的最新动态与变化。对于调研的机构，主要以普法施教者为主，也可以设立专门的调研机构。国外的一些做法值得借鉴，例如，英国现在实施的《农业培训局法》特别强调对农民教育培训的调研，成立专门的农业培训局开展调研工作，以此发现问题并改进工作，在英国已成立了十几个地区的培训中心。我国可以在有条件的情况下，建立专门的调研机构，并辐射全国范围，有利于科学客观地进行普法调研。

（二）推动普法教育工作立法，强化法律保障

从“一五”普法开始至今，普法工作已经走过了四十余年的历程，在实践工作中积累了很多宝贵的经验，构建了比较完备的工作体系。但是，普法教育的渊源除了每五年的普法规划、决议外，一些地区制定了当地的法治宣传条例，目前我国还没有统一的关于普法教育的法律。这种无法可依的情况，势必会影响到普法工作的重视程度和工作成效。

在国外，很多国家都已经将村民的培训包括法律教育进行了立法，韩国的《农村振兴法》不仅对从事研究、农业工作的公务员、团体成员进行技术培训，还要对失业人员、农民、农村领导者、青少年、农村妇女等进行农业经营和技术方面的培训，通过立法的形式最大范围地覆盖培训者。我国应当制定全国统一的

法规或法律，将普法工作法制化、常态化，让这些工作任务更清晰、责任更明确、操作更规范、过程更可控、效果更明显。据统计，全国有一半的省份出台了法制宣传教育条例。① 由此可见，普法教育立法不但存在立法需求，而且也有地方性法规作为经验，通过立法特别加强法律保障。“七五”普法规划明确了制定国家法治宣传教育法的任务。2018 年的全国普法依法治理工作要点，已经把研究制定《法治宣传教育法》列入工作要点。“八五”普法规划提出：“推动制定法治宣传教育法，推动及时制定、修改地方法治宣传教育条例，为全民普法工作提供法律依据和制度支撑。”综上，在普法专门立法中，建议就法治宣传教育的宗旨、目的、指导思想、工作机制、经费保障、责任主体、教育内容、监督检查、法律责任等方面进行规定，增加刚性规定，运用法治思维和方法依法普法，加强普法教育常态化、规范化。同时，各地也应当相应修改地方立法，如及时修改《河北省法制宣传教育条例》已经列入河北省“八五”普法规划中。

对于农村普法教育是单独立法还是在上位法中加以规定，学界有不同的观点。我国现行《教育法》只是规定要特别加强农村的学前教育公共服务体系建设，并没有规定其他对农村教育的特别规定。有学者提出，我国需要一部专门的农村教育法，针对农村地区的特点和实际情况，尤其在资金、管理、师资等方面，建立专门的保障制度。本书认为，在制定《法治宣传教育法》外，确有必要制定专门的《农村法治宣传教育法》，加上地方立法，形成有关法治宣传教育的法律体系。毕竟经过多年的农村地区教育建设，我国已经形成从学前教育、小学教育到中学教育等比较完备的教育体系，同时，在职业教育方面，农民培训学校、法制学校等也比较普及，基本形成了学历教育加职业教育的农村教育网络。制定专门法，有着独立的调整对象和调整方法。当然，从长远角度，在城乡融合的大趋势下，这部专门法可能会随着城乡差异的逐渐减少，退出历史舞台。

（三）健全法律服务体系，完善服务保障

苏力教授曾说：“中国农村对法律服务确实有着巨大的需求。中国的法治

① 彭文：《“谁执法谁普法”对法治中国建设的意义》，载《法制博览》2016 年第 3 期。

能否建立,一个重要的方面就是村民的这种服务能否得到满足。”[1]尤其是当今社会新生事物层出不穷,在农村出现的一些“社会失范”问题,仅依靠传统纠纷解决方式是难以恢复的。完善农村法律服务体系,提供优质高效的法律服务,一方面,帮助村民维权,从法律中得到获得感,得到更优质、便捷的法律服务,及时化解矛盾纠纷。另一方面,也是普及法律,锻炼村民用法能力的绝佳途径。2014 年,司法部下发《关于推进公共法律服务体系建设的意见》,主要包括全民法律知识普及教育、法律援助、法律顾问、咨询、公证、司法鉴定、人民调解活动等。2019 年 7 月,中共中央办公厅、国务院办公厅印发《关于加快推进公共法律服务体系建设的意见》,确立了到 2022 年,基本形成覆盖城乡、便捷高效、均等普惠的现代公共法律服务体系的主要目标。同年 10 月,司法部印发了《公共法律服务事项清单》,明确法治宣传教育活动是其中重要一项,农村地区的法治宣传教育是实现现代公共法律服务体系均等化目标的重要一环。当前,我国已经有很多地区的农村探索了这方面的经验,而且得到了良好的效果。为了保证农村法律服务的完备性和周全性,建议在全面推进乡村振兴过程中,聚焦“短板”、精准施策,吸取有益经验,将多层级全方位的普法服务网络固定下来,争取做到农村法律服务无死角。在农村的法律服务体系构建中应当注意以下几个问题:

第一,提高法律服务资源的整合性和利用率。在这方面,我国已经有很多有益的尝试,江苏省从 2011 年就开始进行全省的公共法律服务网络建设,从市区到乡镇、村庄都设有公共法律服务窗口,将原有的律师服务、司法服务、人民调解服务、法治宣传教育服务、社区矫正工作整合到法律服务平台,建立了市、县、乡、村四级法律服务网络,重点解决农村法律服务资源不足的问题。同时,建立了资源整合后的“12348”电话法律平台,线上线下为群众周全服务,百姓的司法需求在供给侧方面得到了较好的满足。

中国法律服务网、各省级法律服务网全面建成,覆盖城乡的公共法律服务网络基本形成,其被称为“中国社会的保健医生”,生活中的琐碎的法律问题,都可以在该网解决。中国法律服务网自 2018 年上线运行以来,已累计访问 14 亿人次,法律咨询 3900 多万人次,在线办事 790 多万件,成为老百姓身边免费的法

---

① 苏力:《送法下乡——中国基层司法制度研究》,北京大学出版社 2011 年版,第 233 页。

律顾问；截至2021年2月，我国共建成省、市、县、乡、村五级公共法律服务实体平台57万个，每年提供法律咨询、法律援助等各类服务1800多万件次；“12348”公共法律服务热线设座席近2000个。①

法律服务触手可及，让法治精神渗透到生活之中。当前，农村基层群众日常获取信息的渠道开展普法宣传，在发挥传统普法宣传渠道作用的同时，利用手机浏览器、微信推送和朋友圈、QQ、抖音和快手视频、微博等，强化融合发展、力量统筹，不断提升普法质效。如建设“网络+网格”模式，创建县、镇、村三级普法微信群或通过微信公众号，编辑、转发与村民生产生活息息相关的法治案例、法治微视频、分享线下普法活动等，并肩负起需求调查、法律咨询等功能，构建起一个全覆盖宣传网络，实现“让数据多跑路，群众少跑腿”的工作目标。

第二，加强乡村内部法律服务资源的优化。诸如“法律服务基点户”“一户一个法律明白人”“十户普法宣传员”等普法施教者主体，也都能够为村民提供法律服务。这种方式属于区域性小规模的法律服务，因为服务主体就是村民，对人际关系和风俗习惯比较了解，而且，一定是在当地文化素质较高或是比较权威的人士，能够及时解决纠纷矛盾，消除安全隐患，维护社会稳定，更重要的是通过本土的通俗的语言，把法律知识传递给村民。在这方面，我国很多地区已经有诸如此类的做法。山西省太谷县北阳村从村民信得过的人中挑选出8位“法律明白人”，引导村民主动参与农村基层依法治理，化解基层矛盾，进行法律服务。

在培养乡村内部服务人时，需要注意以下几个问题：首先，在“法律明白人”的选拔上，尽量客观和公正，做好区域调研，与村委会积极配合。其次，在培训内容上，要具有针对性，加强培训中的交流沟通，讲其所需，授其所用。再次，在培训方式上，要加强培训工作与各相关部门结帮对子相结合，手把手教“法律明白人”适用法律，进行法律流程。复次，在实施上，可以采取分批次或典型示范等方式，有组织有步骤地实施。最后，在奖惩机制上，奖罚分明，对于事迹突出的“明白人”予以名誉或物质上的奖励，比如，2017年湖南省举办农村百名优秀

① 魏哲哲：《中国已建立五级公共法律服务实体平台57万个》，载人民网2021年12月28日，https://baijiahao.baidu.com/s?id=1720335688557940209&wfr=spider&for=pc。

“法律明白人”评选活动。

第三，加大《法律援助法》的宣传。法律援助制度是国家建立的为经济困难公民和符合法定条件的其他当事人无偿提供法律咨询、代理、刑事辩护等法律服务的制度。世界上许多国家所普遍采用的一种司法救济制度。法律援助不仅帮助村民切实维护自身权益，而且手把手地提高村民用法能力。1994 年年初，司法部正式提出探索建立中国法律援助制度，并在一些城市，如广州、深圳、北京等地开展试点工作，1996 年 3 月和 5 月，《刑事诉讼法》和《律师法》相继颁布，开始确立了法律援助在我国法律体系中的地位，《刑事诉讼法》第 34 条规定，是新中国立法史上第一次将“法律援助”写入法律，也是我国法律援助制度发展史上一个重要的里程碑。[①] 2003 年 7 月，《法律援助条例》颁布，标志着我国法律援助制度正式建立。之后，司法部分别针对法律援助机构、老年人、残疾人、未成年人、妇女等专门问题下发通知。党的十八大以来，习近平总书记多次对法律援助工作作出指示。2015 年 6 月，中共中央办公厅、国务院办公厅印发《关于完善法律援助制度的意见》，就援助范围、质量、保障能力等方面进行了具体部署。2017 年 3 月 1 日，国务院印发的《“十三五”推进基本公共服务均等化规划》把法律援助纳入基本社会服务的范畴。2018 年修订的《刑事诉讼法》确立了值班律师制度。2019 年中共中央办公厅、国务院办公厅印发《关于加快推进公共法律服务体系建设的意见》，明确提出“加强法律援助值班律师工作，推进法律援助参与认罪认罚从宽案件办理工作，依法保障刑事诉讼当事人合法权益”。2019 年司法部印发《全面深化司法行政改革纲要（2018—2022 年）》，要求“健全完善法律援助值班律师制度，完善值班律师工作运行机制，细化值班律师职责范围、权利保障、监督管理、工作保障措施”。目前法律援助机构已在检察机关设立法律援助工作站 1700 余个，全国基本实现看守所、人民法院法律援助工作站全覆盖。2019 年，全国法律援助值班律师共转交法律援助申请 5.5 万余件，提供法律帮助案件近 40 万件，其中参与认罪认罚案件近 34 万件。[②] 2020 年发布的《法律援助值班律师工作办法》。2021 年 4 月，国务院印发《国家基本公共服务标准（2021 年版）》，法律援助作为公共法律服务项目，在对象、内容、标

---

① 舒扬：《中国法学 30 年》，中山大学出版社 2009 年版，第 289 页。

② 《〈法律援助值班律师工作办法〉发布》，载司法部网 2020 年 9 月 4 日。

准、责任、牵头单位方面作出了明确规定。2021 年 8 月 20 日，第十三届全国人大常委会第三十次会议表决通过了《法律援助法》，该法将于 2022 年 1 月 1 日起施行。在农村地区，需要进一步加强该法的宣传。

首先，法律援助渠道。与《法律援助条例》相比，《法律援助法》明显拓展了提供法律援助的渠道。确立了人民法院、人民检察院、公安机关、律师协会的法律援助义务，还规定了国家鼓励和支持群团组织、事业单位和社会组织、个人可以作为法律援助志愿者提供法律援助，积极拓宽渠道，鼓励、支持更多社会力量提供法律援助，提升服务质量，从而形成政府主导、公检法协助、社会各方面共同参与新局面。

其次，法律援助范围。法律援助法对法律援助范围作出了适当扩大。在刑事方面，将“申请法律援助的死刑复核案件被告人”纳入了应当通知辩护范围，并新增可以通知辩护的援助类型。在民事、行政方面，新增了“确认劳动关系”“支付劳动报酬”“生态破坏损害赔偿”等事项；新增申请法律援助不受经济困难条件限制的情形，如英雄烈士近亲属为维护英雄烈士的人格权益、因见义勇为行为主张相关民事权益等情形下。

最后，法律援助站（中心）建设。法律援助站（中心）是由国家拨款设立的专门为需要律师服务但经济困难无力聘请律师的弱势群体及其法律规定必须有律师提供法律帮助而自己又没有聘请律师的特定人员，提供无偿法律服务而设立的一种专门的法律服务机构。截至 2021 年 12 月，全国依托司法所、群团组织等设立法律援助工作站 7 万余个。党的十八大以来，全国法律援助机构共组织办理法律援助案件 1289 万余件，提供法律咨询 6540 万余人次，受援 1376 万余人次。[①] 但是，在农村，法律援助使用的频率并不理想。因此，有必要在以下几个方面完善：一是加大宣传力度。鉴于法律援助范围与事项宣传力度不够大，村民的知晓程度不够，造成一些村民对该事项不了解，没有得到适当的援助，因此，要在宣传相关法律知识的同时附加介绍法律援助相关内容，或是通过专题介绍，让更多的村民了解法律援助。二是进一步提高法律援助案件的质量。因为法援案件对于律师的报酬有效，存在一些律师办案质量不高的情况。对此，应多措并举，多部门协调解决，加强律师执业能力与法律服务意识，保证法律援

① 魏哲哲：《中国已建立五级公共法律服务实体平台 57 万个》，载人民网 2021 年 12 月 28 日。

助案件质量。三是加强法律援助区、乡、村三级管理,提高工作站、联络点服务能力。

(四)优化人员配置与培训机制,加大人员保障

2021 年,中共中央办公厅、国务院办公厅印发的《关于加快推进乡村人才振兴的意见》强调,乡村振兴,关键在人,并提出到 2025 年,乡村振兴各领域人才规模不断壮大、素质稳步提升、结构持续优化,各类人才支持服务乡村格局基本形成,乡村人才初步满足实施乡村振兴战略基本需要。

人员的素质保障。由于村民文化有限,接受能力差别较大,而普法的内容语言专业性强,这就要求普法工作人员具有将书面语言转化为浅显易懂语言的能力。按照巴西教育家弗莱德的农村成人扫盲理论,应当把扫盲活动与扫盲对象的实际情况联系起来,经过扫盲活动,唤起扫盲对象的主体意识。该理论认为从图书馆里找资料,脱离文盲的实际,不能真正解决实际问题。他推崇“原生词”的方法,就是选取基本词汇,选择那些与农民实际接触多,适用范围广,便于农民理解和掌握的表达方式。弗莱德的研究成果被运用到四个洲的几十个国家的扫盲运动中,其影响不仅限于发展中国家,在发达国家也产生了较大的影响。即便在理论上有学者认为其思想中带有较大的不切实际的幻想成分,以及对成人的独特的认识思路和学习特点缺乏认识,但是,这一理论仍可以为我国农村普法语言的选择与适用提供理论基础。总之,就是在宣传法律规则的时候,尽量使用村民听得懂、能理解的语言。

这一注意事项早在我国春秋时期和明朝就有先例。《吕氏春秋》记载了一则关于“孔子马逸”的典故。有一天,孔子走累了在路上休息,马吃了别人的庄稼,被庄稼的主人扣留。弟子子贡去说服农民,讲了一大堆的道理,农民根本听不进去。有个刚刚跟随孔子学习的粗人前去劝解农民:“您不是在东海种地,我们也不是在西海耕地,我的马不可能不吃你的庄稼。”农民听过之后说:“说话就要这样明白了当。可别像刚刚那人那样。”说完便解开缰绳将马还给了他。这说明在与人交流时,要了解对方的年龄、文化、职业、习俗等,用对方能够接受的方式和语言去沟通。明代朱元璋推行法律《大明律》,但由于其卷帙浩繁,用词专业,百姓都看不明白。农民出身的朱元璋主持制定了《大诰》共三编,把《大明律》的罪名及刑罚附着案例进行解释,不识字的老百姓听人朗诵,就如今天大伙

儿看反腐倡廉的电视连续剧。① 由此可见,我国已经有相关的历史经验。施教主体要注意“度”的把握,对村民普法不同于法学专业教育,与引导学生思考和提高学习能力的目标不同,在普法教育中,要以普及基本常识为目标,避免“精英教育”。

第一,人员的培训保障。无论是法治工作队伍人员,还是其他普法工作者,都要针对农村地区的具体特点进行培训。比如,虽然目前的法官、检察官有《职业道德基本准则》《行为规范》等文件对其职业道德规则规定得非常详细,但是落实起来不够理想,配套措施还不够详尽。在法国,法官任职之前,学员会在法国国家司法官学院8个中心学习关于职业道德、责任、纪律处分、司法伦理等方面的培训。法国最高司法官委员会在20世纪90年代就陆续整理违反法定义务的种类,2003年组建了专门负责司法官职业操守问题的委员会。2010年完成汇编并成册。我国可以借鉴这些做法,对司法工作人员进行多方位的培训学习,并将一些经验、案例等整编成册。

第二,人员的配置和待遇保障。乡村振兴必须破解人才制约的“瓶颈”,而农村留不住人才的重要原因之一就是缺乏编制和待遇较低。因此,需要增加基层工作人员编制数量,并切实提高其工资待遇。同时,我国也在创新一些制度机制,鼓励社会各界投身乡村建设,并建立相应的激励机制。比如,2018年的中央一号文件鼓励高校、科研院所等单位的技术人员,通过挂职、兼职或离岗等创新创业制度,发挥对乡村振兴的人才支撑作用,并保障其在职称、待遇等方面的权益。同时指出,通过激励机制和乡愁纽带,吸引专家学者、教师、律师等人士下乡投身于法律服务等振兴乡村的事业。另外,增加经济、资格等方面的激励制度,优化激励机制的实际效果。建立城市教师等人员定期服务乡村机制,城乡、区域、校地人才交流合作机制。这些都为更多的人员更好地服务于农村普法工作提供了机制保障,切实解决普法人员的缺乏和待遇等现实问题。

(五)保证专项经费,提供物质保障

国外农业迅速发展,村民素质较高的国家或地区,都离不开对教育的高投入。比如,法国的农民培训经费主要来源于政府、农业发展协会的税收等。在

---

① 李贞、高燕:《朱元璋与普法教育》,载《学习月刊》2008年第3期。

德国，除了将培训费纳入国家预算，还以立法的形式，由企业和个人通过纳税缴纳培训费。德国一方面将农民教育培训的经费纳入财政预算，国家按计划下拨；另一方面通过立法让企业和个人以纳税的形式缴纳培训费用，并以参加培训作为获得政府优惠或资助的条件。韩国政府为农业后继者提供一定数额的资金援助，约定固定的利息以及偿还年限。1962年，美国通过《增地法案》，各州可以从联邦政府那里获得公用土地，将土地出售后开办至少一所农业与机械学院，这些学院也称"增地学院"，二十多年后，美国又通过了《哈奇法案》，仍然用类似的方法建立各种农业试验站。可以借鉴国外上述解决农村或农业教育培训经费的措施，来解决我国农村普法教育经费严重不足的问题。比如，将集体经济组织的部分集体收入拨入普法教育经费、通过立项的形式为村民提供经费支持、获得普法教育表彰的个人或组织能够依法获得税收优惠、普法教育组织获得政府的资助或税收减免等。

2021年3月31日，财政部以及挂牌不久的国家乡村振兴局等六部门印发制定了《中央财政衔接推进乡村振兴补助资金管理办法》，列出了支出项目的正面清单和负面清单，在资金分配上，突出体现了向边远贫困地区倾斜的重点分配与均衡发展的理念。为加强资金使用管理，提升资金使用效益提供了依据。

另外，还应在以下几个方面加强财政保障：首先，增加基数，财政部门要根据农村普法教育工作实际需求，预算普法教育经费，加大投入，增加基数。还应制定专项经费，作为支农补贴，专项投入农村普法教育，特别是边远地区或贫困地区，给予普法教育工作者在待遇、设备等方面的支持。同时鼓励经济发达地区与落后地区实现对接，解决经费问题。其次，增幅一致。农村普法教育的经费增长幅度要和社会发展的速度保持一致。按照"多层次，多形式，大家办"的方针，推动社会参与机制，发动相关行业和社会力量组织村民的普法教育。可以采用不同的形式，比如，市场化的资金筹集，在一些宣传活动中，可以通过合法合规的冠名权、广告播放、赞助支持等形式，补充经费。最后，加强监督，确保农村普法教育的经费专款专用，杜绝逐层分拨、经费挪用的现象。正如孟德斯鸠所言，"一切有权力的人都容易滥用权力，这是万古不易的一条经验。有权力的人们使用权力一直到遇有界线的地方才休止"。[①] 开展经常性监督工作，督促

① ［法］孟德斯鸠：《论法的精神》（上册），张雁深译，商务印书馆1976年版，第162页。

整改的落实情况，发挥舆论监督、社会组织以及个人的监督作用。

（六）建立科学考评机制，实现评估保障

我国自古就有对官员普法工作考核的做法。明代朱元璋时期，大力宣传《大明律》，其中，“讲读律令”的对象包括官员、书生、百姓，而且，对于官员制定了严格的考核标准，其中包括能否熟读并讲解法律。普法教育工作时间长、见效慢，评价体系关键是具有可操作性。评价制度要遵循全面考核、准确衡量、客观评价的原则。科学设定评估标准和量化指标，制定公正的评估办法和运行程序，形成客观可信的评估结果。

目前常见的评价反馈形式多为反馈、总结、考试等。一般情况下，农村普法考核一年一次，由党委宣传部门和司法行政部门主管牵头，在同级人大的监督下，统一管理。建议今后的农村普法考核注意以下几个方面：

第一，公开服务承诺。基层法律服务机构公开服务职责宗旨、投诉电话等，主动接受社会和人民的监督；完善诚信体系，对各个普法主体建立诚信档案，进一步加强其职业道德，执业纪律监管；严把年检关，加大考核力度，对不符合条件的基层服务机构延缓注册或不予注册；加大社会监督力度，按照“有举必查，有查必果”的原则，对举报投诉认真对待，有错必究。

第二，在衡量指标上，应该采用定性与定量相结合。2005 年，世界银行在《国别财富报告》中首次提出“法治指数”概念。① 就国外的经验，有关法治指数的项目有全球治理指数、世界正义工程等。其中，世界正义工程于 2007 年由国际律师协会等律师组织发起，用以评估一国法治状况，得到很多国家响应，因此被称作为“世界正义工程”之一。这个体系由 100 多个国家 17 个专业的专家研究探讨，构建了 4 项基本原则、16 个一级指数、68 个二级指数。采用普通抽查和问卷方式，更为客观地反映一国法治化的水平。我国也有类似指数的实践，2005 年香港社会服务联会组织发起的香港法治指数评估，2008 年，“余杭”法治指数发布，余杭成为内地第一个使用法治指数的地区。2014 年开始，司法文明协同创新中心协同中国政法大学推出《中国司法文明指数报告》，目前数据已经涵盖全国 31 个省、自治区、直辖市。2021 年，《北京市推动“七五”普法考核体系清单

① 周尚君：《法治定量　法治指数及其中国应用》，中国法制出版社 2018 年版，第 1 页。

化、项目化、社会化》入选第二批"全国普法依法治理创新案例"。这是北京市发布的第四批普法责任制清单。本次通过列明完善的普法责任制清单,各部门普法的共性责任和相关单位的个性责任一目了然,有的层层分解普法任务,明确责任单位,明晰普法职责,确保普法责任制落实。当前,依法行政已经被各级政府纳入目标管理考核体系当中,建议将普法教育工作也作为该考核体系的一部分,通过设定具体明确的量化分值。对于不同级别、不同岗位的工作人员,做好区分,合理要求和评价。

第三,采取精准评估,建立全方位、全过程、有效化的评价体系。首先,构建立体的评价体系。包括"三大模块、五个方式"的建立自我评价、村民评价、第三方评价三大模块。其中,自我评价能够实现普法主体的客观自我认知,村民评价体现"以人民为中心"的基本理念,普法效果好不好要让群众说了算,第三方作为客观的"裁判员"能够作出公正的评价。2017 年 10 月,时任司法部部长张军在第一次普法责任制部际联席会议上指出,研究建立全国法治宣传教育考核评估体系,探索对国家机关落实"谁执法谁普法"情况开展第三方评估活动。① 比如,2021 年广东省国家机关"谁执法谁普法"履职报告评议活动迎来实地考察环节,接受评议的广东省民政厅、广东省应急管理厅、广东省广播电视局、广东省工商业联合会四家单位,选择 1 到 2 个直属单位或窗口部门,接受评议团实地考察和点评。这一做法,广东省已经持续了 5 年。截至 2021 年 11 月,广东省 21 个地级以上市和 122 个县(市、区)全覆盖开展评议活动,各单位参与普法宣传的主动性和接受评议监督的自觉性明显提升。② 采用"问卷调查、个案访谈、自我反馈、定期回访、效果追踪"五种方式,借鉴传播学家拉斯韦尔提出的"5W"线性传播结构模式理论,即谁(Who)、说什么(Says what)、通过什么渠道(In which channel)、对谁(To whom)、取得什么效果(With what effects),分别对应控制分析、内容分析、媒介分析、受众分析、效果分析五个要素设计合理的评标指标,③全程追踪普法过程和效果,尽量做到全面、客观、准确。其次,构建全程评价系统,尽量延伸评价链。包括前期策划阶段、方案实施阶段、中期活动考核、活动后期反馈、活动项目验收、项目结束效果考核。将考核时间延伸至项目

① 刘子阳:《落实普法责任制部级联议召开》,载《法制日报》2017 年 10 月 11 日,第 6 版。
② 蒲晓磊:《以习近平法治思想引领全民普法工作》,载《法治日报》2021 年 11 月 4 日,第 2 版。
③ 董璐:《传播学核心理论与概念》,北京大学出版社 2016 年版,第 16 页。

结束之后。再次,加强评估反馈的实际效果。评估的目的不仅是总结评价,更重要的是为今后的工作积累经验。把对普法工作总结的经验教训反馈到今后的实际工作之中,不足之处注意改进,优秀做法继续发扬。因此,应当对于每次评价进行详细研究,及时调整工作方法,完善评价体系。最后,依托先进载体,通过网络平台、收集平台等便捷方式,如江苏省南通市如东县开发并利用评估软件记录考核企业守法与诚信情况,并且使用普法责任制的考评体统,整合信息,实现资源共享。

第四,赏罚分明,将普法考核结果作为决定普法干部的晋升、评优、提拔重要指标之一。美国心理学家威廉·詹姆士发现,当一个人没有受到激励,只能发挥能力的20%－30%,反之,当处于被激励时,能力就能发挥到80%－90%。由此可见,激励的作用对于激发一个人的潜能非常重要。农村普法教育工作也不应当是冷冰冰的单纯的“冷认知”过程,而是带有感情的“热认知”过程。因此,动机作为影响学习或工作的情感因素,是直接推动学习、工作的内部动因。所以,应对激励机制加以规定。2015 年 7 月,李克强总理在部分省(区)政府主要负责人经济形势座谈会上,用源自《论语·为政》的“举直错枉”一词表达了选官、用官的原则。对于实绩突出成效显著的作为典型模范,加以推广示范;对于敷衍了事,弄虚作假的普法干部批评、处分甚至撤职。让干得好的干部不吃亏,让干得不好的干部不能滥竽充数。

(七)构建预案机制,提高农村应对突发事件能力

2020 年 2 月,习近平总书记在中央全面依法治国委员会第三次会议上指出,“要加强疫情防控法治宣传和法律服务,组织基层开展疫情防控普法宣传,引导广大人民群众增强法治意识,依法支持和配合疫情防控工作。要强化疫情防控法律服务,加强疫情期间矛盾纠纷化解,为困难群众提供有效法律援助……”2019 年年底新冠肺炎疫情突然暴发,从最初的恐慌,到当前的疫情防控常态化,疫情防控的普法宣传起到了重要作用。

当前,通过国家疫情防控的统一协调、指挥和调度,加强农村疫情防控普法宣传教育,大大增强了农村地区的依法防控意识和手段。这不仅仅有利于形成并强化全国上下疫情防控一盘棋、全国人民一条心的局面,还有利于保证农村为全国疫情物质后方保障的重要地位。一方面,在疫情期间,基于农村的自足

性，应对疫情的成本降低了一半，这是中国乡村应对疫情的重大贡献之一。另一方面，城市的物质资源绝大多数来自农村地区，城市的很多服务人员也来自农村地区，这为全国抗击疫情作出了极大的贡献。因此，有必要以抗击疫情为突破口，构建农村预案机制，提高农村应对突发事件能力。

第一，加强相关知识宣传普及，增强突发事件应对意识和能力。引导广大群众树立“疫情防控，人人有责”的防控法治观念，认真做好自身防护，遵守相关法律法规和政府的决定、命令，自觉配合有关部门做好疫情防控工作。一是加强《传染病防治法》《动物防疫法》等公共卫生方面的法律法规基础教育，提高村民公共卫生安全意识，主动改变违反公共安全的观念和行为，养成良好的生活习惯。二是加强《野生动物保护法》《野生植物保护条例》等野生动植物保护方面的法律法规基本知识教育，增强村民环境生态保护意识，杜绝捕杀贩卖食用野生动物等不良行为。三是加强《农产品质量安全法》《种子法》《农药管理条例》食品安全方面的教育，维护农副产品食品安全，维护基本食物的源头安全。四是加强底线思维教育。现实生活中，农民行为的违法现象多数是由法律常识的缺乏所致，通过常识性教育，让农民明白，个人的行为具有社会属性，弄不好就会触犯法律底线。将涉及春耕生产的法律法规向群众做详细解读，提醒他们疫情防控事关每个人的切身利益，每位公民都有义务有责任配合疫情防控工作，齐心协力，众志成城，共同将疫情拒之门外。

第二，构建网格化治理，协同自治、法治、德治，实现“合力抗疫”。所谓网格化管理指的是借用计算机网格管理的思想，将管理对象按照一定的标准划分成若干网格单元，利用现代信息技术和各网格单元间的协调机制，使各个网格单元之间能有效地进行信息交流，透明地共享组织的资源，以最终达到整合组织资源、提高管理效率的现代化管理思想。[①] 党的十八届三中全会强调，“以网格化管理、社会化服务为方向，健全基层综合服务管理平台”。最早的基层社区网格化管理出现在城市地区，北京、上海等地积累了丰富的经验。2007 年，浙江省舟山渔村开始探索网格化管理模式，之后，多地农村启动并推行网格化管理，特别是疫情以来，多地疫情防护采取的网格化治理模式收效良好。习近平总书记指出：“各地区要压实地方党委和政府责任，强化社区防控网格化管理，采取更

---

① 郑士源、徐辉、王浣尘：《网格及网格化管理综述》，载《系统工程》2005 年第 3 期。

加周密精准、更加管用有效的措施，防止疫情蔓延。”党中央要求通过强化社区防控网格化管理来打好疫情防控阻击战。这一模式非常适用于农村地区，能够极大地提高农村应对突发事件的能力。具体而言，一是合理设置网格，主要从纵向与横向展开，构建网格员、格点和网格线路的、市—县—乡—村信息计划沟通的平台，从村基层治理加以整合。二是将行政力量下沉，将基层权力渗透到网格之中，有效地发挥地方政府对乡村的引领和控制作用。三是落实网格责任。明确各级网格级工作职责，做到全员到岗，依法合理开展排查和防控服务管理工作，进行网格责任包干，做到责任可追溯。四是加强信息化管理，运用数字化网格平台了解村民的情况，针对村内病人或老人，可以通过佩戴智能手环、上门入户等形式，及时将有关信息反馈到平台，及时提供精准抗疫服务。

五、提升法治水平，优化普法环境

法治建设之所以重要，不仅因为法律乃“人世生活方式”和“社会组织方式”的基本准则，而且法律是勾连政治、经济与文化的中间组织，是“全社会范围内系统和生活世界之间交往循环之转换器”①，是现代社会整合的首要媒介。2014年10月20日，习近平在党的十八届四中全会第一次全体会议上关于中央政治局工作的报告中指出，“依法治国是坚持和发展中国特色社会主义的本质要求和重要保障，是实现国家治理体系和治理能力现代化的必然要求。我们要实现经济发展、政治清明、文化昌盛、社会公正、生态良好，必须更好发挥法治引领和规范作用”。

优化农村法治环境，要关注当前农村转型的特点。现代法律制定和运作的前提假定是“陌生人社会”，正是由于这一点，法律才很难取代农村原有的“熟人秩序体系”。当前，农村日渐开放，流动性加强，与外界交往渐多，熟人社会的生态环境也逐渐被打破。因此，在当下农村法治建设中，一定要注重当前农村社会这一过渡性特点，推动乡村振兴战略的实施。

根据盖勒格尔的“知情祛魅”原理，所谓“知情”是指法律参与者在法律知识的获得、对法院和律师行为的理解以及自身运用法律的能力提高，但随之而来

---

① ［德］尤尔根·哈贝马斯：《在事实与规范之间——关于法律和民主法治国的商谈理论》，童世骏译，生活·读书·新知三联书店2003年版，第98页。

的是对法律的不公正性以及法律制度弊端认识的加深，由此产生失望甚至沮丧，这就是“祛魅”。[①] 这一理论也解释了“法律知识在社会生活中的全面普及趋势与法律公信力的弱化衰退趋势严重背离”[②]现象。由此可见，村民对法律的认知与认同并不是同步的，还可能背向而行，若使二者同步提升，最关键的是全面提升农村法治化程度，为农村普法工作营造健康的发展氛围。

（一）完备农村科学立法

全面依法治国必须坚持立法先行，抓住提高立法质量这个关键，以良法促进发展、保证善治。古希腊哲学家亚里士多德对法治有过经典的界定：“法治应包括两重含义，已成立的法律获得普遍的服从，而大家所服从的法律又应该本身是制定的良好的法律。”[③]由此，法治有两个重要因素：一个是守法，另一个是良法，良法是守法的基础和前提。我国历来重视立法质量，习近平总书记在第十八届中央政治局第四次集体学习时指出，“越是强调法治，越是要提高立法质量”。党的十九大报告提出：“推进科学立法、民主立法、依法立法，以良法促进发展、保障善治。”这是立法认识论的巨大跃迁，也是对立法理论非常重要的丰富和发展，具有两点创新和突破：一是在重申科学立法、民主立法的基础上，创造性地将依法立法并列为立法三大基本原则，并分别落实到对应修订后的《立法法》条文。科学立法体现了立法活动的科学属性，民主立法突出了立法活动的人民属性，依法立法核心是对立法活动的合法属性予以关注。二是在“良法善治”基础上，创造性地提出了“以良法促进发展、保障善治”，为立法工作提出了新目标、新任务。[④]

从普法的条件角度讲，科学合理完备的立法是全民普法包括农村普法的先决条件。我国农村立法的滞后性直接导致农村法律法规体系不完备，产生无法可依现象；即使已经出台实施的法律，也存在或落后、或缺乏可操作性或执法不严，产生有法不依的现象；农业受气候影响太大，其身高风险的特性使从业者往

① 郭星华、邢朝国：《从送法下乡到理性选择——乡土社会的法律实践》，载《黑龙江社会科学》2010 年第 1 期。

② 王称心主编：《依法治理评价理论与实践研究》，中国法制出版社 2006 年版，第 353 页。

③ ［古希腊］亚里士多德：《政治学》，吴寿彭译，商务印书馆 1997 年版，第 199 页。

④ 郑文睿：《新时代科学立法民主立法依法立法的价值意蕴》，载《光明日报》2018 年 5 月 31 日，第 6 版。

往处于不利地位,需要国家在宏观调控中加以保护,才能为农业发展提供一个稳定、安全的环境。因此,提高立法质量是立法工作的永恒主题。

一些农业大国的相关立法经验值得我国借鉴。在日本,与农业或农村保障机制有关的政策或规划,绝大多数由法律固定下来,涉及农业农村的各个领域,并且根据新的形势不断加以修订完善,这是日本农业发达的重要原因之一。有统计表明,日本农民的收入和消费水平超过城市职工家庭。其中,与农业农村有关的完备立法功不可没。当前,日本已经建立起以《农业基本法》为基础,同时配合200多部农业法律,涉及农、林、牧、渔等各个农业部门,有关涉农财政、涉农金融、涉农价格等各个领域,形成了比较完善的农业法律体系,有力地调控本国农业发展。我国可以借鉴相关经验,完善有关“三农”立法,并注意以下几个问题:

1. 通过立法正确协调农业与其他产业的关系。我国历来就有重农的思想,早在战国时期,商鞅就提出“民之内事,莫善于农”。在商鞅变法中这一思想也运用于生产,对于出产粮食和布匹多的人,免除徭役。西汉时期,贾谊在《论积贮疏》中提道:“管子曰:‘仓廪足而知礼节’,民不足而可治者,自古至今,未之尝闻。”一个国家如果连百姓吃的问题都没解决,那么整个国家离灭亡也就不远了。中国共产党特别重视农业的社会主义改造。1959年庐山会议提出的“农、轻、重”思想,突出强调了农业的基础地位,后来提出了“以农业为基础”的口号。即使在“文化大革命”时期,党中央仍然突出农业的基础地位,强调“备战备荒为人民”。邓小平指出:“三十年来,不管我们做了多少蠢事,我们毕竟在工农业和科学技术方面打下了一个初步的基础,也就是说,有了一个向四个现代化前进的阵地。”①

虽然《农业法》规定,国家把农业放在发展国民经济的首位,确立了农业在国民经济中的基础地位。但是,这一规定比较原则,没有相关制度的支撑。李昌麒、许明月、卢代富等专门发表文章,倡议通过立法,正确处理农业与其他产业的关系,通过激励机制调动农业生产者的积极性,落实农业产业的保护措施和保护政策,实现农业基础设施的法制化管理,使农业的基础地位真正获得法

① 《邓小平文选》(第2卷),人民出版社1994年版,第232页。

律的保障。[①] 因此，在相关立法中，除了明确农业的基础地位外，还要在具体法律中表明其与相关产业或行业的协调关系，还可以在一般立法的基础上制定农业发展的特别法，如农业合同法、农业保险法等。

2. 加强乡规民约与法律的有机融合。乡规民约本是基层社会组织成员的共同行为规范，作为一种民间行为规范，自古在就中国社会起着维持秩序的重要作用。在明清时期，地方上就推行"乡规""社约"。梁治平教授认为："在国家法所不及和不足的地方，生长出另一种秩序，另一种法律。这里可以概括地称之为民间法。"[②]正是因为农村的乡规民约具有相当的实用性，相较于国家复杂高额的诉讼成本，其以便捷、高效、亲和力强等优势而成为村民的首选。

在依法治村的背景下，对于处理乡规民约和法律的关系，有三种不同的观点。简单来说，一是摒弃乡规民约，二是吸纳乡规民约，三是"取其精华，去其糟粕"。本书认为，第三种观点最为可取。

首先，从法律的产生角度，法律产生的方式有两种，制定和认可。"我们更热衷于从现代西方国家移植借鉴成熟的经验，而从社会习惯及其他规范中产生或认可规则的可能性已经微乎其微。"[③]其实，我国有一些认可习惯的规则，将习惯尤其是农村地区的某些习惯用法律的形式认可和固定下来，可以减少很多普及成本，大大提高社会实效。因此，在今后的立法中，应当加大对习惯的认可，有利于将科学的立法有机融入法治宣传过程中。

其次，从法律的运行角度，其实对于生活在农村的相当多数的村民而言，即使没有法律作为指导，可能也不会给生活带来什么不方便，因为村民的生活已经有世代遵循的村规民约规范。一旦与原有乡规民约相冲突的法律进入村民生活，反而使其不便，因此，如果没有将法律内化为村民的生活逻辑和生活环境，就会如列宁曾经说过的，"假使我们以为写上几百个法令就可以改变农村的全部生活，那我们就会是十足的傻瓜"。运行于农村地区的法律必然要体现民间法的特点。因此，在农村推行法治必然要受到乡规民约，受到伦理价值的深刻影响。

---

① 参见李昌麒、许明月、卢代富等：《农村法治建设若干基本问题的思考》，载《现代法学》2001 年第 2 期。

② 梁治平：《清代习惯法：社会与国家》，中国政法大学出版社 1996 年版，第 35 页。

③ 田成有：《乡土社会中的民间法》，法律出版社 2005 年版，第 182 页。

最后,从法律的规范角度,乡规民约是法律认可的行为准则。《宪法》第 24 条第 1 款规定:"国家通过普及理想教育、道德教育、文化教育、纪律和法制教育,通过在城乡不同范围的群众中制定和执行各种守则、公约,加强社会主义精神文明的建设。"由此可见,乡规民约本身是一种民主、一种群众自我管理的有效形式,当前也是多数基层组织管理的有效依据,更是村民遵循的行为准则。但是,在我国这样一个幅员辽阔的国家,有些地区的乡规民约在一些情况下与法律存在一定的冲突。比如,应当由法律调整的社会关系,乡规民约规定以另一种方式调整;乡规民约排斥法律,法律规定的一些权利,在乡规民约那里被剥夺了。这种冲突就导致村民对法律难以树立起信仰,甚至逃避法律的学习。

因此,要正确处理二者关系,我国一些地区已经积累了经验,有一些典范值得推广,比如德治与法治"双轮驱动"的典型代表山西省晋中市太谷县西吴村,为了将村规民约与法律有效对接,推行"党员集体协商"制度,全体党员充分发表个人的意见,全面对接法律的有利因素,坚决摒弃法律的禁止因素,实现村规民约"不与法治冲突,崇尚法德共治"。①

3. 重视村民权利的保护与落实。农村立法要改变过去重视管理或是设置义务性规范多的情况,要保障村民的平等地位,实现立法上的平等。立法者应当明确保护村民利益的立法指导思想,贯彻群众路线,通过村民、人大代表深入基层调研,亲自征询村民建议,让立法真正出自民间。使村民在现实生活中,感受权利带给村民的切实利益,使村民自觉地调整对权利的看法,从而逐步地习惯用权利去保护或争取权利,用权利语言表达自己的利益愿景,从而增强其权利意识进而增强法律意识和用法能力。

4. 合理处理立法与改革之间的关系。一方面,基于改革的需求,有关农业、农村、农民的政策性文件居多,对于那些已经运行时间长、收效好、具有复制推广价值的政策可以通过立法的形式固定下来,保证改革成果和先行试点在法治轨道上有效运行。比如,在社会保障制度中,主要包括社会救助、社会保险和社会福利三个方面。首先,社会救助是社会保障制度的最低层次,依法逐步健全最低生活救助、医疗救助、子女教育救助及法律救助等社会救助制度。其次,逐

① 樊永吉、李勇强:《这个县 800 余名"法律明白人"有啥神奇"魔力"?》,载《山西法制报》2017 年 5 月 5 日,第 4 版。

渐完善农村社会保险包括工伤保险、医疗保险、养老保险及失业保险等。最后，社会福利，如改善子女受教育、生活环境等方面的福利。我国从1998年就设立了劳动和社会保障部，但至今还没有颁布一部专门的法律来规范农村的社会保障工作，也少有规范农村社会保障的法规。另一方面，形势在发展，时代在前进，当前改革发展对立法工作的需求已不仅仅停留于总结实践经验、巩固改革成果阶段。立法应发挥引导、推动、规范、保障改革的作用，主动适应改革需要。①

5. 广泛吸纳村民参与立法，促进农业农村立法与村民需求的紧密结合。在机制上，健全向下级人大征询立法意见机制，建立基层立法联系点制度，健全草案公开征求意见和公众意见采纳情况反馈机制，切实保证在农村立法工作中的起草、论证、协调、审议广泛征询。在途径上，通过建立农业协会、新型农业经营主体等社会团体的村民利益表达团体，为村民提供更多的发声途径；选举村民代表，立法机关下乡调研等方式，切实听取村民对相关立法的意见，最大限度地吸纳村民的立法修改建议，使村民在立法中，知道哪些权益受到了法律的保护，如何进行的保护，并且真正体现村民的利益。总之，拓宽村民有序参与立法途径，广泛凝聚社会共识。

（二）加强农村规范执法

良法必须通过实施才能体现出法律效果。农村立法固然重要，执法才能更好地体现其价值，实现法律赋予村民的各项权利，使之切实感受到法律的作用与价值，将应然的效力变为实然的效力。2021年4月，中共中央、国务院发布《关于加强基层治理体系和治理能力现代化建设的意见》，特别对增强乡镇行政执行能力作出了具体部署。

第一，牢固树立以人民为中心的发展思想，把党对一切工作的领导贯穿到农业综合行政执法改革与农业行政执法工作各方面和全过程。基层政府更要转变执政理念，由管理型政府转变为服务型政府，以实现村民的根本利益为己任，想村民之所想，急村民之所急。将理想信念的坚定性体现到本职工作中，牢

---

① 郑文睿：《新时代科学立法民主立法依法立法的价值意蕴》，载《光明日报》2018年5月31日，第6版。

固树立执法为民理念,坚持正风肃纪,奋力担当作为,严抓政风行风建设,努力实现依法治农、依法护农、依法兴农。

第二,加强制度建设。规范公正文明执法,健全行政裁量权基准制度,细化、量化行政裁量标准,强化对行政权力的制约和监督;建立一套科学的法治政府建设的评价指标体系,将村民对其执法工作客观评价纳入指标体系;继续组织开展全国农业综合行政执法示范创建活动,对命名的窗口和单位进行跟踪监测和动态管理,以创建促提升,以示范带发展;及时公布有影响力、有震慑力的典型案例,发布农业行政执法优秀案卷和文书。

第三,提高农村执法人员的素质,制定执法人员培训规划和年度培训计划,组织开展执法技能竞赛、"标兵"评选等活动,加快提升办案能力,培养执法能手。加强信息共享、协查配合、案件移交移送机制。提高服务意识,建立一支懂法用法,体察村情的执法队伍,切实在工作中维护村民的利益。

第四,加强执法保障措施。在经费上,建立完善经费保障机制,严格执行罚缴分离和收支两条线制度,确保执法经费满足工作需要;在装备配备上,推动各省人民政府参照《全国农业综合行政执法基本装备配备指导标准》,尽快制定适合本地农业行政执法装备配备标准与计划。充分利用全国农业综合执法信息共享平台等执法信息系统和数据资源,提高执法信息化水平;在宣传上,及时总结宣传推广各地实施能力提升行动的好经验、丰富实践、先进典型,引导各地互学互促,充分发挥示范引领作用。

(三)确保农村公正司法

第一,农村司法要落实便民措施。在农村的司法历史中,我国有可继承的经验,典型的是马锡五审判方式。抗日战争时期,马锡五是陕甘宁边区高等法院陇东分庭庭长,他将群众路线运用于工作,简化手续,就地审判,群众不但满意判决,而且在审判活动中受到教育。这一方式在政权所辖范围内得到普遍的推广。这些审判特点仍然可以运用于今天的农村司法。之所以很多村民惧怕法律甚至逃避法律,除了司法体制本身的问题之外,其费用高、程序烦琐等也是导致村民"另辟蹊径"的主要原因。马锡五审判方式恰恰在简化手续、群众路线等方面应对了这一难题。

第二,农村司法要加强人民监督员监督评议。为了加强外部监督,切实防止和纠正检察机关查办职务犯罪工作中执法不公问题,从2003年9月起开展人民监督员制度试点工作。2016年7月,司法部部署全国全面推进人民监督员管理方式改革工作,现在已经在北京、上海等五省市建成选任管理信息系统,并将着手推进全国信息化建设,努力践行党的十八届四中全会提出的“保障人民群众参与司法。坚持人民司法为人民,依靠人民推进公正司法”①。这方面农村地区做得还不够到位。吸纳更多的村民成为人民监督员,通过参加案件公开审查、公开听证、案件质量评查等形式,对同级人民检察院的办案活动进行监督,提出意见和建议,既是在普法教育,也是在更好地维护司法公正。

第三,农村司法要关注恢复性司法模式。恢复性司法模式最早出现在加拿大、美国等国家,并得到了联合国经济与社会理事会的认可和推崇。对其概念观点不一,有的概念侧重于恢复性司法的特殊决定程序;有的概念则侧重于恢复性司法中对受害法益的补偿。② 我国法学教授狄小华认为恢复性司法模式是相对于报复性司法模式而言,前者注重预防与矫正,防止犯罪再次发生,后者注重惩罚,根据犯罪行为的危害性实施相应惩罚。该模式之所以受推崇,是因为其不仅能够更好地改造罪犯,而且能够改善社会环境,稳定社会秩序。当前,我国已经通过一些制度改革转变为恢复性司法模式,比如,刑事和解制度,如果当事人之间达成和解协议可以依法从宽处理。国外还有协商、圆桌会谈、恢复性补偿、社区劳动等形式,恢复性司法模式的践行与推广,提高了对普法的需求,同时成为普法的平台。

第四,农村司法要加大执行力度。我国解决“执行难”已经取得阶段性成果,2016年最高人民法院从制度和信息化两方面进行了顶层设计,并取得阶段性成果,2016年全国受理执行案件529.2万件,执结507.9万件,同比分别上升24.2%和33.7%,标的金额2.24万亿元,比2015年提高35.8%。其中适用四级法院覆盖全国的网络化查控体系,对全国范围涉及存款、证券、车辆等14类16项财产信息在线查控,另外,《关于加快推进失信执行人信用监督、警示和惩

① 《中共中央关于全面推进依法治国若干重大问题的决定》,人民出版社2014年版,第2页。

② Gordon Bazemore & Lode Walgrave, *Restorative Juvenile Justice: Repairing the Harm of Youth Crime*, Criminal Justice Press, 1999, p. 23 – 26.

戒机制建设的意见》健全了对失信被执行人的惩戒和对接机制。[①] 2018 年 3 月，由国家发展改革委和最高人民法院牵头，联合 44 个国家部委、中央机关联署的《关于对失信被执行人实施联合惩戒的合作备忘录》提出 55 项惩戒措施，对失信被执行人进行全面限制。由此可见，党和国家对我国执行难问题解决的力度之大，也体现出将这一问题放入“大格局”之中，加强联合协作，必将产生良好收益。但在农村，人难找、财难查等问题显著，其执行率要远远低于城市。因此要加大农村执行力度。在这方面，我国也有一些先进做法。如安徽省、福建省等地为失信被执行人使用专属彩铃，恰当地利用了村民“好面子”的心理。

第五，农村司法要加强“以案释法”工作。2013 年 2 月 23 日，习近平在十八届中央政治局第四次集体学习时说，“司法工作者要密切联系群众，如果不懂群众语言、不了解群众疾苦、不熟知群众诉求，就难以掌握正确的工作方法，难以发挥应有的作用，正所谓张飞卖豆腐——人强货不硬”。一方面，探索媒体庭审直播、村民旁听庭审、案件宣讲等有效形式，通过“身边人，身边事，教育身边人”，推动法治宣传教育贴近基层村民。另一方面，加强案例整理编辑工作，完善案件收集、整理、发布的工作机制，推动典型案例发布制度，逐步建立以法官、检察官等为普法专业化工作主体的以案释法制度。

（四）健全农村纠纷解决机制

当前农村纠纷可以分为两大类：一类是传统的农村纠纷，这类纠纷在农村地区出现频率较高，由来已久。包括土地纠纷诸如土地承包经营权、宅基地纠纷等，婚姻家庭纠纷诸如彩礼、离婚、家庭暴力、赡养、继承等，相邻关系诸如邻里矛盾、农地相邻纠纷等，债权债务纠纷诸如民间借款，银行贷款，买卖、承揽、租赁、劳务、雇佣等引发的债权债务纠纷等。另一类是新型的农村纠纷，这类纠纷是在当前农村社会发展与转型中相对于传统的纠纷，日益出现和增加的。包括城市化进程中引发的拆迁补偿纠纷，环境污染纠纷诸如一些企业污染了农村环境，乡镇企业本身破坏生态平衡，食品安全纠纷诸如化肥、农药过量使用等问题。

---

① 赵春艳：《2016 年法院解决“执行难”取得阶段性成果》，载《民主与法制时报》2017 年 3 月 9 日，第 3 版。

"可接受性"是乡土社会纠纷解决的本质特征和追求目标。无论是三百年前的启蒙思想家卢梭所倡导的人与国家的"社会契约",还是一百多年前的英国法史学家梅因所主张的"所有进步社会的运动,都是一个'从身份到契约的运动'",抑或当代德国著名哲学家哈贝马斯所呼吁的"法律的商谈理论",如果把这些思想运用到纠纷解决上,无一不渗透了这样一个纠纷解决的本质特征——让解纷结果具有"可接受性"。① 赵天宝教授认为,这种"可接受性",是指实质的"可接受性",即经过解纷后实现案结事了、秩序和谐的效果。

要实现农村纠纷解决的"可接受性",就要搭建一个具有多元化、有效性,能够供村民自愿选择的平台。2015 年 10 月,中央全面深化改革领导小组通过《关于完善矛盾纠纷多元化解机制的意见》提出,转变纠纷解决理念,打破司法诉讼包打天下的局面,建立和完善多元化矛盾纠纷解决机制。2016 年 6 月,最高人民法院发布《关于人民法院进一步深化多元化纠纷解决机制改革的意见》和《关于人民法院特邀调解的规定》,将多元化解决工作列为各地法院的工作重点。打造整合人民调解、行政调解、司法调解等多种社会资源,综合运用多种方式和手段,功能互补、程序衔接,构建纠纷解决机制的大平台。

第一,民间调解。包括一般的民间调解和人民调解。在农村,民间调解一般是村民中有威望或族长主持调解纠纷矛盾。建立设置民间调解员或调解组织制度,可以明确将"法律明白人"纳入纠纷解决机制之中,起到"调解一案,普法一片"的效果。

人民调解就是通过人民调解委员会的调解工作,达成具有法律效力的调解协议。根据是 2011 年实施的《人民调解法》的规定,村委会应设立人民调解委员会,调解协议具有法律约束力,当事人应当按照约定履行。调解协议向人民法院申请确认效力。2015 年全国 79 万个人民调解委员会、391 万人民调解员共调处纠纷 933 万余件。②

20 世纪 60 年代,浙江省诸暨市枫桥镇创造的"基层矛盾就地解决"的"枫桥经验",成为我国政法工作的典型。"2018 年是毛泽东同志批示学习推广'枫桥

---

① 赵天宝:《纠结与抉择:乡土社会的解纷逻辑透视》,载《江苏社会科学》2013 年第 6 期。

② 袁婷:《从"诉前调解"到"多元调解":多元化纠纷解决机制　促调解格局革新》,载《民主与法制时报》2016 年 11 月 13 日,第 9 版。

经验'55周年,是习近平同志作出重要指示坚持和发展'枫桥经验'15周年。"①2020年6月,习近平总书记在视察宁夏时指出,"要加强和创新社会治理,坚持和完善新时代枫桥经验"。② 迈进新时代,枫桥一直以村民为中心,不断创新群众工作方法,充分利用微信、网络等信息化平台,解决村民矛盾纠纷,这也为农村基层矛盾调解提供了有益经验。国家重视"枫桥经验"的推广,2021年司法部发布人民调解工作指导案例,扎实开展及时有效化解基层矛盾工作。

第二,法院调解。即在当事人双方自愿的原则下,在各级人民法院法官的主持调解下,通过协商解决纠纷的方式,法律依据是《民事诉讼法》《行政诉讼法》,其兼具审判与非诉讼解纷方式的特征。对农村纠纷进行法院调解的优势在于村民会信服法官的权威,同时,又能在交流协商的氛围中解决问题,村民对调解结果可能会更为满意。因此,就需要法官在调解这一类案件中,特别注重情与法的结合,注重乡规民约的适用。

2021年10月,最高人民法院印发了《关于加快推进人民法院调解平台进乡村、进社区、进网格工作的指导意见》,推动人民法院多元化解决纠纷向基层延伸,切实把矛盾解决在萌芽状态,做到矛盾纠纷村内调解。通过调解平台增加溯源工作模块、建立案件分流制度、建立司法联络员制度、完善诉非实质化对接制度等,为人民法院调解工作在农村顺利开展起到了具体的指导作用。

第三,行政裁决与行政复议。行政裁决方式在我国农村起着重要作用,这与村民传统的"官本位"思想紧密相关,一有事村民首先想到的就是找政府,其实就是寻求行政裁决途径。行政裁决方式存在一些弊端,如缺乏有效监督,其行使权限缺乏制约,缺乏统一裁决机制,典型的房屋拆迁安置补偿纠纷,并不是一个政府部门能够解决的,需要多个部门协商联动,否则容易造成"踢皮球"现象。因此,要加强政府部门间的联动机制,提供行政裁决的合法性。

第四,仲裁。仲裁一般是当事人自愿将争议提交由非司法机构的仲裁庭进行裁判,并受该裁判约束的制度。根据我国《仲裁法》的规定,充分尊重仲裁当事人的意思自治,双方可以协商选择采用仲裁方式解决纠纷,共同选择仲裁委员会,没有级别和地域管辖的限制,自愿达成仲裁协议,该协议具有法律效力。

---

① 赴浙江采访组:《枫桥经验紧扣时代脉搏历久弥新》,载《法制日报》2018年4月9日,第1版。
② 《坚持和完善新时代"枫桥经验"》,载人民网2020年8月4日。

相比诉讼程序，仲裁程序都是不公开审理，一裁终局，无须审判程序那样有上诉程序，且收费低，结案快。仲裁形式特别适合农村土地纠纷、合同纠纷等矛盾。因此，建议加大我国仲裁机构的设立，普及村民对仲裁制度的认识，提高仲裁纠纷解决方式的利用率。

第五，诉讼。在我国诉讼主要分为民事诉讼、行政诉讼和刑事诉讼。因为诉讼具有公正性、权威性和可执行性，是村民最为信任的手段，但诉讼具有严格的程序性和专业性，需要村民花费诉讼费用和律师费，又是村民最怕采用的方式。这就需要提高村民的法律素质，降低诉讼成本，或是放宽法律援助的适用范围。

（五）营造农村法治文化

法治文化是一个社会整体性的一级文化概念，是指实现了法治的国家和社会所具有或应具有的文化。也就是说，在这样的国家和社会里，法治本身就意味着一种特定的社会文化类型、文化体系。一定的法治文化表明了作为社会调解器的法的发展状况以及在社会中发挥的作用，表明了社会成员法治精神、法律意识的发展水平，体现了社会法律制度及法治生活的发展程度。增强乡村治理的法治文化信心，是提高农民法治素养的关键。[①]

党的十九大报告提出："加大全民普法力度，建设社会主义法治文化……"2021 年 4 月中共中央办公厅、国务院办公厅印发的《关于加强社会主义法治文化建设的意见》，对今后一个时期我国社会主义法治文化建设工作作出了科学而全面的部署。这是我国发挥法治文化的价值引领和精神熏陶作用，由注重普及法律知识向弘扬法治精神、树立法治信仰的转变。新时代的农村普法教育"大格局"不能仅停留在表面功夫上，要润物无声，立心筑魂，推行法治文化深入人心、沁人心脾，推动法治文化蔚然成风[②]。就要以马克思主义为指导，立足当代中国法治建设实际，坚持不忘本来，吸收外来，面向未来，以高度的文化自信助推社会主义法治文化建设。发掘并整合农村地区原有的法治传统，营造并涵养法治氛围。因此，要积极发挥法治文化的引领和熏陶作用，使中华法治文化

① 陈思明：《新时代法治普及热点问题研究》，中国法制出版社 2019 年版，第 55 页。

② 杜才云：《筑牢治国安邦法治文化之基》，载中国新闻网 2021 年 4 月 9 日。

文明跟上新时代，紧跟中华民族伟大复兴的步伐，用法治文化涵养法治信仰，彰显其魅力和影响力。“努力实现传统文化的创造性转化、创新性发展，使之与现实文化相融相通，共同服务于文化人的时代任务。”①在农村地区，宗族观念根深蒂固，法治氛围不足，这也是一直以来城乡法治化程度存在差异的重要原因之一，因此，对传统法律文化进行扬弃，逐渐消除“重礼轻法”“人治”“重刑轻民”“息讼惧讼”等传统理念，建立起科学的现代化法治文化氛围。

第一，充分挖掘农村现有优秀法治文化。习近平总书记在党的十八届四中全会第二次全体会议上指出：“我国古代法制蕴含着十分丰富的智慧和资源，中华法系在世界几大法系中独树一帜。要注意研究我国古代法制传统和成败得失，挖掘和传承中华法律文化精华，汲取营养、择善而用。”我国悠久的历史铸造了辉煌的法律文化。儒家主张的“中庸之道”“仁义礼智信”等思想，都是传统文化中的积极因素，应该加大宣传，继续发扬；搜集、整理并展示本村守法用法好故事，发挥典型教化的作用。法律往往与本土资源密切相关，所以在普法的过程中，必须要考虑对当地风俗习惯、传统文化的把握与尊重。基本实现《关于加强社会主义法治文化建设的意见》提出的每个村至少有一个法治文化阵地。

第二，积极营造农村法治文化氛围。法治文化建设的主线是培育和弘扬社会主义核心价值观。2021 年，中共中央办公厅、国务院办公厅印发的《关于加强社会主义法治文化建设的意见》提出：“把社会主义核心价值观融入社会主义法治文化建设全过程各方面，实现法治和德治相辅相成、相得益彰。”弘扬社会主义核心价值观和建设法治文化是内在联系、有机统一的。社会主义核心价值观是社会主义先进法治文化的思想精髓，社会主义核心价值观兼顾国家、社会和个人多方利益与多层面价值，能够融入社会发展的各个方面，为社会主义法治文化建设提供价值灵魂。同时，社会主义法治文化建设也是展现、传播和实现社会主义核心价值观的重要载体。具体而言，将法治文化建设纳入农村公共文化服务体系，丰富群众性文化活动，用恰当的文艺形式诠释法治文化；推动农村法治文化与农村基础建设、传统节日相结合，建造法治文化广场、法治文化墙等，打造诸如“重阳节敬老”“儿童节护幼”等主题活动；重视乡规民约的制定和实施，优化现有乡规民约，保留传统精华，注入法治因素，以社会主义核心价值

① 《习近平谈治国理政》（第 2 卷），外文出版社 2017 年版，第 313 页。

观为引领，打造自治、法治、德治相结合的乡村治理体系。

第三，加强农村精神文明建设助推法治文化积淀。习近平总书记高度重视农村精神文明建设，指出“农村精神文明建设很重要，物质变精神、精神变物质是辩证法的观点”，强调“实施乡村振兴战略要物质文明和精神文明一起抓，特别要注重提升农民精神风貌”。要深入推进农村思想政治工作，深入开展习近平新时代中国特色社会主义思想学习教育，深入宣传党的路线方针和强农惠农富农政策。还要对广大村民进行习近平新时代中国特色社会主义思想和“中国梦”的教育，进行爱国主义、集体主义教育等，推进农村移风易俗，文明村镇和文明家庭创建，引导形成积极向上的社会风气，大力培育新时代中国特色社会主义乡村文明。这都为农村地区涵养并积淀法治文化起到有力的助推作用，为全面依法治国提供思想保证、文化条件和精神力量。

结　语

本书旨在对我国改革开放以来农村普法教育活动作全面、系统探讨，并对中国特色社会主义新时代的农村普法教育提出建设性对策建议。通过研究，得出以下结论：

第一，清晰描述了迄今为止农村普法教育的发展进程及其发展阶段。不仅按普法教育的目前进程将研究下限延长到 2022 年，而且突破了以往学界以 1985 年"一五"普法规划公布为起点的传统划分标准，根据其内在逻辑，把自 1978 年改革开放到"一五"普法规划公布之前的历史也纳入农村普法教育的同一进程加以审视，提出了该进程顺序经历准备、起步、展开、强化和新时代五个阶段的看法。在"政府主导"的总体模式下，存在各阶段模式以及各地的具体模式，阶段模式的变迁是前后更迭，不断扬弃创新的过程。这不但把迄今为止我国农村普法教育（包括全民普法教育）四十余年进程呈现出来，而且克服了以往研究忽视其酝酿与准备阶段的疏漏、增加了以往研究很少涉及的"八五"普法规划以来新进程的内容，有利于站在党的十九大及其提出的社会主义新时代高度，对以往四十余年的进程进行整体性深入研究。

第二，概括了农村普法教育的特点。根据对农村普法教育四十余年进程和与城市普法的比较研究，指出改革开放以来农村普法教育具有艰巨性、复杂性、滞后性和后发性四个鲜明特点。揭示这些特点，弥补了以往研究对农村普法进程的平面纵向直述的缺陷，有利于立体认识和深刻把握以往农村普法教育的进程，有利于正确认识农村普法教育成为全民普法短板的成因，进一步坚定和激发农村普法教育创新，补上短板，开创农村普法教育新局面。

第三，对农村普法教育作了全面评价。根据对农村普法教育四十余年发展的完整考察和中外法治史比较，针对低估农村普法教育的一些观点，对其作了客观和辩证的评价：农村普法教育具有充分的正当性；它虽存在诸多不足，是全民普法中的短板,但其取得的成就是主流。即使对其不足,也要放在中国国情和历史发展进程中正确加以认识;它不但在中国法治史上,而且在世界法治史上,都是伟大创举。这些评价客观公正,澄清了学界和社会对该问题认识的误解,有利于总结经验教训,继往开来,切实落实党的十九大提出的"加大全民普法力度"号召,把农村普法教育推向新阶段。

第四,提出了构建新时代农村普法教育"大格局"的建议。在全面总结四十余年农村普法教育经验并在分析其不足及其原因基础上,根据党的十九大关于新时代中国特色社会主义建设和实施乡村振兴战略要求,重点论述了新时代农村普法大格局的内涵、设想和实现路径。这一建议有利于从根本上摆脱以往农村普法教育囿于单一法治领域,由司法行政部门被动"独唱"的"小格局",开创适合新时代要求的农村普法教育新格局。这一新格局的实现,将使农村普法教育站在中国特色社会主义新时代高度,实现适应新时代农村对法律和法治新需求,适合实施乡村振兴战略的自治、法治、德治"三治"结合新要求的三大创新。即实现"自治教育""法治教育""德治教育"的"三教"融合的内容创新;实现城乡资源整合互动,党政及其各主管部门共同参与,齐抓共管,并把农村普法纳入农村优先发展行列的体制、机制创新;实现适合农村、村民情况,以不同形式、不同载体,实行精准普法的方式、方法创新。这些创新,将改变农村普法教育的短板地位,实现城乡普法教育的均衡发展,为在 21 世纪中叶实现建设法治强国目标,提供坚实基础和可靠保障。

以上结论使本书基本实现了预期目标。但由于本人水平能力和材料搜集的局限,仍然存在诸多不足,很多问题有待进一步理论论证和实践考证,期待着专家、学者的批评指正。

主要参考文献

一、重点文献

［1］《马克思恩格斯选集》（第2卷），人民出版社2012年版。

［2］《列宁选集》（第1－4卷），人民出版社1995年版。

［3］《毛泽东选集》（第1、3、4卷），人民出版社1991年版。

［4］《彭真文选》（1941－1990），人民出版社1991年版。

［5］《邓小平文选》（第2卷），人民出版社1994年版。

［6］《江泽民文选》（第1－3卷），人民出版社2006年版。

［7］《胡锦涛文选》（第1－3卷），人民出版社2016年版。

［8］《习近平谈治国理政》（第1卷），外文出版社2014年版。

［9］《习近平谈治国理政》（第2卷），外文出版社2017年版。

［10］胡锦涛：《坚定不移沿着中国特色社会主义道路前进　为全面建成小康社会而奋斗——在中国共产党第十八次全国代表大会上的报告》，人民出版社2012年版。

［11］《论把握新发展阶段、贯彻新发展理念、构建新发展格局》，中央文献出版社2021年版。

［12］《中共中央关于全面推进依法治国若干重大问题的决定》，人民出版社2014年版。

［13］《决胜全面建成小康社会　夺取新时代中国特色社会主义伟大胜利——在中国共产党第十九次全国代表大会上的报告》，人民出版社2017年版。

［14］中共中央文献研究室：《建国以来重要文献选编》（第14册），中央文献出版社1997年版。

[15]中共中央文献研究室:《十八大以来重要文献选编》(上),中央文献出版社2014年版。

[16]中共中央文献研究室:《习近平关于全面依法治国论述摘编》,中央文献出版社2015年版。

[17]中央宣传部宣传局、司法部宣传司:《把法律交给十亿人民——全国法制宣传教育工作会议文件汇编》,经济日报出版社1985年版。

二、中文著作

[1]费孝通:《乡土中国》,生活·读书·新知三联书店1985年版。

[2]费孝通:《乡土中国与乡土重建》,时代风云出版社1993年版。

[3]梁漱溟:《乡村建设理论》,邹平乡村书店1937年版。

[4]沈宗灵:《法理学》,高等教育出版社2001年版。

[5]公丕祥:《法制现代化的理论逻辑》,中国政法大学出版社1999年版。

[6]李昌麒:《中国农村法治发展研究》,人民出版社2006年版。

[7]张文显:《法理学》,高等教育出版社2003年版。

[8]周叶中:《宪法》(第2版),高等教育出版社、北京大学出版社2005年版。

[9]张中秋:《中西法律文化比较研究》,南京大学出版社1999年版。

[10]蒋立山:《法律现代化:中国法治道路问题研究》,中国法制出版社2006年版。

[11]朱勇:《中国法制通史》(第9卷),法律出版社1999年版。

[12]刘飏:《依法治国的生动实践——普法依法治理十五年》,法律出版社2001年版。

[13]苏力:《道路通向城市——转型中国的法治》,法律出版社2004年版。

[14]苏力:《送法下乡——中国基层司法制度研究》,北京大学出版社2011年版。

[15]苏力:《法治及其本土资源》,中国政法大学出版社1997年版。

[16]何勤华、李秀清:《外国法与中国法——20世纪中国移植外国法反思》,中国政法大学出版社2003年版。

[17]季卫东:《大变局下的中国法治》,北京大学出版社2013年版。

[18]赵旭东:《权力与公正:乡土社会的纠纷解决权威多元》,天津古籍出版社2003年版。

[19]朱景文:《中国法律发展报告——数据库和指标体系》,中国人民大学出版社2007年版。

[20]戴木才:《现代政治视域中的"法治"与"德治"》,山东人民出版社2007年版。

[21]田成有:《乡土社会中的民间法》,法律出版社2005年版。

[22]蔡定剑、王晨光:《中国走向法治30年》,社会科学文献出版社2008年版。

[23]黄之英:《中国法治之路》,北京大学出版社2000年版。

[24]张静:《基层政权——乡村制度诸问题》,浙江人民出版社2000年版。

[25]张耀灿:《思想政治教育学原理》,高等教育出版社2001年版。

[26]丁关良:《中国农村法治基本问题研究》,中国农业出版社2001年版。

[27]李海青:《法的信仰——一种政治哲学的分析》,知识产权出版社2008年版。

[28]李楯:《法律社会学》,中国政法大学出版社1999年版。

[29]梁治平:《清代习惯法:社会与国家》,中国政法大学出版社1996年版。

[30]郑志廷、张秋山:《中国宪政百年史纲》,人民出版社2011年版。

[31]王称心主编:《依法治理评价理论与实践研究》,中国法制出版社2006年版。

[32]刘烨:《马斯洛的人本哲学》,内蒙古文化出版社2008年版。

[33]吴亚林:《价值与教育》,北京师范大学出版社2009年版。

[34]谢建社:《新产业工人阶层——社会转型中的"农民工"》,社会科学文献出版社2005年版。

[35]张跃进等:《中国农民工问题解读》,光明日报出版社2007年版。

[36]王正中:《中国农民现代化及其推进策略》,合肥工业大学出版社2008年版。

[37]刘奇:《三农问策:走出制度困局》,安徽人民出版社2005年版。

[38]刘荣华、张燕:《当代中国农民法律素质教育研究》,人民出版社2014

年版。

[39]秦晖:《传统十论:本土社会的制度文化与其变革》,复旦大学出版社2003年版。

[40]牛克、刘玉民:《法制宣传学》,人民法院出版社2003年版。

[41]曹义孙、胡晓进、梁文永:《中国法学教育大事记(1978—2008)》,中国政法大学出版社2009年版。

[42]舒扬:《中国法学30年》,中山大学出版社2009年版。

[43]田海舰:《社会主义核心价值体系培育纲要》,人民出版社2012年版。

[44]周尚君:《法治定量　法治指数及其中国应用》,中国法制出版社2018年版。

[45]陈思明:《新时代法治普及热点问题研究》,中国法制出版社2019年版。

[46]郭星华:《法社会学教程》,中国人民大学出版社2011年版。

三、中文译著

[1][古希腊]亚里士多德:《政治学》,吴寿彭译,商务印书馆1997年版。

[2][法]孟德斯鸠:《论法的精神》,张雁深译,商务印书馆1976年版。

[3][美]罗斯科·庞德:《通过法律的社会控制》,沈宗灵译,商务印书馆2010年版。

[4][德]尤尔根·哈贝马斯:《在事实与规范之间——关于法律和民主法治国的商谈理论》,童世骏译,生活·读书·新知三联书店2003年版。

[5][美]费正清:《美国与中国》,张理京译,商务印书馆1987年版。

[6][美]伯尔曼:《法律与宗教》,梁治平译,商务印书馆2012年版。

[7][英]弗兰西斯·培根:《论人生》,何新译,上海人民出版社1985年版。

[8][英]哈耶克:《法律、立法与自由》(上),邓正来译,中国大百科全书出版社2002年版。

[9][苏联]苏霍姆林斯基:《帕夫雷什中学》,赵玮、王义高等译,教育科学出版社1983年版。

[10][苏联]苏霍姆林斯基:《给教师的建议》(上、下),杜殿坤译,教育科学出版社1980年版。

[11][法]福柯:《权力的眼睛——福柯访谈录》,严锋译,上海人民出版社1997年版。

[12][美]吉尔兹:《地方性知识:事实与法律的比较透视》,邓正来译,生活·读书·新知三联书店1998年版。

[13][美]西奥多·W.舒尔茨:《改造传统农业》,梁小民译,商务印书馆2006年版。

[14][德]卢曼:《法社会学》,宾凯、赵春燕译,上海人民出版社2013年版。

[15][俄]伊·亚·伊林:《法律意识的实质》,徐晓晴译,清华大学出版社2005年版。

[16][美]西奥多·W.舒尔茨:《经济增长与农业》,郭熙保、周开年译,北京经济学院出版社1997年版。

[17][瑞士]让·皮亚杰:《儿童心理学》,傅统先译,文化教育出版社1980年版。

[18][美]道格拉斯·C.诺斯:《制度、制度变迁与经济绩效》,刘守英译,上海三联书店1994年版。

四、期刊论文

[1]习近平:《坚定不移走中国特色社会主义法治道路　为全面建设社会主义现代化国家提供有力法治保障》,载《中国民政》2021年第6期。

[2]习近平:《充分认识颁布实施民法典重大意义依法更好保障人民合法权益》,载《求是》2020年第12期。

[3]习近平:《加快建设社会主义法治国家》,载《求是》2015年第1期。

[4]李步云:《论法与法律意识》,载《法学研究》2003年第3期。

[5]李步云:《中国法治历史进程的回顾与展望》,载《法学》2007年第9期。

[6]张文显:《新思想引领法治新征程——习近平新时代中国特色社会主义思想对依法治国和法治建设的指导意义》,载《法学研究》2017年第6期。

[7]张文显:《法治的文化内涵——法治中国的文化构建》,载《吉林大学社会科学学报》2015年第4期。

[8]王学俭、顾超:《依法治国进程中的法律信仰培育研究》,载《思想政治教育研究》2015年第4期。

[9]王汉斌:《彭真同志对我国社会主义法制建设的卓越贡献》,载《中国法学》1997 年第 6 期。

[10]谢晖:《法律工具主义评析》,载《中国法学》1994 年第 1 期。

[11]李昌麒、许明月、卢代富等:《农村法治建设若干基本问题的思考》,载《现代法学》2001 年第 2 期。

[12]沈宗灵:《论法律移植与比较法学》,载《外国法译评》1995 年第 1 期。

[13]王人博:《宪政的中国语境》,载《法学研究》2001 年第 2 期。

[14]陆学艺、杨桂宏:《破除城乡二元结构体制是解决“三农”问题的根本途径》,载《中国农业大学学报(社会科学版)》2019 年第 3 期。

[15]苏力:《为什么“送法上门”》,载《社会学研究》1998 年第 2 期。

[16]苏力:《乡土社会中的法律人》,载《法制与社会发展》2001 年第 2 期。

[17]王利明:《法治:良法与善治》,载《中国人民大学学报》2015 年第 2 期。

[18]王利明:《普法:最需要普及的是什么》,载《当代贵州》2005 年第 9 期。

[19]韩大元、孟凡壮:《中国社会变迁六十年的公民宪法意识》,载《中国社会科学》2014 年第 12 期。

[20]巩献田:《论法制历史片面主义》,载《中国矿业大学学报(社会科学版)》2003 年第 3 期。

[21]刘玉浦:《法制宣传教育:构建和谐社会的基础性工程》,载《求是》2008 年第 1 期。

[22]付子堂、肖武:《普法的逻辑展开——基于 30 年普法活动的反思与展望》,载《社会科学战线》2017 年第 6 期。

[23]陈甦、刘小妹:《以创新精神推进普法提质增效》,载《人民论坛》2019 年第 18 期。

[24]赵兵让:《扶贫开发的法治化建设推进路径探析》,载《法学杂志》2019 年第 6 期。

[25]王君:《多措并举提升普法实效》,载《人民论坛》2019 年第 10 期。

[26]陕西省民宗委政法处:《陕西“三化”推进普法宣传深入开展》,载《中国宗教》2020 年第 9 期。

[27]汪太贤:《从“受体”立场与视角看“普法”的限度》,载《探索》2006 年

第1期。

[28]于立深、周丽:《中国特色社会主义行政法与行政诉讼法理论研究》,载《当代法学》2012年第6期。

[29]马振清:《国家治理体系中的公民法治观念与法治能力培育》,载《思想政治教育研究》2014年第5期。

[30]王永杰:《从独语到对话——论当代中国法制宣传的转型》,载《复旦学报(社会科学版)》2007年第4期。

[31]孙泽学:《1978—1984年农村改革之中央、地方、农民的互动关系研究——以包产到户、包干到户为中心》,载《中国经济史研究》2006年第1期。

[32]刘富起:《社会主义初级阶段民主与法制建设的进程》,载《中国法学》1988年第2期。

[33]宋晓:《普法的悖论》,载《法制与社会发展》2009年第2期。

[34]胡光:《搞好"普法"工作关键在于领导》,载《现代法学》1985年第4期。

[35]杨以汉:《普法方法初探》,载《政治与法律》1992年第2期。

[36]王贵东:《试论党的十八大以来习近平关于法治的新论断》,载《学校党建与思想教育·下》2017年第8期。

[37]任大鹏:《我国现阶段农民法律意识的调查与分析》,载《中国农村观察》1999年第3期。

[38]曾坚:《对我国"普法"目标取向的法理学思考》,载《当代法学》2001年第7期。

[39]王君悦:《因地制宜进行农村普法》,载《法学》1986年第7期。

[40]杨艺文、马燕:《对依法治村的调查与思考》,载《法学杂志》1998年第4期。

[41]沙红、施建良:《关于杭州地区农民法律意识的调查与思考》,载《中国农村观察》1999年第4期。

[42]李克坚:《法制教育是社会主义精神文明建设的重要内容》,载《思想政治教育研究》1996年第4期。

[43]王庆明:《西方经典小农理论范式的反思与重构——立足于转型中国

的思考》,载《社会学评论》2015 年第 2 期。

[44]郝铁川:《论中国社会转型时期的依法治国》,载《中国法学》2000 年第 2 期。

[45]强世功:《迈向立法者的法理学——法律移植背景下对当代法理学的反思》,载《中国社会科学》2005 年第 1 期。

[46]赵天宝:《中国普法三十年(1986—2016)的困顿与超越》,载《环球法律评论》2017 年第 4 期。

[47]王秋玲:《普法——法学工作者义不容辞的社会责任》,载《当代法学》1996 年第 4 期。

[48]姚振怀:《中国二十年全民普法教育和依法治理工作取得巨大成功》,载《中国法律》2004 年第 6 期。

[49]田成有:《国家法在乡土社会中取得成功的条件与保证》,载《江苏行政学院学报》2001 年第 3 期。

[50]莫纪宏:《论"国家治理体系和治理能力现代化"的"法治精神"》,载《新疆师范大学学报(哲学社会科学版)》2014 年第 3 期。

[51]郭星华、王平:《中国农村的纠纷与解决途径——关于中国农村法律意识与法律行为的实证研究》,载《江苏社会科学》2004 年第 2 期。

[52]魏秀荣:《民俗与法律——关于农村法律问题的思考》,载《法制与社会发展》1998 年第 1 期。

[53]李孔文、王嘉毅:《福柯知识权力理论及其教育学意蕴》,载《华东师范大学学报(教育科学版)》2011 年第 3 期。

[54]董磊明、陈柏峰、聂良波:《结构混乱与迎法下乡——河南宋村法律实践的解读》,载《中国社会科学》2008 年第 5 期。

[55]季卫东:《法律程序的意义——对中国法制建设的另一种思考》,载《中国社会科学》1993 年第 1 期。

[56]赵丽君:《探索网络普法新途径增强普法实效性》,载《中国高教研究》2004 年第 5 期。

[57]王玉霞:《论新农村建设视域中的农民法制教育》,载《继续教育研究》2008 年第 9 期。

[58]杨伟东:《落实“谁执法谁普法” 推动普法转型升级》,载《人民论坛》2017年第17期。

[59]薛刚凌、王文英:《农村法治发展之思考》,载《湖南社会科学》2003年第5期。

[60]陆克平:《“无主体”:主体论的最高境界》,载《现代教育科学》2007年第2期。

[61]黄云明、刘志刚:《法学教育中强化法律伦理教育的必要性》,载《河北科技师范学院学报(社会科学版)》2010年第2期。

[62]王义、周雪逵:《重建农民集体农用地权利制度新探》,载《法治研究》2011年第10期。

[63]龙小素:《深入普法是当前加强农村法治的关键》,载《长沙大学学报》2002年第1期。

[64]江必新:《法治精神的属性、内涵与弘扬》,载《法学家》2013年第4期。

[65]孙金海:《浅析新农村民主法制建设的理论与实践》,载《人民论坛》2016年第14期。

[66]方宏伟:《农村普法所面临的系统性矛盾》,载《政府与法治》2007年第6期。

[67]郭星华、邢朝国:《从送法下乡到理性选择——乡土社会的法律实践》,载《黑龙江社会科学》2010年第1期。

[68]谢庆奎:《服务型政府建设的理论研究》,载《学习与探索》2005年第5期。

[69]叶琪:《论当前我国普法措施的转变》,载《安徽农业大学学报(社会科学版)》2016年第5期。

[70]姚俊廷:《关于对农民工普法的一些思考》,载《山西高等学校社会科学学报》2009年第9期。

[71]林凌、高雅雯:《新媒体环境下普法信息传播优化策略》,载《编辑学刊》2017年第3期。

[72]刘学坤:《村落中的法律动员:农村普法的现代性语境和困境》,载《三峡大学学报(人文社会科学版)》2012年第5期。

[73]李育全、马雁:《农民法治观念的误区及其引导》,载《中国农业大学学报(社会科学版)》2002 年第 2 期。

[74]魏健馨:《论公民、公民意识与法治国家》,载《政治与法律》2014 年第 1 期。

[75]童淑娟:《“使用与满足”在高校校园网络舆论引导中的应用》,载《高等农业教育》2012 年第 4 期。

[76]牛海花、刘丙刚:《河北省普法宣传教育的现状及对策研究》,载《河北法学》2017 年第 9 期。

[77]王文岚:《当代西方公民教育理论探微》,载《兰州大学学报(社会科学版)》2005 年第 6 期。

[78]李录杰:《我国普法活动之探讨》,载《经济研究导刊》2013 年第 11 期。

[79]王双群、余仰涛:《法治教育与德治教育的内涵及意义》,载《理论月刊》2006 年第 7 期。

[80]卓泽渊:《中国“普法”二十年回顾与前瞻》,载《探索》2006 年第 4 期。

[81]刘香润:《落实“五五”普法　建设法治校园》,载《学校党建与思想教育》2010 年第 30 期。

[82]刘建武:《为什么说“党大还是法大”是一个伪命题?》,载《党的文献》2015 年第 6 期。

[83]孟庆瑜:《农村法治的运行机制探讨》,载《国家行政学院学报》2006 年第 1 期。

[84]朱亮亮、李晓改:《从法律数据库建设看中国法治建设成果的信息服务》,载《科技与出版》2021 年第 2 期。

[85]陈卓:《道德教育与思想政治教育之比较——基于权力的视角》,载《陕西师范大学学报(哲学社会科学版)》2016 年第 1 期。

[86]贾孔会、周娉:《论新农村建设背景下的农村普法教育模式创新》,载《社科纵横》2008 年第 11 期。

[87]喻昊:《一个新的教育理念:高等教育二元主体论》,载《社会科学论坛》2006 年第 7 期。

[88]李昌祖、赵玉林:《公民法治素养概念、评估指标体系及特点分析》,载

《浙江工业大学学报(社会科学版)》2015年第3期。

[89]颜河清、刘海霞:《农村法制宣传教育的价值取向及实现路径》,载《农业考古》2009年第6期。

[90]张旭昆:《正式制度与非正式制度之间的互补》,载《浙江社会科学》2005年第6期。

[91]叶国平、吴高平、谢贵春:《我国农村普法政策之嬗变》,载《学理论》2014年第31期。

[92]杨红朝:《我国农村法治化的历程与路径选择模式》,载《农村经济》2013年第7期。

[93]董峻:《帮助农民·提高农民·富裕农民——农业部部长韩长赋解读〈关于加快构建政策体系培育新型农业经营主体的意见〉》,载《现代农业装备》2017年第4期。

[94]郑士源、徐辉、王浣尘:《网格及网格化管理综述》,载《系统工程》2005年第3期。

[95]陈丽:《创设普法载体提高普法成效》,载《中国司法》2002年第9期。

[96]陈志新:《建立社会化大普法格局》,载《特区理论与实践》2003年第11期。

[97]向亚克:《论新形势下农村普法教育》,载《西藏发展论坛》2015年第4期。

[98]朱红丽:《建设社会主义新农村要大力加强农村普法教育》,载《决策探索》2007年第1期。

[99]兰晓晖、胡冰:《新农村建设视野下农村普法教育的反思与建构》,载《老区建设》2007年第1期。

[100]陆益龙:《纠纷解决的法社会学研究》,载《湖南社会科学》2009年第1期。

[101]杨平璋:《依托"农事村办"创优农村普法——基于农村社会管理分析视角》,载《学理论》2012年第19期。

[102]赵天宝:《纠结与抉择:乡土社会的解纷逻辑透视》,载《江苏社会科学》2013年第6期。

[103]姚俊延:《普法的担当及其限度》,载《西部法学评论》2010 年第 4 期。

[104]杨真宝:《依法治国大背景下的农村普法教育思考》,载《法制博览》2015 年第 34 期。

[105]赵金和:《农村普法教育存在的不足及其对策探讨》,载《法制与经济》2012 年第 24 期。

[106]贾锡萍、涂明君、乔贵平:《从“能人治村”走向“依法治村”——基于天津市村两委干部法律素养问题的调查》,载《天津行政学院学报》2016 年第 5 期。

[107]刘振宇:《普法语言研究》,载《法律语言学说》2010 年第 2 期。

[108]刘振伟:《努力提升农业法制建设水平》,载《中国人大》2014 年第 20 期。

[109]徐勇:《“法律下乡”:乡土社会的双重法律制度整合》,载《东南学术》2008 年第 3 期。

[110]马箭、李斌:《农民工权利意识与社会阶层关系的和谐》,载《求索》2007 年第 2 期。

[111]宋振威、熊文钊:《学习习近平关于全民普法的重要论述》,载《重庆理工大学学报(社会科学)》2021 年第 3 期。

[112]彭晓娟:《关于我国农村法治教育变迁和发展的几点思考》,载《兰州教育学院学报》2016 年第 3 期。

[113]王丽、邓红蕾:《农村普法——谁来解我孤独:关于农村普法工作的逆向思考与对策研究》,载《政府与法治》2005 年第 2 期。

[114]唐辉、唐云、陈昱睿:《“大普法”格局构建思考——公民身份和法治教育》,载《中共乌鲁木齐市委党校学报》2017 年第 1 期。

[115]叶国平:《“送法下乡”还是“迎法下乡”——农村法治教育路径研究》,载《学理论》2014 年第 33 期。

[116]许艳:《改革开放以来中国共产党法制宣传教育研究》,载《法制博览》2019 年第 8 期。

[117]李寿荣:《关于构建中国特色社会主义普法宣传教育机制的研究——以河北省为例》,载《中共成都市委党校学报》2017 年第 4 期。

[118]方世荣、孙思雨:《论公众参与法治社会建设及其引导》,载《行政法学研究》2021 年第 4 期。

[119]徐柳:《我国志愿者组织发展的现状、问题与对策》,载《学术研究》2008 年第 5 期。

[120]俞丹:《农村普法教的“熟人志愿者”队伍建设初探》,载《观察与思考》2012 年第 3 期。

[121]蒋立山:《中国法制现代化建设的特征分析》,载《中外法学》1995 年第 4 期。

[122]姜兴文:《关于 90 年代法制建设的思考》,载《经济与法》1993 年第 7 期。

[123]苏力:《为什么“送法下乡”?》,载《社会学研究》1998 年第 2 期。

[124]罗时贵、郑玉双:《法律的本质:基于法实证主义与自然法之间展开》,载《广西社会科学》2017 年第 2 期。

[125]李贞:《高燕朱元璋与普法教育》,载《学习月刊》2008 年第 3 期。

[126]冯静:《构建“大普法”格局势在必行》,载《中国司法》2002 年第 6 期。

[127]邓清静:《开展农村普法工作初探》,载《武汉理工大学学报(社会科学版)》1997 年第 2 期。

[128]许崇德、段桂鉴:《普及法律常识读物的若干问题评述》,载《中国图书评论》1987 年第 1 期。

[129]林明星:《法制史上一次大规模的普法宣传——〈御制大诰〉的颁行》,载《福州党校学报》1994 年第 1 期。

[130]景文灿:《从战略高度认识普法工作的意义》,载《前线》1986 年第 8 期。

[131]李牧原:《我国全民普法教育问题与对策研究》,载《法制与社会》2021 年第 1 期。

[132]朱大敏、朱文根、郭肖肖:《“精准普法”的理论与实践》,载《中国司法》2014 年第 5 期。

[133]刘政:《我国社会主义法制史上的一个壮举——“一五”普法决议出台前后》,载《中国人大》2006 年第 9 期。

[134]裴锡新:《关于对“五五”普法总结验收指导意见和标准有关问题的解读》,载《中国司法》2005 年第 2 期。

[135]郝耀武、孙长春:《论现代法治精神》,载《行政与法》2009 年第 9 期。

[136]汪洋:《学习宣传贯彻习近平法治思想是新时代普法工作的首要政治任务》,载《中国人大》2021 年第 12 期。

[137]全国人大内务司法委员会调研组:《关于全国人大常委会“六五”普法决议执行情况的调研报告》,载《中国人大》2016 年第 9 期。

[138]南晓欢:《城乡一体化背景下的农村法治建设研究》,载《法制博览》2016 年第 18 期。

[139]谢宝仪:《中国古代法律宣教制度的优势与当代借鉴——以基层普法为视角》,载《时代报告》2021 年第 4 期。

[140]李德顺:《法治文化论纲》,载《中国政法大学学报》2007 年第 1 期。

[141]王长发:《“普法情结”、法律公布及法律与社会的关系》,载《赤峰学院学报(汉文哲学社会科学版)》2007 年第 4 期。

[142]吴理财、杨刚、徐琴:《新时代乡村治理体系重构:自治、法治、德治的统一》,载《云南行政学院学报》2018 年第 4 期。

[143]何沐阳、吴传毅:《乡村普法的重大成就、问题检视及要素优化》,载《四川行政学院学报》2022 年第 1 期。

[144]陈金钊:《用体系思维改进结合论、体系论——完善法治思维的战略措施》,载《东方法学》2018 年第 1 期。

[145]孙春苗:《农民维权组织和农村发展》,载《调研世界》2006 年第 5 期。

[146]齐佳民:《整合社会资源构建“大普法”工作格局》,载《中国司法》2008 年第 6 期。

[147]喻中:《宗族权力与乡村秩序》,载《博览群书》2006 年第 2 期。

[148]劳泓:《构建社会大普法格局的思考与实践》,载《中国司法》2019 年第 10 期。

五、文集析出文献

[1]韩长赋:《大力实施乡村振兴战略》,载《党的十九大报告辅导读本》,人民出版社 2017 年版。

[2]朱苏力:《法律如何被信仰》,载《四川大学法律评论》(第1卷),东方出版社1996年版。

[3]郑戈:《韦伯论西方法律的独特性》,载李猛主编:《韦伯:法律与价值》,上海人民出版社2001年版。

[4]张慰:《行动中的普法——红绿灯下的法社会学思考》,载《普法运动》,清华大学出版社2011年版。

[5]翟志勇:《民族国家与法律政策——论普法的语境、困境与意蕴》,载《普法运动》,清华大学出版社2011年版。

[6]刘海燕、贾焕银:《乡村社会普法运动的民间法解读》,载《普法运动》,清华大学出版社2011年版。

六、中文博士、硕士学位论文

[1]吕艳利:《农村普法与农民的法律实践》,北京大学2002年博士学位论文。

[2]刘莹:《改革开放以来中国普法教育之嬗变》,西南交通大学2009年博士学位论文。

[3]袁珠萍:《改革开放以来中国共产党法制宣传教育研究——以〈人民日报〉为文本》,武汉大学2016年博士学位论文。

[4]刘颖丽:《我国现阶段普法教育研究》,首都师范大学2007年硕士学位论文。

[5]李莉:《新生代农民工普法教育研究——以郑州市为例》,四川农业大学2012年硕士学位论文。

[6]郑薛滋璐:《农村法治宣传教育存在的问题与对策研究——以福建省S市为例》,昆明理工大学2017年硕士学位论文。

[7]刘利红:《农村村委会成员法律意识培养研究》,内蒙古科技大学2014年硕士学位论文。

[8]陈立:《普法教育与农民工合法权益的维护》,浙江师范大学2009年硕士学位论文。

[9]孙燕:《建国初期我国法制宣传工作研究(1954—1966)》,华东政法大学2020年硕士学位论文。

[10]李一宁:《全民普法——一个知识/权力的视角》,南京师范大学2007年硕士学位论文。

七、报纸文献

[1]张晨:《发挥司法所职能作用夯实基层法治根基》,载《法治日报》2021年10月28日,第1版。

[2]人民日报评论员:《一以贯之坚持和发展中国特色社会主义——论学习贯彻习近平总书记"1.5"重要讲话》,载《人民日报》2018年1月6日。

[3]《中华人民共和国宪法单行本在全国各地已发行一千二百五十万册》,载《人民日报》1954年10月26日。

[4]李步云:《"依法治国"的起点应当是党的十一届三中全会》,载《北京日报》2014年10月21日。

[5]张金才:《破除"党大还是法大"的伪问题》,载《中国社会科学报》2015年7月16日。

[6]张颐武:《重视现代乡贤》,载《人民日报》2015年9月30日。

[7]蔡定剑:《单靠"送法下乡"不能解决社会矛盾》,载《南方周末》2010年2月25日。

[8]肖贵清:《中国共产党的领导是历史和人民的选择》,载《光明日报》2020年10月9日。

[9]付子堂:《青少年法治教育不能大水漫灌》,载《人民日报》2015年4月15日。

[10]王利明:《法治具有目的性》,载《学习时报》2016年5月26日。

[11]郑学宝、张剑伟:《道家法治思想及其现代意义》,载《人民日报》2015年11月2日。

[12]徐显明:《和谐社会中的法治》,载《文汇报》2006年11月5日。

[13]毕耕、刘瑞琪、柳杨:《党领导农村宣传工作的历史经验》,载《光明日报》2017年2月10日。

[14]李建广:《农村基层贪腐与乡匪村霸中央看到了》,载《人民日报》2015年6月19日。

[15]李玉华:《从司法大数据看精准普法》,载《人民法院报》2018年1月3日。

[16]刘婉婷:《坚持所有权　稳定承包权　放活经营权　为现代农业发展奠定制度基础》,载《农民日报》2016 年 11 月 4 日。

[17]高吉龙:《十年坚持普法十年收获颇丰》,载《延边日报》2007 年 10 月 12 日。

[18]裴蕾:《市政府召开常务会议　将建“谁执法谁普法、谁主管谁普法”责任清单》,载《郑州日报》2018 年 1 月 4 日。

[19]李娜、高柱:《四川工会“普治结合”提升农民工维权意识》,载《工人日报》2015 年 8 月 20 日。

[20]赴浙江采访组:《枫桥经验紧扣时代脉搏历久弥新》,载《法制日报》2018 年 4 月 9 日。

[21]庄永廉:《法律体系的五个细节之变》,载《检察日报》2011 年 3 月 11 日。

[22]倪弋:《送法下乡有了“村村通”》,载《人民日报》2017 年 6 月 21 日。

[23]赵春艳:《2016 年法院解决“执行难”取得阶段性成果》,载《民主与法制时报》2017 年 3 月 9 日。

[24]计亚男:《法律服务专用电话 148 将开通》,载《光明日报》1998 年 12 月 7 日。

[25]《魏佳羽:政府亟须从“精英优配”向“弱势补偿”转变》,载《民主与法制时报》2017 年 4 月 23 日。

[26]樊永吉、李勇强:《这个县 800 余名“法律明白人”有啥神奇“魔力”?》,载《山西法制报》2017 年 5 月 5 日。

[27]柴瑞娟:《民法典为实施乡村振兴战略提供法律保障》,载《光明日报》2020 年 7 月 17 日。

[28]刘子阳:《落实普法责任制部级联席会议第一次全体会议召开》,载《法制日报》2017 年 10 月 11 日。

[29]丁小溪:《我国县级法学会已建成 2216 个智库作用进一步凸显》,载《毕节日报》2017 年 2 月 28 日。

[30]周宵鹏:《河北精准施策提升普法服务大局实效　把普法融入法律服务全过程》,载《法制日报》2019 年 9 月 6 日。

[31]杨悦新、凌峰:《依法治国:划时代的方略之选》,载《法制日报》2008 年 6 月 9 日。

[32]《展示新成就,迎接十五大》,载《人民日报》1997 年 9 月 3 日。

[33]江泽民:《高举邓小平理论伟大旗帜,把建设有中国特色社会主义事业全面推向二十一世纪》,载《光明日报》1997 年 9 月 22 日。

[34]张福森:《努力开创普法依法治理的新局面》,载《人民日报》2011 年 11 月 7 日。

[35]《习近平在中央全面依法治国工作会议上强调坚定不移走中国特色社会主义法治道路为全面建设社会主义现代化国家提供有力法治保障》,载《人民日报》2020 年 11 月 18 日。

[36]卓泽渊:《法治精神应体现法的价值并指导法治实践》,载《法制日报》2007 年 8 月 31 日。

[37]李步云:《推进依法治国需深化对法治精神的理解》,载《法制日报》2007 年 8 月 31 日。

[38]蒲晓磊:《以习近平法治思想引领全民普法工作》,载《法治日报》2021 年 11 月 4 日,第 2 版。

[39]金友:《都是普法惹的祸?》,载《党建文汇》2001 年第 6 期。

[40]胡明:《深刻认识习近平法治思想的重大意义》,载《人民日报》2020 年 12 月 15 日,第 9 版。

[41]郑文睿:《新时代科学立法民主立法依法立法的价值意蕴》,载《光明日报》2018 年 5 月 31 日,第 6 版。

[42]聂长建、李国强:《实践法治由于理论法治》,载《法制日报》2013 年 6 月 19 日,第 10 版。

八、电子文献

[1]《最高法:强化人民法庭建设　服务全面推进乡村振兴和基层社会治理》,载最高人民法院官方百家号 2021 年 7 月 27 日。

[2]王凯、张梦怡:《安徽省未管所七成被管教孩子是农民工子女》,载搜狐网,http://news.sohu.com/20130401/n371277548.shtml。

[3]习近平:《弘扬法治精神,形成法治风尚》,载宣讲家网,http://www.71.

cn/2013/0725/723853. shtml。

[4]《习近平论法治:“党大还是法大”是伪命题,是政治陷阱》,载中国共产党新闻网,http://cpc. people. com. cn/xuexi/n/2015/0511/c385475 - 26978527. html。

[5]《习近平法治思想引领法治中国建设》,载央广网 2020 年 11 月 21 日。

[6]《习近平谈依法治国》,载人民网,http://theory. people. com. cn/n1/2016/0817/c49150 - 28642089. html。

[7]胡锦涛:《扎扎实实提高社会管理科学化水平建设中国特色社会主义社会管理体系》,载中国人大网,http://www. npc. gov. cn/zgrdw/npc/xinwen/syxw/2011 - 02/20/content_1621269. htm。

[8]《栗战书:在乡村振兴促进法实施座谈会上的讲话》,载中国共产党网,https://www. 12371. cn/2021/09/18/ARTI1631948353199163. shtml。

[9]《王晨在“2020 年青年普法志愿者法治文化基层行”电视电话会议上的讲话》,载中国新闻网,https://www. chinanews. com/gn/2020/05 - 12/9182654. shtml。

[10]李林:《习近平法治思想的核心要义》,载中国网,http://www. china. com. cn/opinion2020/2020 - 11/23/content_76940601. shtml。

[11]胡成全:《关于全省“一五”普法工作情况和贯彻中央“二五”普法规划意见的报告(1991 年 2 月 27 日在黑龙江省七届人大常委会第十九次会议上)》,载黑龙江省人民代表大会常务委员会网 1991 年 2 月 27 日。

[12]肖扬:《关于第二个五年普法规划实施情况的报告——1993 年 8 月 31 日在第八届全国人民代表大会常务委员会第三次会议上》,载全国人大网,http://www. npc. gov. cn/wxzl/gongbao/2000 - 12/28/content_5003013. htm。

[13]《河北省构建“四位一体”农村普法新格局》,载民主与法制网,http://www. mzyfz. com/cms/pufazhuanlan/pufazhongxin/pufayaowen/html/1172/2011 - 05 - 09/content - 64549. html。

[14]《CNNIC 第 36 次调查报告:网民规模》,载新浪网,http://tech. sina. com. cn/i/2015 - 07 - 23/doc - ifxfccux2878863. shtml。

[15]《司法部副部长:新一轮普法要继续加大检查监督力度》,载人大新闻

网,http://npc. people. com. cn/n1/2016/0428/c14576 -28312690. html。

[16]《全国共建青少年法治教育基地 3 万多个》,载搜狐网 2016 年 5 月 26 日,https://www. sohu. com/a/77490731_162903。

[17]《农村留守儿童现状:犯罪率居高,心理问题突出》,载腾讯网,https://cd. qq. com/a/20170614/057217. htm。

[18]杜才云:《筑牢治国安邦法治文化之基》,载中国新闻网 2021 年 4 月 9 日。

[19]国家统计局:《2016 年农民工检测调查报告》,载国家统计局网,http://www. stats. gov. cn/tjsj/zxfb/201704/t20170428_1489334. html。

[20]《全国已命名 3365 个民主法治示范村》,载央广网 2019 年 6 月 12 日。

[21]《坚持和完善新时代"枫桥经验"》,载人民网 2020 年 8 月 4 日。

[22]杨久栋、侯佳敏:《我国农业农村法律制度的体系框架》,载新疆兴农网 2021 年 4 月 23 日。

[23]侯馨远:《检察机关立案办理涉农公益诉讼案件 29249 件》,载中国农网,http://www. farmer. com. cn/2021/02/26/wap_99865916. html。

[24]《农业农村部在第九次全国法治宣传教育工作会议上的书面交流材料》,载网易 2021 年 11 月 12 日,https://www. 163. com/dy/article/GOK8OM810511DJHA. html。

[25]《国家统计局:2020 年全国农民工总量 28560 万人》,载国家统计局网 2021 年 2 月 28 日。

[26]邱玥:《新一轮"三支一扶"计划启动实施　每年选派 3.2 万名高校毕业生到基层》,载中央人民政府网,http://www. gov. cn/xinwen/2021 -06/04/content_5615426. htm。

[27]魏哲哲:《中国已建立五级公共法律服务实体平台 57 万个》,载人民网 2021 年 12 月 28 日,https://baijiahao. baidu. com/s? id =1720335688557940209&wfr = spider&for = pc。

[28]魏哲哲、张璁:《用正确法治理论引领法治实践》,载中国共产党新闻网,http://theory. people. com. cn/n1/2017/0531/c40531 -29308166. html。

[29]《2020 年 1 至 6 月全国检察机关主要办案数据》,载最高人民检察院网

2020 年 7 月 20 日，https://www. spp. gov. cn/spp/xwfbh/wsfbh/202007/t20200720_473301. shtml#1。

九、外文文献

[1] Gordon Bazemore, Lode Walgrave, *Restorative Juvenile Justice: Repairing the Harm of Youth Crime*, NewYork, Criminal Justice Press, 1999.

[2] Natalia Udina, Law Education, *Language and Legal Translation Perspectives*, Procedia – Social and Behavioral Sciences, Volume 214, December, 2015.

[3] Brindusa Camelia Gorea, *Governmental Commitment and Academic Responsibility in Romanian Legal Education*, Procedia – Social and Behavioral Sciences, Volume 46, June(2012).

[4] Catrina Denvir, *Online and in the know? Public legal education, young people and the Internet*, Computer & Education, Volumes 92 – 93, Juanuary – February(2016).

[5] L. Friedman, *Legal Culture and Social Development*, Law and Society Review, 1969.

[6] Kalbfleisch · Pamela J(ED), *Communication Yearbook* 27, Mahwah, Jand london: Lawrence EelbaumAssociates, 2003, p. 107.

后　　记

本书是在笔者的博士论文《改革开放以来中国农村普法教育研究》的基础上进行修改、更新与补充而成的。增加了笔者毕业后对该选题的后续深化研究,补充了《民法典》普法研究成果,增加了“八五”普法规划等最新政策文件及其实施进展。

感谢我的导师刘志刚教授！刘老师不仅是我的博士导师,也是我的硕士导师。十几年来,他对我学业上的指导、事业上的提点、生活上的关照,使我受益终身。刘老师严谨的治学态度、深厚的学术造诣、谦和真诚的待人风格,是我终身学习的典范。

感谢河北大学马克思主义学院博士生导师团队的教授！他们对我的指导、鼓励、帮助和在论文选题、写作过程中毫无保留地提出宝贵建议,引导我开启思路,深入思考,使我的学业和科研能力得以提升。

感谢我的工作单位河北农业大学的领导和老师们！你们为我提供了强大的智力支持和时间保障。感谢我的家人！谢谢你们对我全方位的支持和关怀,用理解和包容支持我不断前行。感谢2021年度河北省哲学社会科学学术著作出版资助项目、河北省高等学校人文社会科学重点研究基地和河北农业大学自主培养人才科研专项(PY201813)为本课题研究和本书出版提供的支持与资助！感谢法律出版社章雯编辑以及其他老师为本书出版提供的支持与帮助。

贾少涵

2022年2月